Swami «Papa» Ramdas

Auf der Suche nach Gott

Gotteserfahrung

Swami «Papa» Ramdas

Auf der Suche nach Gott

Gotteserfahrung

Aus dem Leben und Werk eines
indischen Franziskus

Zwei Bücher in einem Band

Ansata-Verlag
Rosenstraße 24
CH-3800 Interlaken
Schweiz
1988

Aus dem Englischen übertragen von Erich Wilzbach

Titel der Originalausgaben:
In Quest of God
God-Experience

Deutsche Erstveröffentlichung 1988

Satz: Jung SatzCentrum, Lahnau
Druck: May + Co., Darmstadt
ISBN 3-7157-0110-2

Inhalt

Auf der Suche nach Gott

Gotteserfahrung

Vorwort

JAI RAM («Gott, Du siegst in mir!») – das war die Losung, mit der Ramdas («Diener Gottes») in den entscheidenden Kampf seines Lebens zog. Dieses Ringen endete mit dem Sieg des Göttlichen in ihm, mit seiner Selbst-Verwirklichung.

Wie verlief das Leben dieses Mannes, der, obwohl er wie Ramakrishna, Vivekananda, Ramana Maharshi und Ananda Moyi Ma zu den großen indischen Weisheitskündern unserer Zeit zählt, in der westlichen Welt weitgehend unbekannt geblieben ist?

Vittalrao, so hieß er ursprünglich, wurde am 10. April 1884 als Sohn eines kärglich besoldeten Verwaltungsangestellten in Hosdrug, Nordkerala, geboren und wuchs dort zusammen mit zwölf Geschwistern auf. Seine Eltern waren von tiefer Religiosität erfüllt; ihr Leben vollzog sich in beständiger Ausrichtung auf das Göttliche. In dieser Atmosphäre fand Vittalraos Seele den Nährboden, den sie für ihre Entwicklung brauchte. Äußere Höhepunkte dieser Entwicklung bildeten religiöse Feste und Begegnungen mit Heiligen.

Dem Schulunterricht brachte der Junge wenig Interesse entgegen. Er beschäftigte sich lieber mit Zeichnen und Basteln, in zunehmendem Maße auch mit Lesen. Als Schüler einer weiterführenden Schule in Mangalore (und auch in späteren Jahren) vertiefte er sich mit Begeisterung in die Werke englischer Dichter, wobei er eine besondere Vorliebe für Shakespeare zeigte. Darüber vernachlässigte er die anderen Schulfächer, so daß er keine der vorgeschriebenen Prüfungen bestand. Da er wenig Sinn darin sah, weiterhin die ungeliebte Lehranstalt zu besuchen, kehrte er – er war jetzt sechzehn Jahre alt – nach Hause zurück. Auf Anraten seines Vaters schloß er sich einer Laienschauspielgruppe an. Hier fand der Junge einen Wirkungsbereich, in dem seine Fähigkeiten zur Geltung kamen.

Nach einigen Monaten schickten ihn die Eltern seinem Wunsche entsprechend auf eine Kunstschule nach Madras. In kurzer Zeit konnte er überdurchschnittliche Erfolge erzielen. Da die Studiendauer jedoch sieben Jahre betrug und die Berufsaussichten sehr schlecht waren, mußte er die Ausbildung abbrechen. Bald darauf erhielt er einen Freiplatz an der Technischen Fachhochschule in Bombay. Dort studierte er drei Jahre lang Textiltechnik.

In Bombay begann Vittalrao sich mit Philosophie zu beschäftigen und geriet vorübergehend unter den Einfluß atheistischer Denker. Doch bevor er sich in diesen Niederungen verlor, fielen ihm Schriften mit den Lehren Ramakrishnas, Vivekanandas und Rama Tirthas in die Hände. Sie weckten in ihm den sehnlichen Wunsch, auch Gottsucher zu werden.

Unter seinen Geschwistern stand ihm sein älterer Bruder Sitaramrao am nächsten. Er besaß die gleichen Eigenschaften wie er: Wagemut, Unabhängigkeit im Denken, Großzügigkeit und Hilfsbereitschaft. Beide waren glänzende Unterhalter, beide verfügten über einen unverwüstlichen Humor, beide hatten eine Vorliebe für Kunst, Literatur und Theater, beide sprachen und schrieben ein ausgezeichnetes Englisch. Als Vittalrao sein Studium beendet hatte, half er dem Bruder nach Kräften in dessen Betrieb in Madras. Doch konnte er das, was er gelernt hatte, nicht anwenden. Das war erst möglich, als er eine Stelle in einer Baumwollspinnerei fand.

Dort erreichte ihn ein Telegramm seiner Eltern, in dem er aufgefordert wurde, sich an einem bestimmten Tag in Mangalore zu seiner Hochzeit einzufinden. Vittalrao beabsichtigte eigentlich nicht zu heiraten, doch wäre eine Absage eine Beleidigung der Eltern gewesen. Die Braut, Rukmabai, war streng orthodox erzogen, und es brauchte lange Zeit, bis sie sich an das freie Denken ihres Gatten gewöhnt hatte. In den nächsten Jahren mußten die beiden oft getrennt leben, da Vittalrao seine Frau zu den Orten, wo er beschäftigt war, meist nicht nachkommen lassen konnte. Im Jahre 1913 brachte Rukmabai ein Mädchen – Rambai – zur Welt. Vittalrao, der sein ganzes Leben ein großer Kinderfreund war, hing sehr an seiner Tochter.

Obwohl seine Fähigkeiten und seine Einsatzbereitschaft nie in Frage gestellt wurden, war es dem jungen Textilingenieur nicht vergönnt, einen dauerhaften Arbeitsplatz zu finden. Immer wieder mußte er wechseln, wobei er dazwischen oft kürzere oder längere Zeit arbeitslos blieb. Im Jahre 1918 begann er einen eigenen Betrieb aufzubauen, in dem Saris gefärbt und bedruckt wurden. Er hatte zunächst großen Erfolg, doch auf die Dauer zeigte es sich, daß es ihm an Geschäftssinn mangelte. Vor allem zahlte er seinen Arbeitern zu hohe Löhne. Er geriet immer mehr in Schulden. Das focht ihn persönlich nicht an; er stand stets über dem Alltagsgeschehen, und nichts konnte ihm seinen Humor und seine Gelassenheit nehmen. Als die Situation nahezu hoffnungslos geworden war, erschien unerwartet ein wohlhabender Geschäftsmann bei Vittalrao und erbot sich, sein Partner zu werden. Auch als Vittalrao ihn über die Lage aufklärte, blieb er bei seiner Absicht. Er bezahlte alle Schulden, sorgte für Modernisierung und Erweiterung des Betriebs und wurde auch als Geschäftsleiter tätig.

Gegen Ende des Jahres 1920 erkrankte Rukmabai lebensgefährlich. Vittalrao betete inständig um ihre Heilung. Von Stund an ging es ihr besser, und kurze Zeit später war sie wieder gesund. Diese Erfahrung bestärkte Vittalrao darin, den bereits eingeschlagenen Weg entschlossen weiterzugehen. Seit einigen Monaten schon hatte er seine freie Zeit ausschließlich dazu benutzt, religiöse Bücher zu lesen, Gespräche über einschlägige Themen zu führen und an *bhajans* teilzunehmen. Mehr und mehr drängte es ihn, den Namen Ram zu singen. Schließlich fühlte er, daß er sein bisheriges Leben nicht mehr weiterführen könne. Er hörte den göttlichen Ruf und war entschlossen, ihm zu folgen. Diese Zeit der Ablösung von allem Weltlichen hat er in seinem Buch «Auf der Suche nach Gott» geschildert. Ergänzend folgt hier der Text des Briefes, den er am Tage des Aufbruchs an seine Frau schrieb:

27. Dezember 1922

Liebe Schwester,

ich wähle diese Anrede, weil Du fortan für mich wie eine Schwester sein wirst.

Sri Ram, dem ich mich voll und ganz überantwortet habe, hat mich aus meinem alten Leben abgerufen. Ich ziehe – mit Seinem süßen Namen auf den Lippen – als Wandermönch hinaus in die Welt. Du weißt, daß ich nur eines erstrebe: die Liebe und Gnade Sri Rams. Diesem Ziel widme ich den Rest meines Lebens. Ich bin bereit, dafür jedes Leid – mag es auch noch so schwer sein – auf mich zu nehmen. Vielleicht werden wir uns nicht mehr begegnen – auf keinen Fall jedoch als Mann und Frau.

Weiche nicht ab vom Pfad der Wahrheit, und leite Rame (Rambai) an, das gleiche zu tun!

Gib die Arbeit am Spinnrad nicht auf! Sie wird dazu beitragen, daß

Du glücklich und zufrieden bist. Laß auch Rame diese Arbeit verrichten!

Sri Rams Segen für Dich und Rame! Er wird Euch beschützen!

Dein Dich liebender
P. Vittalrao

Wenn Gott ruft, lösen sich alle Bindungen. Das bedeutet zunächst Leid für die Angehörigen. Rukmabai konnte das Verhalten ihres Mannes nicht verstehen und versuchte wiederholt, ihn in den Kreis der Familie zurückzuholen. Im Laufe der Zeit wuchs ihr Verständnis für seine Handlungsweise. Schließlich begann sie, wie auch ihre Tochter, den Weg zu gehen, den Ramdas (so nannte er sich nach seinem Aufbruch) wies.

Immer wieder wandten sich Suchende an Ramdas mit der Frage, ob sie wie er Heim und Familie verlassen sollten. Seine Antwort war stets ein eindeutiges Nein. Orts- und Betätigungswechsel machen nicht reifer, und wer Frau und Kinder im Stich läßt, handelt verantwortungslos. Allein der göttliche Anruf verleiht das Recht, aus der traditionellen Lebenshaltung herauszutreten. Die wenigen Menschen, die er erreicht, brauchen niemand zu fragen; für sie ist der Weg klar.

Als Ramdas sein neues Leben begann, ließ er alles hinter sich. Kein Gedanke mehr an Familie und Beruf, an Geld und Gesundheit, an Vergangenheit und Zukunft, an Gut oder Böse. Mit seinem alten Namen hatte er all das abgelegt. Er war zu Ram-*das,* zum Diener Rams geworden. Dessen Name hatte ihn berückt; er ließ ihn nicht mehr los; er kam ihm nicht mehr von den Lippen; er gab ihm die Kraft, alle Nöte des Pilgerlebens zu ertragen. Durch den Namen wurde er auch frei von Aberglaube und Angst. Krankheit, Demütigung, Mißhandlung, Armut – er fürchtete nichts mehr. Ramdas wich Gefahren nie aus. Er pflegte Leprakranke, ließ Schlangen über seinen Körper kriechen, erkletterte steile Berge und durchschritt lächelnd eine aufgeputschte Menschenmenge, die ihm nach dem Leben trachtete.

Auf seiner Pilgerreise suchte Ramdas nicht nur Tempel und andere heilige Stätten auf. Wichtiger war ihm die Begegnung mit erleuchteten Menschen und deren Segen. Er wußte, daß es ohne *sat sanga,* dem Zusammensein mit Heiligen, keine Befreiung gibt. Schon wenige

Tage nach seinem Aufbruch begegnete er dem großen Weisen Ramana Maharshi; dieser öffnete das Auge seiner Seele. Von nun an sah er seinen geliebten Ram in allem und jedem. Schließlich wurde aus dem gotttrunkenen Pilger ein geistiger Lehrer, ein Offenbarer der Wahrheit. Es blieb nicht bei der bloßen Verkündigung. Oft wirkte er durch die Kraft, die sich in ihm verkörperte, verändernd auf Personen und Sachen ein.

Der ersten Pilgerreise, die sich über ein Jahr erstreckte, schlossen sich andere Reisen durch Indien an. Im Jahre 1928 gab Ramdas sein Wanderleben auf und gründete in der Nähe von Kasaragod einen Ashram. Unter den Besuchern befand sich eine Witwe namens Krishnabai, die mit ihren zwei Söhnen in Kasaragod lebte. Nach acht glücklichen Ehejahren hatte sie im Jahre 1923 plötzlich und unerwartet ihren Mann verloren. Als der ärgste Schmerz abgeklungen war, begann sie ein religiöses Leben zu führen. In Ramdas fand sie ihren spirituellen Führer. Am liebsten wäre sie sofort im Ashram geblieben, doch erst nach über zwei Jahren erlaubte ihr Ramdas die endgültige Übersiedlung. Jetzt war sie ganz in den Dienst Rams getreten, den sie in Ramdas verkörpert sah. In den Augen vieler Leute war das Verhalten Krishnabais ein Ärgernis. Man ließ sie das spüren, und auch Ramdas blieb von Schmähungen nicht verschont. Eines Nachts wurden die beiden in dem einsam gelegenen Ashram von zwei Männern überfallen. Einer versuchte, Krishnabai zu erwürgen. Ramdas eilte ihr zu Hilfe, und die Missetäter flüchteten. Danach verließen Ramdas und Krishnabai den Ort für immer.

Viele Freunde drängten Ramdas, einen neuen Ashram zu gründen. Er willigte ein. Am 15. Mai 1931 fand die feierliche Eröffnung des Anandashrams (Heimstätte der Glückseligkeit) statt. Er liegt in der Nähe von Kanhangad, Nordkerala, in einer reizvollen Hügellandschaft an der Küste des Arabischen Meeres. Insbesondere war es Krishnabai, die sich dem Ausbau des Ashrams widmete. Es entstanden unter anderem eine ärztliche Behandlungsstation und in der Nähe des Ashrams eine Elementarschule sowie eine Schule, wo handwerkliche Fertigkeiten gelehrt werden. Später wurden auch Ställe für Rinder gebaut sowie Obstgärten und Reisfelder angelegt. Die meisten Felder und ein Teil der Rinder sind im Laufe der Zeit den Arbeitern übereignet worden. Für diese hat man auch Wohnhäuser gebaut. Seit 1933 erscheint monatlich «Vision», eine Zeitschrift, in der neben Ashramnachrichten Auszüge aus Büchern und Briefen von Ramdas sowie aus dem Schrifttum der verschiedenen Religionen veröffentlicht werden.

Kurz nach Eröffnung des Anandashrams starb Rukmabai während eines Aufenthaltes in Madras. Ihr Wunsch, im neuen Ashram leben zu können, ging nicht in Erfüllung.

In der Zeit von 1936 bis 1938 und von 1949 bis 1957 unternahm Ramdas alljährlich eine Reise durch Indien, um die vielen aufzusuchen, die nicht zu ihm kommen konnten. Ramdas vergaß auch nicht die Freunde in fernen Ländern. Sein lange gehegter Wunsch, eine Weltreise zu unternehmen, ging 1954 in Erfüllung. Zu der kleinen Reisegesellschaft gehörte auch Krishnabai. Über Rom, wo man die Peterskirche und andere Sehenswürdigkeiten besichtigte, flogen sie nach Genf. Die nächsten zwei Wochen verbrachte Ramdas im Heim eines Freundes in der Nähe der Stadt. Er sprach dort täglich zu vielen Besuchern und beantwortete deren Fragen. Häufig schloß sich an die Aussprache eine Meditation an. Es kam auch zu Einzelgesprächen. Dazwischen folgte er Einladungen nach Caux, Lyon und in ein Kloster in Broc. Ähnlich verliefen die Aufenthalte auf den anderen Stationen der Reise. Zunächst ging es nach Deutschland. In Frankfurt, Reutlingen und München traf er mit Freunden zusammen, die ihn erwarteten. Einem einwöchigen Aufenthalt im Hause von Gastgebern in der Nähe von Paris folgten Besuche in Brüssel und Den Haag. In England wohnte Ramdas bei indischen Landsleuten. Unter anderem besuchte er dort die Geburtsstätte Shakespeares. Von London flogen sie nach New York. Es schlossen sich Besuche in St. Paul, Seattle, San Franzisko, Los Angeles und Honululu an.

Der letzte Teil der Reise führte in einige asiatische Länder: Japan, Hongkong, Thailand, Singapur, Malaysia und Sri Lanka. Überall wurden er und seine Begleiter, besonders von den dort lebenden indischen Landsleuten, freudig willkommen geheißen. Froh waren auch die Bewohner des Anandashrams, als die Weltreisenden im Januar 1955 zurückkehrten. 35 000 Meilen lagen hinter ihnen. Dank der Fürsorge Krishnabais hatte der siebzigjährige, mit Rheumatismus und Diabetes behaftete Ramdas alle Strapazen gut überstanden.

Ab 1958 hat Ramdas keine Reisen mehr unternommen. Seine Aufgaben im Ashram nahmen ihn von früh bis spät in Anspruch: Gespräche mit einzelnen oder mit Gruppen, Teilnahme an den täglichen *bhajan*-Veranstaltungen, Briefe lesen und beantworten, Schreiben von Büchern und Artikeln, Arbeiten organisatorischer Art.

Allen Belastungen, Schwierigkeiten und Krankheiten zum Trotz strahlte Ramdas stets jene echte Herzensfröhlichkeit aus, die nur dem in Gott Verwurzelten eigen ist.

Nach seinem Tode am 25. Juli 1963 übernahm Krishnabai die Leitung des Anandashrams, der auch weiterhin seine Anziehungskraft auf geistig Suchende ausübt.

Beim Lesen der Schriften von Ramdas darf nicht vergessen werden, daß er gewöhnlich zu seinen Landsleuten sprach. Während der westliche Mensch in der Regel aus der bergenden Tradition des Abendlandes herausgefallen ist, blieb der Inder weitgehend in den religiösen Traditionen seines Landes verwurzelt. Das Wort eines Gottverwirklichten wurde (und wird gewöhnlich heute noch) geachtet und ernstgenommen. Außerdem darf nicht vergessen werden, daß die Worte des Meisters durch seine persönliche Wirkung – Ausstrahlung, Blick, Berührung, Beispiel – ergänzt wurden.

Ramdas hat weder philosophische Abhandlungen verfaßt noch neue Ideen entwickelt, noch gedankenreiche Betrachtungen angestellt. Er vertrat kein System und versuchte auch keines aufzubauen. Seine Lehre ist unendlich einfach: durch den Namen Gottes zur Wahrheit, zur Erfahrung des Göttlichen gelangen.

Nun gehört die Anrufung des Namens Gottes zu den ältesten Formen der Annäherung an das Göttliche und hat in allen Religionen ihren Platz. Das Christentum kennt sie vor allem als inneres Gebet oder immerwährendes Herzensgebet.

Doch wer hat in unserem Jahrhundert die Botschaft von der Macht des Namens eindrucksvoller verkündigt als Ramdas? Entscheidend war, daß diese Botschaft in seinem Tun Ausdruck fand, daß er sie lebte und daß er selbst durch den Namen zum Gotterfüllten wurde. Das bewirkte den Zauber, den dieser schlichte Mann aus Kerala auf die vielen ausübte, die zu ihm kamen, die er aufsuchte oder die er durch Briefe und Bücher erreichte. Zu diesen Büchern meinte er, die

Wahrheit finde man nicht in ihnen, sondern nur im eigenen Herzen. Wer sie lese, um sein Wissen zu erweitern oder um über ihren Inhalt reden zu können, befände sich auf dem falschen Pfad. Das Gelesene dürfe lediglich Anstoß sein zum Umdenken, zur Loslösung vom verderblichen Zeitgeist, zur befreienden Tat. Nur dann, wenn die Sehnsucht nach dem Göttlichen wachgerufen wird und mit ihr die Kraft, den steilen und beschwerlichen Weg zu gehen, der zur letzten Höhe führt, hat das Buch die Wirkung ausgeübt, die von ihm erwartet werden muß.

Auf den ersten Blick mag es unangebracht scheinen, den christlichen Heiligen aus dem Assisi des 13. Jahrhunderts mit einem Inder unserer Zeit zu vergleichen. Die Gegensätze springen ins Auge:

– Franziskus war Ordensgründer; Ramdas nicht.

– Franziskus blieb (trotz aller Gegensätze) der Kirche treu; Ramdas fühlte sich keiner Religionsgemeinschaft verpflichtet.

– Franziskus kannte nur ein Vorbild: Jesus; Ramdas sah neben Jesus noch andere große Inkarnationen Gottes.

Und doch überwiegt das Gemeinsame. Vor allem: In beiden hat sich das Göttliche erfüllt; sie sind mit Gott eins geworden; sie haben Gott verwirklicht.

Daneben gibt es viele Übereinstimmungen:

– Beide trennten sich – nach Befragung der Heiligen Schrift(en) – radikal von Familie und Besitz und lösten sich gänzlich aus Beruf (Tuchhandel) und gesellschaftlicher Stellung.

– Beide betrachteten sich als Pilger – das Land durchziehend oder der geistigen Pilgerschaft verpflichtet.

– Beider Leben liegt Demut zugrunde. So wird von beiden berichtet, daß sie Aussätzige pflegten.

– Beide sahen Gott in allem. Darauf beruhte ihre liebende Haltung nicht nur Menschen, sondern auch Tieren und Pflanzen gegenüber.

– Beide waren unendlich sanftmütig; sie konnten aber auch – gegen sich und andere – schonungslos hart sein.

– Beide gingen den Weg der Gewaltlosigkeit.

– Beide erfüllte, ungeachtet ihrer asketischen Lebensführung und mancherlei Leiden, eine sonnige Heiterkeit, eine oft überquellende Freude.

– Beide waren keine gelehrten Prediger, aber ihre schlichten Ansprachen enthielten eine Kraft, die die Menschen mit sich riß.

– Beide haben zur Ehre Gottes gedichtet.
– Beide schätzten den Namen Gottes unendlich hoch.

Wie Ramdas hat Franziskus gerne die Nacht zum Beten benutzt. Als er einmal bei Bernhard von Quintavalle übernachtete, erhob er sich, nachdem er annehmen konnte, die anderen seien eingeschlafen, und wiederholte bis zum Morgengrauen: «Mein Gott! Mein Gott!»

Dem im Jahre 1925 erschienenen Bericht über Ramdas' erste Pilgerreise war Erfolg beschieden: «Auf der Suche nach Gott» konnte bis heute zehnmal neu aufgelegt werden. Das Buch entstand aus unmittelbarem Erleben und ist in schlichter Sprache gehalten. Ramdas hat seinen Erstling des öfteren als gefährlich bezeichnet: «Wer das Buch liest, ist gefangen.» Tatsächlich hat seine Lektüre zahlreiche Menschen bewogen, sich den Lehren des Meisters zuzuwenden.

Neben den Büchern, in denen Ramdas seine Reiseerlebnisse erzählt, gibt es andere, die seine Gespräche mit Schülern enthalten. Eines davon ist das Buch «Gotteserfahrung». Es entstand aus Aufzeichnungen, die sich der Ramdas-Schüler Krishnananda Das in den Jahren 1961 und 1962 machte.

Oft fühlte sich Ramdas bewogen, Gedichte niederzuschreiben; einige sind im Anhang aufgeführt. Er sagte einmal: «Wahre Poesie entsteht nur dann, wenn man sich in Harmonie mit dem Göttlichen befindet.» In diesem Sinne sind auch diese Gedichte – soweit ihnen die Übersetzung gerecht werden konnte – ganz gewiß wahre Poesie.

Bensheim, Januar 1988
Erich Wilzbach

Auf der Suche nach Gott

1. KAPITEL

Abkehr von der Welt – Einweihung

Fast ein Jahr brauchte Ramdas dazu, sich in schmerzhaftem Ringen aus einer Welt der Sorgen, Ängste und Leiden zu lösen. Die schweren seelischen Belastungen und die große Ruhelosigkeit, denen er während dieser Zeit ausgesetzt war, hatte er sich selbst zuzuschreiben. Aus dieser tiefen Not, aus dieser äußersten Hilflosigkeit erhob sich seine bange, sehnsuchtsvolle Frage: «Wo finde ich Befreiung? Wo finde ich Ruhe?» Sein Flehen wurde erhört; aus der Großen Leere vernahm er eine Stimme: «Verzweifle nicht! Vertraue auf Mich, und du wirst frei sein!»

Gott hatte zu ihm gesprochen. Diese ermutigenden Worte waren für ihn das, was für einen Mann, der im Meer schwimmend um sein Leben ringt, die rettende Planke ist, die ihm zugeworfen wird. Die Sicherheit, die von diesen Worten ausging, wirkte auf das wunde Herz des hilflosen Ramdas so wohltuend wie Regen auf ausgedörrte Erde. Von da an verwendete er einen Teil der Zeit, die vorher mit weltlichen Angelegenheiten ausgefüllt war, zur Meditation über Ram. Das brachte Entspannung und Frieden. Allmählich wuchs die Liebe zu Ram, dem Spender dieses Friedens. Je gesammelter Ramdas über Ihn meditierte und je öfter er Seinen Namen wiederholte, um so mehr Freude und Erleichterung empfand er. Die Nächte, frei von weltlichen Verpflichtungen, wurden mehr und mehr für Ram-*bhajan* genutzt.

Ramdas' Hingabe nahm sprunghaft zu. Während des Tages, wenn finanzielle Sorgen oder andere Schwierigkeiten ihn bedrängten, wurde ihm auf unerwartete Weise geholfen. Und wann immer er seine Alltagsbeschäftigung unterbrechen konnte, meditierte er – auch wenn die Zeit noch so kurz war – über Ram. Selbst beim Gehen in den Straßen blieb der göttliche Name sein ständiger Begleiter.

Alles Weltliche verlor für Ramdas seine Anziehungskraft. Schlaf wurde zugunsten Rams auf ein bis zwei Stunden verkürzt. Feine Kleidung ersetzte Ramdas durch Handgesponnenes, das Bett durch eine einfache Matte. Aus zwei Mahlzeiten wurde eine: diese bestand schließlich nur noch aus Kartoffeln und Bananen. Salz und Gewürze fielen weg – nur der Geschmack für Ram war geblieben.

Bei diesem Stand der Dinge besuchte ihn sein Vater – im Auftrag Rams. Er weihte Ramdas in das Ram-Mantra (Ramnam) ein: Sri Ram Jai Ram Jai Jai Ram! (Es wurde später von Ramdas durch OM, Ur-Mantra und Symbol für das Göttliche, ergänzt). Diese Einweihung durch den Vater, den er von da an als Gurudev (geistiger Lehrmeister) betrachtete, beschleunigte seinen geistigen Fortschritt.

Hin und wieder veranlaßte ihn Ram, die Lehren Sri Krishnas in der Bhagavad Gita, die Lehren Jesu Christi im Neuen Testament und die Lehren Mahatma Gandhis in «Junges Indien» und in «Ethische Religion» zu lesen. Das junge Pflänzchen der Ram-Verehrung entfaltete sich unter dem Einfluß dieser großen Seelen.

Zu jener Zeit erwachte in Ramdas allmählich die Erkenntnis, daß Ram die einzige Realität ist. Mit dem Erlöschen des Verlangens nach Vergnügungen erstarb auch der Sinn für Besitz und verwandtschaftliche Beziehungen. Verstand, Gemüt, Herz und Seele waren vollständig auf Ram gerichtet – es gab nur noch Ihn.

2. Kapitel

Heilige Schriften weisen den Weg

Eines Nachts, als Ramdas von der Süße Seines Namens kostete, wurde er veranlaßt, folgende Überlegung anzustellen:

«O Ram, wenn Dein Sklave erkannt hat, wie mächtig und liebevoll Du bist und wie sehr er, wenn er Dir vertraut, auf Frieden und Glückseligkeit rechnen kann – warum soll er sich Dir dann nicht ganz hingeben? Das ist nur möglich, wenn er von allem läßt, was er bisher als ‹mein› bezeichnet hat. Für Deinen Sklaven bist Du sein ein und alles. Du bist sein einziger Beschützer. Die Menschen geben sich Illusionen hin, wenn sie sagen: ‹Ich tue dies, ich tue das; dies ist mein, das gehört mir.› Alles, o Ram, gehört Dir allein, und alle Handlungen werden nur von Dir ausgeführt.»

Diese Überlegung fand schnell ein Echo. Ramdas' Herz entrang sich ein befreiender Seufzer. Ein undeutlicher Wunsch, alles aufzugeben und als Wandermönch durchs Land zu ziehen, regte sich in seinem Geiste.

Nun wurde Ramdas von Ram bewogen, aufs Geratewohl das Buch

Licht von Asien zu öffnen, das vor ihm lag. Sein Blick blieb an der Stelle hängen, wo von der Entsagung Buddhas berichtet wird:

«Nun ist die Stunde gekommen, in der Ich dieses goldene Gefängnis verlassen darf, in dem Mein Herz eingesperrt war. Ich werde zum Heile der Menschen so lange nach der Wahrheit suchen, bis Ich sie gefunden habe.»

Dann schlug Ramdas das Neue Testament auf und las die Worte von Jesus Christus:

«Jeder, der Haus oder Brüder oder Schwestern oder Vater oder Mutter oder Weib oder Kinder oder Äcker um Meines Namens willen verläßt, wird alles hundertfach dafür erhalten und das ewige Leben ererben.»

Auf die gleiche Weise verfuhr Ramdas mit der Bhagavad Gita. Sein Blick fiel auf den Vers:

«Gib alle Pflichten auf, und suche Zuflucht bei Mir allein! Sorge dich nicht, Ich werde dich von allen Sünden befreien!»

Ram hatte zu Ramdas durch diese drei großen Avatare gesprochen: Buddha, Christus und Krishna. Alle wiesen auf den gleichen Pfad hin, den Pfad der Entsagung. Auf der Stelle faßte Ramdas den Entschluß, sich endgültig von den Bindungen des weltlichen Lebens zu befreien. Er beschaffte zwei orangefarbene Tücher, die ihm später als Kleidung dienen sollten. Dann schrieb er zwei Briefe: einen an seine Frau, die er schon seit geraumer Zeit als Schwester betrachtete, und den anderen an einen guten Freund, den Ram geschickt hatte, um ihm zu helfen, seine Verpflichtungen zu erfüllen.

Nach einer letzten Nachtruhe in seiner alten Umgebung brach Ramdas um fünf Uhr morgens zu seiner großen Wanderschaft auf. Er ließ eine Welt hinter sich, die ihm nichts mehr zu bieten hatte und der er sich nicht mehr zugehörig fühlte. Körper, Geist und Seele hatte er Ram zu Füßen gelegt, dem Ewigen Wesen, das voll Liebe und Barmherzigkeit ist.

3. Kapitel

Ramdas wird *sannyasin*

Der Morgenzug brachte Ramdas von Mangalore nach dem Bahnknotenpunkt Erode. Seine Habe bestand aus fünfundzwanzig Rupien und einigen Büchern, darunter die Gita und das Neue Testament. Was er jetzt tun sollte, wußte er nicht. Er wanderte ziellos in der Gegend umher. Es dunkelte bereits, als er zu einer kleinen, niedrigen Hütte kam, an deren Eingang eine Frau mittleren Alters stand. Er bat sie, ihm etwas zu essen zu geben. Die freundliche Mutter führte ihn in die Hütte und setzte ihm Reis und Milch vor. Nur mit Mühe konnte er sie dazu bewegen, etwas Geld dafür anzunehmen.

Danach ging er zur Bahnstation und legte sich in eine Ecke, um zu schlafen. Gegen Mitternacht machte ein Glockenzeichen auf die Ankunft eines Zuges aufmerksam. Ramdas erhob sich. Ein Tamile fragte ihn nach seinen Reiseplänen. Ramdas konnte dazu nichts sagen. Ram allein bestimmte, was geschehen sollte. Daraufhin erbot sich dieser Freund, ihn bis zu seinem Reiseziel Trichinopoly mitzunehmen. Er gab Ramdas Geld für eine Fahrkarte, und beide bestiegen den Zug. Am Abend erreichten sie Trichinopoly. Ramdas stieg aus und begab sich in die Stadt. Während der ganzen Zeit war das göttliche Mantra auf seinen Lippen. Rams Name allein gab ihm Kraft und Freude. Er verbrachte die Nacht auf der Veranda eines Hauses an der Straße. Am frühen Morgen trat er einen Fußmarsch nach dem etwa sieben Meilen entfernten Srirangam an. Hier merkte er zum erstenmal, was das Göttliche mit ihm vorhatte. Ram wollte Ramdas auf seiner Pilgerreise zu heiligen Stätten und Flüssen führen. Srirangam liegt an dem schönen Fluß Kaveri. Ramdas badete in dessen klarem Wasser. Danach wurde er von Ram veranlaßt, das orangefarbene Gewand eines *sannyasin* anzulegen. Die weiße Kleidung, die er bis dahin getragen hatte, übergab er den Fluten, in denen sie rasch verschwand. Sein Gebet zu Ram stieg gen Himmel. Er bat Ihn, ihm Kraft, Mut und Glauben zu schenken, damit er in seinem neuen Leben als Wandermönch in Seinem Namen alle Entbehrungen ertragen, alle Prüfungen bestehen und folgende Gelübde erfüllen könne:

1. Das Leben soll von nun an gänzlich der Meditation und dem Dienste Rams gewidmet sein.

2. Strengste Enthaltsamkeit ist einzuhalten. Alle Frauen sind als Mütter zu betrachten.

3. Das Essen darf nur aus dem bestehen, was als Almosen gegeben wird.

4. Kapitel

Srirangam

Ramdas wurde von dem seligen Gefühl durchschauert, mit Rams Hilfe neu geboren zu sein. Alle Unruhe, alle Sorgen und Ängste verschwanden für immer, und Friede zog in seine Seele ein. Er vergoß Tränen der Freude über die Befreiung. Ram hatte ihn gesegnet: «Du stehst unter Meiner Führung, unter Meinem Schutz. Bleibe für immer Mein Verehrer! Dein Name sei Ram-*das!*»

Welch großes Vorrecht ist es doch, der Diener *(das)* Rams zu sein! Kurz darauf gelangte Ramdas zu einer Raststätte, vor der er zwei junge *sadhus* beim *bhajan* antraf. Sie musizierten und sangen dazu den heiligen Namen Ram. Er setzte sich zu ihnen. Vor sich hin stellte er seinen Napf, damit vorbeigehende Pilger ein Scherflein hineinlegen konnten. Gegen Mittag war das Singen zu Ende. Die *sadhus* zeigten sich enttäuscht über die geringen Spenden der Pilger. Der eine faßte ihren Unmut in Worte:

«Seit heute morgen haben wir zur Ehre Gottes gesungen, und Er hat uns nur so wenig dafür gegeben. O Gott, wie sollen wir unseren Hunger stillen? Ist Dein *bhajan* nicht mehr wert als diese paar Pfennige?»

Ramdas beantwortete die Frage: «Brüder, euer *bhajan* behält seinen Wert auch ohne Bezahlung. Gott ist immer gütig und liebevoll. Niemals läßt Er im Stich, wer Ihm vertraut. Er hat durch Seinen demütigen Diener dafür gesorgt, daß ihr satt werdet.»

Mit diesen Worten gab er den *sadhus* eine Rupie. Die Armen waren starr vor Verwunderung. Dann jubelten sie:

«O Gott, Deine Wege sind wunderbar. Wir bitten um Verzeihung, daß wir an Dir und Deiner Liebe gezweifelt haben. In Zukunft werden wir Dich nie mehr schmähen und alle Leiden in Deinem Namen geduldig ertragen.»

Wie freute sich Ramdas, als er in seinem Napf zwei Kupfermünzen fand. Das erste Almosen! Er kaufte dafür zwei kleine Bananen und verzehrte sie mit Genuß. Kurz darauf trat ein älterer *sadhu* auf ihn zu und fragte, was er vorhabe. Ramdas konnte nicht antworten, weil er Ram die Entscheidung überließ. Der *sadhu* forderte ihn auf, sich ihm anzuschließen.

Ramdas dankte Ram, der ihm einen Führer geschickt hatte. Dieser Mann war der erste jener *sadhus,* die ihn nach dem Willen Rams auf seiner Pilgerreise geleiten und ihm jegliche Hilfe angedeihen lassen sollten. Ramdas gab allen den gleichen Namen: Sadhuram.

5. Kapitel

Rameshwaram

Ramdas händigte dem Sadhuram sein letztes Geld zur Verteilung an die Armen aus. Danach fühlte er sich überaus erleichtert, denn Geld mit sich führen heißt, sich sorgen müssen. Jetzt hatte sich Ramdas ganz in die Hände Rams gegeben. Er besaß nur noch zwei Kleidungsstücke und einige Bücher.

Der Sadhuram führte ihn zum Bahnhof. Da Ramdas' letzte Rupien nun den Bettlern gehörten, bestiegen sie den Zug, ohne eine Fahrkarte gelöst zu haben. Ram war ihr alles – auch ihre Fahrkarte. Im Zug setzte Ramdas seine Meditation über Ram fort. Beim Halt auf einer Station etwa sechs Meilen vor Rameshwaram betrat ein Kontrolleur das Abteil: «Fahrkarten – Fahrkarten.»

«Keine Fahrkarten, Bruder, wir sind *sadhus.*»

«Ohne Fahrkarten dürft ihr nicht weiterfahren. Ihr müßt hier aussteigen!» schnauzte der Inspektor.

Sie erhoben sich gehorsam und machten sich zu Fuß auf den Weg. Als der Sadhuram begann, die Handlungsweise des Kontrolleurs zu kritisieren, gab Ramdas zu bedenken:

«Bruder, es wäre nicht gut, mit dem Zug in Rameshwaram anzukommen. Pilgerreisen sollten zu Fuß unternommen werden. Nun war Ram so gütig, uns bis hierher mit der Bahn fahren zu lassen. Wir haben nur noch sechs Meilen zurückzulegen. Es ist Rams Wille, daß wir diese Strecke marschieren.»

Nach etwa zwei Meilen brachte sie Ram mit einem Friseur zusammen, von dem sich Ramdas den Bart abnehmen und den Kopf nach Art der *sannyasins* kahlscheren ließ. Sie badeten in einem großen Wasserbecken, dann lenkte Ram ihre Schritte nach dem berühmten Tempel von Rameshwaram, einem gigantischen Bauwerk. Lange mußten sie durch weitläufige Vorhallen, Gänge und Korridore irren, bis sie zum Allerheiligsten gefunden hatten. Dort fand gerade ein Gottesdienst zu Ehren Rams statt. Dank sei Ihm, dem alle Ehre gebührt!

Im Tempelgelände trafen sie mit einigen Mahatmas zusammen, die sich auf einer Pilgerreise befanden. Besonders einer von ihnen, Swami Govindananda, war sehr freundlich zu Ramdas. Er gehörte zum Ashram des Sri Siddharudha Swami in Hubli und lud ihn ein, dort mit ihm und seinen Freunden an der Feier des *Sivaratri*-Festes teilzunehmen, das unmittelbar bevorstand.

6. Kapitel

Madurai

Nach zwei Tagen drängte der Sadhuram zur Abreise. Sie fuhren bis Danushkodi, einem Ort an der äußersten Südostküste. Dort besuchten sie die Stelle, wo Rama nach der Legende die berühmte Brücke gebaut haben soll, die ihm den Übergang nach Lanka ermöglichte. Ramdas meditierte ständig über Ram und fühlte sich dabei, als bewege er sich in einem Traum. Als sie sich noch am Strand aufhielten, begann es zu nieseln. Trotzdem und obwohl es der Jahreszeit entsprechend recht kühl war, nahmen die beiden ein Bad im Meer.

Danach gingen sie zu einem in der Nähe gelegenen kleinen Tempel, der unter der Obhut zweier *sadhus* stand. Sie verweilten hier kurze Zeit, dann begaben sie sich zur Pilgerraststätte, wo der Sadhuram für Ramdas und sich selbst etwas zu essen besorgte. Ramdas beobachtete eine besondere Diät: entweder nur Früchte oder völlig ungewürzte Nahrung.

Am nächsten Tag fuhren sie nach Madurai, wo sie den Tempel, ein Meisterwerk der Baukunst, besichtigten. Der Bildhauer hat mit hervorragendem Geschick eine Reihe prächtiger, lebensgroßer, steinerner Figuren geschaffen, welche in die mächtigen Säulen eingearbeitet sind, die den oberen Teil des Tempels tragen. Auch das Heiligtum im Innern ist massiv gebaut und bietet einen imposanten Anblick.

Hier begegnete ihnen wieder Swami Govindananda, der sich in Rameshwaram so freundlich gezeigt hatte. Ramdas kauerte auf den Treppenstufen, die zum Tempel führten. Neben ihm hatte sich der Sadhuram ausgestreckt und war eingeschlummert. Im Schlaf bewegte er hin und wieder seine Beine und stieß dabei an Ramdas' Körper. Swami Govindananda, der das sah, wollte den Sadhuram wachrütteln, doch Ramdas hinderte ihn daran: «Maharaj, bitte laß den *sadhu* schlafen!»

«Aber er tritt doch nach dir», ereiferte sich der Swami. «Ich kann das nicht mitansehen. Das ist ja frevelhaft!» «Swamiji, alles ist in Ordnung», suchte ihn Ramdas zu besänftigen. «Seine Füße sind heilig. Er ist Ramdas' Guru, er ist Ram.»

Der Swami gab nach, doch ließ er erkennen, daß er Ramdas' Einstellung nicht verstehe.

Am nächsten Tag bat der Sadhuram, sich von Ramdas trennen zu dürfen. Er habe seine Aufgabe, ihn nach Rameshwaram zu bringen, erfüllt und wolle jetzt zu seinem Guru nach Rajamannargudi zurückkehren. Die ganze Zeit über hatte er Ramdas aufs beste betreut; seine Freundlichkeit war beispielhaft. Bevor er sich verabschiedete, brachte er Ramdas noch zu dem Zug, der diesen nach Chidambaram befördern sollte.

7. Kapitel

Chidambaram

Gegen Mittag dampfte der Zug in den Bahnhof von Chidambaram ein. Ramdas stand wieder ohne Führer da. Ram hatte ihn zum Kind gemacht: es gab kein Planen und Vorausdenken mehr. Sein Geist war ständig auf Ram gerichtet. Er folgte einigen Pilgern zum Tempel, doch blieb ihm der Zugang verwehrt, weil ihm das Eintrittsgeld fehlte. Ohne sich darüber zu ärgern, ging er einige Zeit zwischen den Ruinen umher, von denen der Tempel umgeben ist, badete in einem der vielen Tempelteiche, setzte sich dann auf einen Stein und schlug die Bhagavad Gita auf. Kaum hatte er einige Verse gelesen, als ein stämmiger Tamile neben ihm Platz nahm und ihn ansprach: «Maharaj, darf ich wissen, ob du heute schon gegessen hast?»

«Nein», erwiderte Ramdas, «doch das liegt in den Händen Rams. Deshalb ist es nicht nötig, sich darum zu kümmern. Jetzt hast du mich daran erinnert, Freund.»

«Und was würdest du am liebsten essen?» fragte der Mann.

«Bananen, wenn es dir nichts ausmacht», antwortete Ramdas. Der Freund stand auf und verschwand. Wenige Minuten später kehrte er mit einem Dutzend Bananen zurück, die er vor Ramdas niederlegte. O Ram, Deine Wege sind wundervoll!

Nachdem Ramdas gegessen hatte, bat ihn der von Ram gesandte Tamile, ihm in den Tempel zu folgen. Er bezahlte den Eintritt und führte ihn ins Innere. Als Besonderheit dieses Tempels gilt das mit Goldplättchen bedeckte Dach. Es fand gerade ein Gottesdienst mit Prozession statt, an dem Tausende teilnahmen. Als die Feierlichkeit zu Ende war, besorgte ihm der hilfreiche Freund ein Nachtlager. Er erzählte Ramdas, daß er aus einem benachbarten Ort stamme und nur hergekommen sei, um dem Gottesdienst beizuwohnen. Am frühen Morgen müsse er zurückkehren. Er empfände es als Gnadenbeweis, daß er – wenn auch nur kurz – mit Ramdas habe zusammensein dürfen.

Am nächsten Morgen stand Ramdas zusammen mit anderen Pilgern am Bahnhof. Er wußte nicht, wohin er gehen oder fahren sollte. Seine Fähigkeit, Erkundigungen einzuziehen und Pläne zu machen, war völlig verlorengegangen. Er vertraute in allem auf Ram, der ihm auch nicht einen Augenblick aus dem Sinn kam. Schließlich versuchte er in einen Zug einzusteigen, obwohl er nicht wußte, wohin dieser fuhr, doch der Schaffner verwehrte es ihm. Auch das geschah nach dem Willen Rams, der allein das Ziel kannte.

8. Kapitel

Reise nach Tirupapuliyur

Ramdas setzte sich im Schatten eines Baumes auf einen Steinhaufen und fuhr mit seiner Meditation fort. Erst am Nachmittag traf ein anderer Zug ein. Er konnte ungehindert einsteigen; also war es der Zug, den Ram für ihn vorgesehen hatte. Sofort fand sich auch ein neuer Sadhuram ein. Auf dessen Frage nach dem Reiseziel antwortete Ramdas:

«Ram kennt es, und da du von Ihm geschickt bist, wirst du wissen, wohin Ramdas zu gehen hat.»

Der Sadhuram entgegnete: «Gut. Ich bringe dich zuerst nach Tirupapuliyur und dann nach Tiruvannamalai.»

«Wie du es für richtig hältst», erwiderte Ramdas. «Du bist Ram. Ramdas folgt dir, wohin du auch führst.»

Im gleichen Abteil befanden sich zwei junge Hindus, denen man ansah, daß sie eine englische Erziehung genossen hatten. Sie betrachteten eine Weile die seltsame Person, die ihnen gegenübersaß, dann sagte der eine auf Englisch, von dem er annehmen mußte, daß es der *sannyasin* nicht beherrsche:

«Schau dir diesen *sadhu* an! Der Bursche ist bestimmt ein ausgemachter Schwindler und Betrüger. Er hat diese Verkleidung nur gewählt, um auf Kosten anderer ein bequemes Leben zu führen.»

Sein Nachbar, an den diese Worte gerichtet waren, stimmte ihm völlig zu. Sie unterhielten sich noch weiter, doch konnte Ramdas sie wegen der Fahrgeräusche nicht mehr verstehen.

Ramdas dankte Ram dafür, ihn in diese Situation gebracht zu haben. Anstatt beleidigt zu sein, bat er Ihn, die jungen Männer für ihre Offenheit zu segnen. Dann redete er sie mit gefalteten Händen an: «Liebe Freunde! Ramdas ist der gleichen Meinung wie ihr. Auch er hält sich für einen Schwindler. Die Kleider eines *sannyasin* hat er nur angelegt, um auf diese Weise seinen Lebensunterhalt zu bestreiten. Im übrigen muß er jedoch bekennen: Er ist verrückt nach Ram; unablässig bittet er diesen, ihn von seinen Schwächen zu befreien und ihn zu befähigen, nur noch für Ram zu leben. In aller Bescheidenheit nimmt er an, daß Ram ihn auf diese Pilgerreise geschickt hat, um ihn zu läutern.»

Die beiden Freunde zeigten sich aufs äußerste bestürzt. Sie hatten nicht damit gerechnet, daß der einfältig wirkende *sannyasin* Englisch verstünde. Beide warfen sich Ramdas zu Füßen und baten um Verzeihung für ihre «gedankenlosen Bemerkungen». Dann fragten sie ihn, ob er schon gegessen habe. Erst jetzt fiel ihm ein, daß er tatsächlich den ganzen Tag noch nichts zu sich genommen hatte. Sie gaben daraufhin dem Sadhuram Geld, um Früchte für Ramdas zu kaufen.

Rams Wege sind in der Tat unergründlich; Er ist reine Liebe und Güte.

9. Kapitel

Pondicherry und Tiruvannamalai

In Tirupapuliyur führte der Sadhuram Ramdas zum Hause eines Verwandten, wo sie auf der Veranda die Nacht verbrachten. Am nächsten Morgen riet ihm der gutherzige Gefährte, sich in der Stadt um Almosen zu bemühen:

«Es ist leicht, sich gewöhnliche Nahrung zu verschaffen. Aber du möchtest Milch und Bananen, die wir kaufen müssen. Dazu braucht man Geld.»

Er brachte Ramdas zu einer Straße, die vorwiegend von Rechtsanwälten bewohnt war.

«Geh von Haus zu Haus. Sie werden dir bestimmt etwas geben», wies ihn der Sadhuram an. «Ich warte an der Straßenecke auf dich.»

Ramdas tat, wie ihm geheißen und brachte seinem Helfer eine Handvoll Kupfermünzen, die ausreichten, um Früchte und Milch für zwei Tage zu kaufen.

«Dein Ram ist wirklich gütig», bemerkte lächelnd der Sadhuram.

Als bei einem Gespräch der Name Pondicherry fiel, erwachte in Ramdas der Wunsch, den dort lebenden großen bengalischen Heiligen Sri Aurobindo zu sehen. Der Sadhuram war einverstanden, und in der Frühe des nächsten Tages brachen sie zu Fuß nach der etwa zwanzig Meilen entfernten Stadt auf. Nach längerem Suchen fanden sie dort das palastähnliche Gebäude, in dem Sri Aurobindo wohnte. Ramdas trat ein und traf auf zwei junge Bengalen, die den Pförtnerdienst versahen. Auf seine Frage antwortete der eine: «Es tut mir leid, aber Sri Aurobindo hat sich für ein Jahr von allem zurückgezogen und empfängt in dieser Zeit niemand.»

Auch die Bitte, wenigstens einen Blick auf den berühmten Mann werfen zu dürfen, wurde abgelehnt. So wollte es Ram! Ramdas ging zurück zu dem draußen wartenden Sadhuram und teilte ihm das Ergebnis seiner Erkundigung mit.

Währenddessen trat ein Polizist an die beiden heran und forderte sie auf mitzukommen. Der Sadhuram zitterte vor Angst. Er flüsterte Ramdas zu, er befürchte, man würde sie auf der Polizeistation verprügeln. Ramdas empfahl, dem Polizisten ruhig zu folgen und alles Ram zu überlassen. Auf der Polizeiwache wurden sie einem hochgewachsenen Mann mittleren Alters vorgeführt, der einen gezwirbelten Schnurrbart trug und der sie mit grimmigen Blicken musterte. Mit barscher Stimme sagte er etwas in einer Sprache – es war wohl Französisch –, die sie nicht verstanden. Ramdas versuchte ihn auf Englisch anzureden, doch ohne Erfolg. Schließlich kam es zu einer Verständigung auf Tamil, das sowohl der Inspektor als auch der Sadhuram beherrschte. Ramdas erfuhr, daß *sadhus* nur zwei Stunden in Pondicherry bleiben durften. Den Einwand, die Pilger seien nach einem Zwanzigmeilenmarsch müde und bedürften der Ruhe, faßte der Inspektor geradezu als persönliche Beleidigung auf. Seine Augen funkelten und seine Hände drehten wütend an den Schnurrbartenden, als er die beiden mit scharfen Worten darauf hinwies, daß sie in einer Stunde die Stadt verlassen haben müßten, wenn sie nicht aufs strengste bestraft werden wollten. Der verängstigte Sadhuram drängte Ramdas, mit ihm so schnell wie möglich den Bereich des zornigen Polizeigewaltigen zu verlassen. Unterwegs begann er, seinem Unwillen über diesen in heftigen Worten Ausdruck zu geben. Ramdas, der auch in jenem Ereignis den Willen Rams erkannte und der daher keinen Grund sah, darüber zu murren, versuchte seinen Gefährten zu beruhigen. Es gelang ihm nicht. Der Sadhuram, der über eine Vielzahl von Kraftausdrücken verfügte, schimpfte noch lange weiter. Nur ganz langsam kühlte sein Zorn ab. Wollte Ram Ramdas prüfen, ob er nicht doch in die Unmutsäußerungen einstimmen würde? Er allein weiß es!

Am nächsten Morgen machten sie sich auf den Rückweg nach Tirupapuliyur, wo sie gegen zwei Uhr nachmittags eintrafen. Der Sadhuram sorgte die ganze Zeit über wie eine Mutter für Ramdas. Einen Tag später fuhren sie mit der Bahn nach Tiruvannamalai. Hier brachte der Sadhuram Ramdas zum Hause eines Goldschmieds, mit dem er befreundet war. Der Goldschmied, ein frommer Mann, bat die beiden, seine Gäste zu sein. Für Ramdas stand eine abgeschlossene Veranda zum Meditieren und Schlafen zur Verfügung. Morgens und abends besuchte er zusammen mit dem Sadhuram den großen Arunachala-Tempel der Stadt.

Dann kam der Tag, an dem der Sadhuram Ramdas zu dem

berühmten Heiligen Sri Ramana Maharshi führte. Dessen Ashram, am Fuß des heiligen Berges Arunachala gelegen, bestand damals nur aus einer strohgedeckten Hütte. Die Besucher traten ein und erwiesen dem Weisen ihre Ehrerbietung, indem sie sich vor ihm niederwarfen. Es war zu spüren, daß man sich an einem gesegneten Platz befand. Der Maharshi war noch jung. Sein Gesicht drückte eine tiefe innere Ruhe aus. Wen er mit seinen großen, gütigen Augen anschaute, dem teilte sich etwas von dem Frieden und der Freude mit, die sie ausstrahlten. Ramdas wußte, daß der Heilige Englisch verstand; er redete ihn an:

«Maharaj, vor dir steht ein demütiger Diener Rams. Habe Mitleid mit ihm! Er hat nur eine Bitte: Erteile ihm deinen Segen!»

Der Maharshi wandte sich Ramdas zu und schaute ihm einige Minuten lang so eindringlich in die Augen, als ob er seine Gnade durch diese hindurch in Ramdas einströmen lassen wollte. Dann wiegte er den Kopf: er hatte der Bitte entsprochen. Ramdas spürte, wie ihn ein Schauer unaussprechlicher Freude durchrieselte; sein ganzer Körper bebte wie ein Blatt, das ein zarter Luftzug berührt. Glückseligkeit erfüllte ihn. O Ram, wie liebevoll Du bist! Schließlich nahmen der Sadhuram und Ramdas Abschied von dem Mahatma und kehrten zum Haus des Goldschmieds zurück.

10. Kapitel

In der Höhle

Nach diesem Erlebnis weckte Ram in Seinem Diener das Verlangen, sich für einige Zeit in die Einsamkeit zurückzuziehen. Der Sadhuram war gerne bereit, dabei zu helfen. Er stieg mit ihm hinter dem großen Tempel den Berg hinauf und zeigte ihm dort einige Höhlen, von denen Ramdas eine kleine auswählte. Hier lebte er fast einen Monat, tief versunken in die Meditation Rams. Zum erstenmal hatte ihn Ram in die Einsamkeit geführt, wo er ungestört mit Ihm allein sein konnte. Es war wie das Schwimmen in einem Meer unbeschreiblicher Glückseligkeit. Man braucht nur den Geist auf die Quelle dieser Seligkeit, Ram, zu richten, um reine Freude zu erfahren!

Eines Tages trat Ramdas – noch trunken von der Meditation über Ram – aus der Höhle. Er erblickte einen Mann, der unweit des Höhleneingangs stand, rannte auf ihn zu und umarmte ihn stürmisch. «Ram, o Ram – Du bist gekommen!» war der Gedanke, der ihn dabei beseelte. Natürlich jagte er damit dem Mann einen heftigen Schreck ein. Es brauchte seine Zeit, bis dieser erkannte, daß er es nicht mit einem Irren zu tun hatte, sondern daß es sich um einen Fall von Gottbesessenheit handelte.

Hin und wieder fühlte sich Ramdas getrieben, auch Bäume und Sträucher, die in der Nähe wuchsen, zu umarmen. In allem sah er Ram. O Ram, Du bist Liebe, Licht und Seligkeit!

In den Morgenstunden ging Ramdas durch die Straßen Tiruvannamalais und ließ sich von freundlichen Müttern Reis in seinen Becher füllen. War dieser halbvoll, kehrte er zur Höhle zurück. Er sammelte etwas Holz, entzündete ein Feuer und kochte den Reis. Das Wasser konnte er dem kristallklaren Bächlein entnehmen, dessen steiler Weg bergab an seiner Höhle vorbeiführte und in dem er auch täglich badete. Reis, ohne Salz und sonstige Zutaten, war die einzige Nahrung, die Ramdas zu sich nahm. Er aß nur einmal am Tage, wobei er stets einige Eichhörnchen zu Gast hatte, die ihm aus der Hand fraßen. Täglich durchstreifte er das zerklüftete, mit Dornbüschen, Bäumen und Felsen bedeckte Gelände. Er fühlte sich als sorgenfreies, unbekümmertes Kind Rams. Den gutherzigen Sadhuram traf er jeden Tag, entweder bei der Höhle oder beim Gang in die Stadt. Es war ein einfaches und glückliches Leben, das er an diesem Ort führen durfte.

Und dann kam die Stunde, wo Ram ihm befahl weiterzupilgern – wohin, das wußte nur Er.

11. Kapitel

Tirupati

Um vier Uhr morgens ging Ramdas zum Bahnhof und stieg ungehindert in einen Zug, der gerade dort hielt. Wenige Minuten später setzte sich dieser in Bewegung. Wohin? Ramdas wußte es nicht und versuchte auch nicht, es zu erfahren. Ram irrt nie, und volles Vertrauen in Ihn bedeutet die beste Führung und Sicherheit. Auf der nächsten Station gesellte sich ein neuer Sadhuram zu ihm; er erbot sich, Ramdas nach Tirupati zu begleiten. Beide verließen dort den Zug. Nachdem sie sich kurz erfrischt hatten, begannen sie, die 700 Stufen hinaufzusteigen, die zur Kuppe des Tirupati-Berges führen. Gegen acht Uhr abends kamen sie oben an. Bei bitterer Kälte mußten sie noch drei Meilen zurücklegen, bis sie kurz vor Mitternacht den Tempel von Balaji erreicht hatten.

Vor dem Tempel brannte ein Feuer, um das sich zahlreiche Pilger drängten. Die beiden eilten dorthin, zwängten sich zwischen die Freunde und wärmten sich Hände und Füße. Ram war in der Tat gütig!

Kurz darauf erschien der Torwächter und forderte alle auf, den Platz zu verlassen, da das Haupttor geschlossen werden sollte. Der Sadhuram fragte den Wächter, ob Ramdas und er die Nacht über im Tempel bleiben dürften, doch die Bitte wurde abgeschlagen. Auch das geschah gemäß Rams Willen! Sie gaben ihre warmen Plätze nur widerwillig auf, denn draußen empfingen sie Dunkelheit und ein schneidend kalter Wind, der von den Bergen herunterwehte. Schließlich fanden sie ein offenes, leeres Gebäude, wo sie sich niederließen. Der Sadhuram begann über die Kälte zu murren:

«Swami, es ist unmöglich, heute nacht ein Auge zu schließen. Dazu ist es zu kalt.»

«Um so besser», erwiderte Ramdas, «dann können wir die ganze Nacht für Ram-*bhajan* verwenden.»

«Das mag für dich richtig sein», wandte der Sadhuram ein, «doch ich werde keine Minute länger als nötig hier zubringen. Noch eine Nacht in dieser Eiseskälte, dann sind wir steif wie Holzklötze, so wird uns der Frost zusetzen.»

Von Ramdas kam keine Antwort mehr; er war bereits in tiefe Meditation versunken. Der Sadhuram legte sich nieder, zog die Knie an bis zum Kinn und versuchte, mit wenig Aussicht auf Erfolg seinen Körper mit dem einen dünnen Baumwolltuch zu bedecken, das er besaß. Armer Freund. Ram prüfte ihn, doch auch das geschah zu seinem Besten.

Die Nacht verstrich. Am frühen Morgen schlug der vor Kälte zitternde Sadhuram vor, sich sofort auf den Rückweg zu machen. Aber Ramdas wollte noch zu dem berühmten Wasserfall Papanasini, der nur drei Meilen vom Tempel entfernt ist und von dem es heißt, er tilge die Sünden derer, die in seinem Wasser baden. Also begaben sie sich dorthin. Nach dem Bad genossen die beiden eine herrliche Aussicht.

Dann eilten sie zum Bahnhof zurück und bestiegen einen Zug, der nach Norden fuhr.

12. Kapitel

Gott ist überall

Im Zug fragte sie der Kontrolleur – er trug europäische Kleidung und war Christ – nach ihren Fahrkarten.

«*Sadhus* haben keine Fahrkarten, Bruder, sie besitzen kein Geld und streben auch nicht danach», sagte Ramdas auf Englisch.

Der Fahrkarteninspektor erwiderte: «Du beherrschst die englische Sprache. Gebildete Leute dürfen nicht ohne Fahrkarte reisen. Ich muß euch deshalb bitten, den Zug zu verlassen!»

Der Sadhuram und Ramdas erhoben sich, um auszusteigen. Doch noch einmal redete sie der Inspektor an:

«Darf ich fragen, was der Zweck eurer Reise ist?»

«Die Suche nach Gott», war die einfache Antwort.

«Man sagt, Gott sei überall», fuhr der Inspektor fort, «warum sucht ihr Ihn dann an allen möglichen Orten? Ihr könnt Ihn auch dort finden, wo ihr die Reise angetreten habt.»

«Du hast recht, Bruder», meinte Ramdas darauf, «Gott ist überall. Aber Er wünscht, daß diese Wahrheit bestätigt wird, indem man Seine Gegenwart an verschiedenen Orten erlebt.»

«Wenn du Gott auf Schritt und Tritt begegnest», gab der Inspektor weiter zu bedenken, «dann mußt du Ihn auch hier sehen können – da, wo du jetzt stehst.»

«Gewiß, Bruder», antwortete Ramdas, «Er ist hier, wo wir jetzt stehen.»

«Kannst du mir genau sagen, wo Er ist?» fragte der Inspektor.

«Er steht vor mir», erwiderte Ramdas frohgemut.

«Wo, wo?» rief der Inspektor ungeduldig.

«Hier, hier», sagte Ramdas lächelnd und klopfte gegen die breite Brust des Inspektors. «In diesem Körper vor mir, in dir selbst sieht Ramdas ganz deutlich Gott.»

Zunächst war der Inspektor verwirrt. Dann brach er in ein herzliches Lachen aus und bat die *sadhus*, wieder Platz zu nehmen.

«Ich möchte eure Reise nicht stören. Viel Erfolg bei der Suche nach Gott!»

Mit diesen Worten verließ er den Wagen. Der Zug fuhr an. O Ram, Dein Name sei gelobt!

13. Kapitel

Ein freundlicher Polizist

Gegen Mittag des nächsten Tages bewog Ram, der der liebende Vater aller ist und der sah, daß die *sadhus* Hunger litten, einen Schaffner, sie auf der ersten Station hinter Bezwada aus dem Zug zu weisen. Sie begaben sich in den Ort, ließen sich etwas zu essen geben und kehrten dann zum Bahnhof zurück. Dort verbrachten sie die Nacht. Am folgenden Tag wollten sie ihre Reise fortsetzen. Der Stationsvorsteher und sein Assistent versuchten jedoch, sie trotz aller Bitten des Sadhuram daran zu hindern. Alle Fahrgäste befanden sich schon in den Wagen, nur die beiden *sadhus* standen noch auf dem Bahnsteig. Die Bahnbeamten gaben acht, daß sie nicht in den Zug stiegen.

Da trat ein Bahnpolizist heran und forderte sie auf einzusteigen. Der Sadhuram klärte ihn über den Sachverhalt auf. Hierauf wandte sich der Polizist dem Stationsvorsteher und seinem Assistenten zu:

«Seht ihr denn nicht ein, daß man den *sadhus* die Weiterfahrt gestatten muß? Da sie mit Geld nichts zu tun haben wollen, können sie auch keine Fahrkarten lösen.» Der Stationsvorsteher ereiferte sich:

«Es wäre ein Verstoß gegen die Vorschriften, wenn wir jemand erlaubten, die Bahn ohne Fahrkarte zu benutzen. Daher ist es zwecklos, sich für die beiden einzusetzen. Übrigens verträgt sich deine Parteinahme für diese Leute nicht mit den Pflichten eines Polizeibeamten im Dienste der Bahngesellschaft.»

Nach diesen Worten begaben sich die beiden wieder an ihre Arbeit. Den Polizisten hatte die Antwort des Stationsvorstehers geärgert. Zunächst wußte er nicht, was er tun sollte, doch plötzlich bekam sein Gesicht einen verwegenen Ausdruck. Rasch ging er zum Zug, öffnete eine Abteiltür und bat die *sadhus* einzusteigen. Bereitwillig folgten sie seiner Aufforderung. Doch der Assistent hatte den Vorfall beobachtet. Er rannte herbei und stellte den Polizisten ärgerlich zur Rede:

«Wer hat dich bevollmächtigt, diesen *sadhus* die Weiterreise zu gestatten?»

Der Polizist, ein großer und starker Mann, stellte sich vor die Tür des Wagens.

«Schau, Bruder», sagte er mit ruhiger und fester Stimme, «bei Entscheidungen solcher Art gibt es keine höhere Autorität als das Gewissen. Darin drückt sich der Wille Gottes aus.»

«Deine Vorgesetzten werden von deinem eigenmächtigen Handeln erfahren. Du wirst dafür geradestehen müssen», drohte der Assistent.

«Gewiß, Freund», entgegnete der Polizist, «ich weiß, daß mich das meine Stellung kosten kann. Aber weder du noch irgend jemand anders werden die *sadhus* daran hindern, mit diesem Zug zu fahren.»

Der arme Mann verstand die Welt nicht mehr. Er wollte sich an den Stationsvorsteher wenden, doch dieser betätigte gerade seine Signalpfeife. Die Zeit war um. Erbittert und hilflos starrte er dem abfahrenden Zug nach.

O Ram, was soll Dein Diener aus diesem Vorfall lernen? Wenn Deine allmächtigen Hände am Werk sind, vermag nichts sie zu hindern. Derselbe Polizist, dessen Aufgabe es ist, darauf zu achten, daß alle Vorschriften eingehalten werden, verstößt selbst gegen diese, indem er zwei *sadhus* ohne Fahrkarten die Mitfahrt erlaubt. Er tut das, obwohl er befürchten muß, seine Stellung zu verlieren. O Ram, jetzt steht es für Ramdas zweifelsfrei fest, daß Du in den Herzen aller wohnst und das ganze Universum nach Deinem Willen lenkst. Du bist in der Tat der wahre Liebende Deiner Verehrer! Dein Sklave findet keine Worte, um Deine Liebe und Deine Größe zu beschreiben. Er muß seinen Tränen freien Lauf lassen; nur so kann er seine Gefühle ausdrücken.

14. Kapitel

Jagannath Puri

Gegen Abend trafen der Sadhuram und Ramdas in Jagannath Puri ein. Die Nacht – sie war bitter kalt – verbrachten die beiden auf der offenen Veranda eines Gästehauses. Am nächsten Morgen badeten sie in einem großen Wasserbecken außerhalb der Stadt und begaben sich dann zum Tempel, dessen prächtige weiße Kuppel alles andere überragt. Sein Eingang war völlig verstopft durch Massen von Pilgern, die versuchten hineinzugelangen, wobei viele rücksichtslos von ihren Ellbogen Gebrauch machten. Als Ramdas das Gerangel sah, rief er mit gefalteten Händen aus:

«O Ram, wie kann Dein schwacher Diener in diesem Ansturm von Menschen zu Deinem Heiligtum vordringen? Es sieht aus, als hätte er nicht die geringste Chance.»

Kaum hatte er ausgesprochen, als ein hochgewachsener Brahmane herantrat, die Hand des Verblüfften faßte, ihn zum Tor führte und ihn dort unter Anwendung aller Kräfte durch die Menge schob. Er war sich jetzt seines Körpers nicht mehr bewußt und entsank in die Einheit mit dem allmächtigen Ram.

Fünf Minuten später stand Ramdas vor dem großen Standbild Jagannaths. Auch als er mit seiner Stirn ehrfürchtig die Füße der Statue berührte, ließ der Brahmane seine Hand nicht los.

Danach führte er ihn durch den Tempel. Während des Rundgangs erlebte Ramdas eine unbeschreibliche Seligkeit. Die ganze Zeit über vergoß er Tränen der Freude. Ein einziger Augenblick dieses Zustands bedeutet mehr als alle Vergnügungen, die die Welt zu bieten hat.

Als sie den Ausgangspunkt erreicht hatten, steckte ihm sein Führer etwas *prasad* in Form von gekochtem Reis in den Mund. Dann begann er zum erstenmal zu sprechen:

«Nun ist meine Aufgabe erfüllt.»

Damit wollte er wieder ins Innere des Tempels zurückkehren, doch gelang es Ramdas noch, eine Frage zu stellen:

«Bruder, wie kommt es, daß du einem fremden *sadhu* zum *darshan* Jagannaths verholfen hast?»

«Jagannath allein kann deine Frage beantworten», erwiderte der Brahmane. «Als ich dich erblickte, erwachte plötzlich in mir der seltsame, starke Wunsch, dich zu Seinem Bild zu bringen. Warum ich das tat, weiß ich nicht – es war der Wille Gottes.»

15. Kapitel

Christus hilft

Am selben Abend noch saßen der Sadhuram und Ramdas zusammen mit anderen *sadhus* in einem Zug, der sie bis zur Howrah-Station brachte. Dort wurden alle Fahrkarten überprüft. Die *sadhus* mußten zugeben, daß sie keine besaßen. Darauf forderte sie der Kontrolleur, ein anglo-indischer Mischling christlichen Glaubens, auf, den Zug zu verlassen. Sie gehorchten. Als der Zug abgefahren war, begann sich der Freund mit ihnen zu befassen. Er befahl ihnen, sich hinzusetzen. Die *sadhus* setzten sich.

«Nein, dorthin», sagte der Freund und deutete auf eine andere Stelle. Wieder wurde der Befehl prompt ausgeführt.

«Nicht dahin», rief der Freund, der wohl über viel Humor verfügte, «auf diese Seite, und beeilt euch gefälligst!»

Die *sadhus* wechselten erneut die Plätze. Nachdem sie noch ein drittes Mal einer solchen Aufforderung nachgekommen waren, sagte der Sadhuram verärgert zu Ramdas:

«Swami, ist es nicht seltsam, wie dieser Mann mit uns verfährt? Er will uns bloß schikanieren.»

«Nein, Bruder, du verkennst die Absicht des Freundes», erwiderte Ramdas, «wir haben lange im Zug gesessen, und unsere Beine sind steif geworden. Um sie wieder gelenkig zu machen und die Blutzirkulation anzuregen, verschafft uns der freundliche Mann ein wenig Bewegung. Es dient alles unserem Wohle. Ram sei gedankt für Seine Güte und Liebe.» Die Antwort stellte den Sadhuram nicht zufrieden. Er meinte: «Es fällt einem schlichten *sadhu* wie mir sehr schwer, deine Philosophie zu verstehen.»

Während dieser Unterhaltung hatte sich der christliche Freund entfernt. Kurz darauf kehrte er mit einer großen Laterne zurück, in deren Licht er sich einen *sadhu* nach dem andern genauer ansah.

«Das will ich haben», befand er dann, ergriff den Messingtopf des Sadhuram und stellte ihn neben sich. Der arme Sadhuram wurde blaß. Nun sah sich der Freund den Inhalt des Bündels an, das dieser mit sich führte, doch schien ihm nichts des Behaltens wert zu sein. Er wandte sich Ramdas zu, der unterdessen seinen Topf und das Bücherpaket vor sich hingestellt hatte. Ramdas sagte:

«Bruder, diese Sachen stehen dir zu. Ramdas hat sich sowieso nie als ihr Eigentümer gefühlt. Sie gehören dem, der sie haben will.»

«Den Topf mag ich nicht», bemerkte der Schaffner, «doch was enthält das Paket?»

Als er es öffnete, fiel sein Blick auf das Neue Testament, das obenauf lag. «Was hast du mit diesem Buch zu tun?» fragte er Ramdas.

«Alles, Bruder», antwortete dieser.

«Glaubst du an Christus?»

«Warum nicht? Auch Christus war ein Verkünder Gottes. Er ist gekommen, die Menschheit zu erlösen.»

Die Antwort rührte das Herz des Mannes. Er sagte: «Meister, ich habe dich nicht erkannt. Bitte verzeih deinem Diener, daß er dich so schlecht behandelt hat!»

Dann führte er die beiden in sein Dienstzimmer, bot ihnen Stühle an und bewirtete sie mit Tee und anderem. Dem Sadhuram gab er seinen Topf zurück, worauf dessen Gesicht wieder Farbe annahm. Dann sprach er Ramdas an:

«Meister, in einer halben Stunde trifft der nächste Zug ein. Ich werde euch bequeme Plätze besorgen. Noch einmal bitte ich um Verzeihung für mein böses Tun!»

O Ram, o Christus! Du prüfst Deinen Sklaven auf seltsame Weise. O Ram, Du bist ein Geheimnis. Wer sich Dir anvertraut, kann mit Deiner vollen Unterstützung rechnen. Mehr braucht man von Dir nicht zu wissen. Es genügt voll und ganz. Für Deine demütigen Verehrer ist es unmöglich, Deine Wege zu kennen. Es ist auch unnötig. In der Sonne Deiner unendlichen Liebe zu verweilen bedeutet höchste Glückseligkeit. Das Kind begehrt nach der Liebe der Mutter, und wenn sie ihm zuteil wird, ist es zufrieden. Wozu mehr verlangen?

16. Kapitel

Kalkutta und Dakshineswar

Gegen zehn Uhr abends kam der Zug in Howrah an. Die beiden Pilger stiegen aus und machten sich trotz Dunkelheit und empfindlicher Kälte auf den Weg. Nach einiger Zeit erreichten sie den Ganges und gingen über eine riesige Brücke ans andere Ufer. In der Nähe eines kleinen Tempels fanden sie ein großes Brett, auf dem sie den Rest der Nacht verbrachten. Am nächsten Tag gelangten sie über Kalkutta nach dem sieben Meilen von der großen Stadt entfernten Kalighat. Dort suchten sie unverzüglich den Tempel auf und standen lange vor dem mächtigen Standbild der Mutter Kali. Von dem schwarzen Stein hob sich das Rot der Zunge der Göttin ab.

«O Mutter des Universums», betete Ramdas, «segne Dein schwaches, hilfloses Kind! Möge es in allen Frauen Dich, die göttliche Mutter, erkennen!»

Ein Gefühl unaussprechlicher Freude und vollkommener Ergebung in den Willen Gottes durchflutete Ramdas. Tränen liefen ihm über die Wangen. So groß war die Gnade der göttlichen Mutter!

Die *sadhus* blieben zwei Tage an diesem Ort. Dann weckte Ram in Ramdas den Wunsch, Dakshineswar zu besuchen, wo Sri Ramakrishna gelebt und gewirkt hatte. Ein Flußdampfer – für die Fahrt hatte ein gütiger Freund bezahlt – brachte sie zu der Anlegestelle, die Dakshineswar am nächsten lag. Es war dunkle Nacht, als sie sich auf den Weg machten. Sie verirrten sich mehrmals, bevor sie nach zweistündigem Marsch durch wegloses Gelände den Tempel erreichten. Auf ihr Klopfen wurde das Tor geöffnet.

«Wer ist da?»

Ramdas erwiderte: «Zwei wandernde *sadhus*, die gekommen sind, um Mutter Kali zu sehen.»

«Für heute ist der Tempel geschlossen. Ihr könnt morgen früh wiederkommen», sagte der Mann, der hier den Wachdienst versah.

Doch bevor er das Tor schließen konnte, waren die Pilger seelenruhig an ihm vorbeigegangen. Zunächst schimpfte der Wachmann heftig, doch schließlich beruhigte er sich und gestattete den Zugang zum Standbild Kalis.

Freude durchschauerte Ramdas' Körper, als er vor der Statue der göttlichen Mutter stand, die Ramakrishna so tief verehrt hatte.

Ein Tempeldiener trat auf sie zu und reichte ihnen *prasad* von Kali. Ramdas fragte ihn, ob er glaube, daß es der Wunsch der Mutter sei, wenn sie die Nacht im Tempel verbrächten. Nach einigem Zögern antwortete er:

«Die Vorschrift verbietet, daß Fremde hier übernachten. Doch da es bereits Mitternacht ist, wäre es zu hart, euch in die Kälte und Dunkelheit hinauszuschicken.»

O Ram, keine Regeln und Gesetze binden Deine Verehrer!

Der freundliche Tempeldiener führte sie in eine offene Halle am Ufer des Ganges. Bevor er sich entfernte, verhalf er den beiden noch zu einem späten Abendessen.

An Schlaf war jedoch nicht zu denken. Daran hinderte sie nicht nur der eisige Wind, der vom Fluß herwehte, sondern auch ein Heer von Moskitos, das sie mit grimmiger Entschlossenheit attackierte. Als der Sadhuram seine Enttäuschung über die mißliche Lage in Worte faßte, entgegnete ihm Ramdas:

«Alles ist richtig. Wir können Rams Güte nicht hoch genug preisen. Er hat für Ramdas die wirksamste Methode gefunden, um die ganze Nacht Seinen Namen singen zu können, ohne einzuschlafen.»

Der Sadhuram antwortete nicht mehr. Er bemühte sich verzweifelt, mit dem Tuch, das seinem Körper Schutz vor der Kälte geben sollte, die ungebetenen Gäste abzuwehren. Während er murrend und klagend eine höchst ungemütliche Nacht verbrachte, bemühte sich Ramdas, allen mißlichen Umständen zum Trotz die Meditation Rams aufzunehmen. Schon bald hatte er jegliches Körpergefühl verloren und empfand keine Widrigkeiten mehr.

Als es zu dämmern begann, erhob sich der Sadhuram. Ihn erfüllte nur ein Wunsch: weg von diesem Ort. Er bat Ramdas, ihm zu folgen – wohin, das wußte er nicht. Sie hatten noch keine hundert Meter zurückgelegt, als ihnen der freundliche Tempeldiener entgegenkam und sie anredete:

«Ihr solltet nicht weggehen, bevor ihr euer Mittagsmahl eingenommen habt. Betrachtet es als *prasad* der Mutter Kali! Ich werde euch rufen, wenn das Essen fertig ist. Unterdessen könnt ihr im Ganges baden und eure Kleider waschen.»

Sie befolgten den Rat des gütigen Freundes. Hierauf breiteten sie die nassen Kleidungsstücke im Tempelvorhof zum Trocknen aus; sie selbst ließen sich von der Sonne durchwärmen. Dabei gingen Ramdas folgende Gedanken durch den Kopf:

«O Ram, Du hast Deinen unwürdigen Diener zu diesem Tempel geführt, der geheiligt ist durch die Anwesenheit Sri Ramakrishnas, dessen Lehren sich über die ganze Welt verbreitet haben. Wie gerne möchte er auch die anderen Plätze sehen, wo der Heilige geweilt und gewirkt hat.»

Es waren noch keine fünf Minuten vergangen, als ein junger bengalischer *sannyasin,* der in ein knöchellanges Gewand gehüllt war, auf Ramdas zutrat und ihn, nachdem sie sich begrüßt hatten, ansprach:

«Bruder, hast du schon von dem großen Heiligen Sri Ramakrishna gehört, der hier gelebt hat?»

«Ja, Freund, Ram hat seinen Diener gerade deswegen hierhergeführt.»

«Dann komm mit! Ich werde dir die Plätze zeigen, die durch die Anwesenheit des Heiligen gesegnet sind.»

O Ram, woher soll Dein armer, unwissender Diener die Worte nehmen, um die tiefe Liebe zu beschreiben, mit der Du ihn umfängst? Kaum hat er einen Wunsch geäußert, geht dieser schon in Erfüllung.

Der Bengale führte Ramdas zu dem Wohnraum Ramakrishnas. Das Zimmer war verschlossen, doch der *sannyasin* besorgte einen Schlüssel, öffnete die Tür und ließ ihn eintreten. Ramdas berührte mit der Stirn ehrfürchtig die zwei auf einem einfachen Bett liegenden Kissen, die von dem Heiligen benutzt worden waren. Der Raum hatte eine höchst intensive Ausstrahlung. Schauer einer unbeschreiblichen Seligkeit durchrieselten Ramdas. Er mußte sich hinlegen, um in engen Kontakt mit dem Boden zu kommen, der gesegnet ist durch die Berührung mit den heiligen Füßen dieses großen Mannes.

17. Kapitel

Ein *sadhu* ißt sich satt

Der bengalische *sadhu* betrachtete verwundert den seltsamen Vorgang. Als er seine Fassung wiedergewonnen hatte, schlug er vor, auch die anderen Plätze zu besichtigen. Nur schweren Herzens vermochte Ramdas aufzustehen und diesen himmlischen Ort zu verlassen.

Der *sadhu* führte den wie in einem Traum dahinschreitenden Ramdas und den Sadhuram, der nach kurzer Abwesenheit wieder zu ihnen gestoßen war, zu einem hinter dem Haus gelegenen Garten. Er wies auf eine kleine Baumgruppe, die von einer terrassenförmigen Anlage umgeben war.

«Hier saß Sri Ramakrishna oft inmitten seiner Schüler.» Dann zeigte ihnen ihr Führer eine Hütte, in der der Heilige zu meditieren pflegte. O Ramdas, deine Augen sind gesegnet durch diesen Anblick – fließt, ihr Tränen, heiß von der Glut höchster Glückseligkeit!

Anschließend nahmen sie in einem kleinen Tempel vor den Bildern des Meisters und der Mutter Kali an der *puja* teil. Hierauf brachte sie der bengalische Freund zur Anlegestelle zurück. Er zahlte die Überfahrt und riet ihnen beim Abschied, auf jeden Fall den Tempel von Taraknath zu besuchen. Für Ramdas war das ein Hinweis, der von Ram selbst kam, dessen Güte er auf dieser wundersamen Pilgerreise bei jedem Schritt erneut verspürte.

Auf der anderen Seite des Stromes suchten sie einen kleinen Tempel auf, der über der sterblichen Hülle Ramakrishnas errichtet worden war. Im Inneren befand sich ein Bild des Heiligen, vor dem täglich Andachten stattfanden. Neben dem Tempel waren die Grabstätten Vivekanandas und der Heiligen Mutter (Ramakrishnas Frau); beiden hatte man eine würdige Form gegeben. Ramdas hätte gerne die Nacht in einem kleinen Ashram in der Nähe des Tempels verbracht. Das wurde ihm jedoch von den jungen Männern, die dort lebten, wegen Platzmangels verweigert. So wollte es Ram.

Sie gingen zur nächsten Bahnstation und stiegen in einen Zug, der sie nach Taraknath brachte. Als erstes besuchten sie den berühmten Tempel des Ortes. Dann machten sie sich auf zum Gästehaus; sie hatten gehört, daß ein mildtätiger Rajah dort täglich vierzig bis fünfzig *sadhus* ein reichliches Mittagessen zukommen lasse.

Auf einer langgestreckten Veranda saßen die *sadhus* vor den Blättern, die als Teller dienten. Das Essen bestand aus dicken Weizen-*purees,* Curry und Süßigkeiten. Die *purees* ähnelten Brocken aus Gummi; auch Leute mit vollständigem, gesundem Gebiß kostete es Mühe, sie zu bewältigen. Ramdas war schlechter daran: er hatte kein halbes Dutzend Zähne mehr.

Als das Essen schon im Gange war, erschien ein weiterer Gast, ein *sadhu* mittleren Alters. Der Verantwortliche für die Speisung wollte ihn abweisen, da die Zahl der Gäste bereits voll war, doch als der Mann erwähnte, er habe seit zwei Tagen nichts mehr gegessen, durfte er teilnehmen.

Er setzte sich Ramdas gegenüber. Seinen Anteil hatte er in weniger als zwei Minuten verschmaust. Man reichte ihm weitere vier Weizenbrote, die er ebenfalls im Handumdrehen verspeiste. Noch einmal vier: sie erlitten das gleiche Schicksal. Doch der *sadhu* war offensichtlich noch nicht gesättigt. Daraufhin ließ der Leiter alle verfügbaren *purees* herbeibringen. Zu dem *sadhu* sagte er: «Maharaj, du kannst haben, soviel du willst.»

Weitere zehn *purees* verschwanden im Munde des Gastes. Unterdessen schauten alle Anwesenden interessiert zu. Die meisten von ihnen konnten nicht mehr als vier Weizenbrote essen. Nur wenige hatten es auf sechs gebracht. Das galt als absoluter Rekord. Doch der *sadhu* hatte bereits vierundzwanzig verzehrt und wollte immer noch nicht aufhören. Ruhig und entschlossen vertilgte er ein *puree* nach dem anderen. Dazwischen trank er Wasser aus einer großen Kanne, die neben ihm stand. Erst als er sich vierunddreißig *purees* nebst einer großen Menge von Curry und Süßigkeiten einverleibt hatte, war er zufrieden.

Die Geschichte wird hier nicht erzählt, damit wir uns auf Kosten des *sadhu* lustig machen. Sie soll am Beispiel dieses großen Essers zeigen, was Rams *maya* zu bewirken vermag.

Der Sadhuram und Ramdas blieben zwei Tage in Taraknath. Dann fuhren sie nach Gaya, badeten im heiligen Fluß Phalguni und erwiesen dem Heiligtum im dortigen Tempel ihre Ehrerbietung. Am nächsten Tag erreichten sie Benares.

18. Kapitel

Benares

Benares (Kashi) wird als eine der heiligsten Stätten Indiens betrachtet. Mit ihren prächtigen Tempeln, deren Kuppeln und Türme aus dem Häusermeer herausragen, bietet die am Ganges gelegene Stadt einen bezaubernden Anblick. Jeden Tag strömen Tausende von Pilgern aus allen Teilen des Landes hier zusammen.

Ram hatte Ramdas veranlaßt, seine Pilgerreise im Winter anzutreten. Im Norden war es empfindlich kalt. Sowohl er als auch der Sadhuram besaßen nicht die nötige Kleidung, um sich vor den Unbilden der Witterung zu schützen. In Benares mußten sie am Flußufer im Freien übernachten, wo sie besonders stark unter der Kälte zu leiden hatten. Am meisten war der Sadhuram betroffen. Er wurde jeden Tag ungeduldiger. Nachdem er Benares gesehen hatte, zog es ihn wieder in den Süden. Auch das war Rams unergründlicher Wille.

Am nächsten Tag brachte sie die Bahn nach Ayodhya. Dort hatte Sri Ramachandra (Rama) gelebt. Als die Pilger ankamen, war es bereits dunkel. Sie übernachteten in einem offenen Schuppen, wobei sie auf Vorschlag des Sadhuram Rücken an Rücken schliefen, um sich besser vor der Kälte zu schützen. Am nächsten Morgen mußten sie auf ein Bad im Sarayu-Fluß verzichten, weil das Wasser zu kalt war. Nachdem sie Hände und Füße gewaschen hatten, besuchten sie verschiedene Tempel, die Rama und seinem treuesten Gefolgsmann Hanuman geweiht sind.

Am gleichen Abend bestieg der Sadhuram einen Zug, der südwärts fuhr. Er hatte genug vom kalten Norden. Ramdas blieb bei ihm, obwohl er vorhatte, noch mehrere heilige Stätten in Nordindien zu besuchen. Er sah auch hinter dieser ungewollten Richtungsänderung den Willen Rams. Während des Halts auf einer kleinen Station nahm einer der aussteigenden Fahrgäste, wohl weil er selbst in Not war, den Messingtopf des Sadhuram mit. Das traf den armen Mann hart: er weinte bitterlich.

In Jhansi tat ein höchst pflichtbewußter Schaffner Dienst. Er holte alle, die keine Fahrkarten vorweisen konnten, aus den Wagen und führte sie auf den Bahnsteig. Dort mußten sie sich – es waren zehn *sadhus* – in einer Reihe aufstellen. Der Schaffner nahm die Fahrkarten der Aussteigenden entgegen. Jedesmal, wenn eine Pause eintrat, packte er den ihm am nächsten Stehenden – es war ein junger *sannyasin* – am Haarschopf und schüttelte ihn hin und her. Manchmal versetzte er ihm auch Faustschläge. Der *sadhu* ließ es sich gefallen. Ramdas bemerkte ein glückliches Lächeln auf seinem Gesicht.

19. Kapitel

Liebe ist stärker als Haß

Dem jungen Mann schien diese Behandlung Freude zu bereiten. Er blieb ruhig und gelassen. Ramdas wünschte ebenfalls an diesem Vergnügen teilzuhaben und bat den *sadhu,* mit ihm den Platz zu tauschen. Doch dieser war nicht bereit, seine beneidenswerte Position aufzugeben. Das zog sich etwa eine halbe Stunde hin. Dann hatte der Schaffner seine Arbeit beendet. Er wandte sich den *sadhus* zu mit der offensichtlichen Absicht, einem nach dem andern ähnlich auf den Leib zu rücken wie seinem ersten Opfer. Ramdas war der nächste, und er freute sich darauf. Der Schaffner packte seine Hand und blickte ihm ins Gesicht, in dem er ein strahlendes, gewinnendes Lächeln gewahrte. Von Furcht keine Spur – nur Heiterkeit und Gelassenheit. Sofort ließ der Schaffner die Hand los und trat ein paar Schritte zurück. Er schien nachzudenken. Für Ramdas gab es keinen Zweifel: Ram war am Werk. Tatsächlich ließ der Mann von seinem gewalttätigen Handeln ab und gestattete den *sadhus*, sich zu entfernen.

O Ram, warum sollte Dein Diener sich fürchten, wo ihn doch Dein unüberwindlicher Arm beschützt? Eines wurde bei diesem Vorfall ganz deutlich: Du verhinderst die üblen Absichten eines Widersachers, wenn Dein Diener ihm mit Liebe im Herzen und mit lächelndem Gesicht entgegentritt, anstatt mit Furcht oder Haß. Liebe überwindet Haß; sie ist die beste Medizin gegen alle Übel der Welt.

Mitternacht war schon vorüber, als die *sadhus* sich in der überfüllten Station nach einer Schlafstelle umsahen. Auf dem einzigen Plätzchen, das sie fanden, konnten sie ihre Beine nicht ausstrecken und mußten – wegen der Kälte eng aneinandergepreßt – die restliche Nacht im Sitzen verbringen. Nach einem ausgedehnten Ram-*bhajan* schlief Ramdas ein.

Als er am frühen Morgen durch die schrille Stimme des Bahnpolizisten geweckt wurde, der alle, die in der Halle Unterschlupf gefunden hatten, zu vertreiben suchte, konnte er zunächst nicht aufstehen. Die Kälte hatte ihn steif werden lassen und seine Beine waren unterhalb der Knie dick angeschwollen. Erst nach längerem Massieren konnte er sich erheben. Dann machten sie sich auf den Weg nach Jhansi. Ramdas mußte noch eine Weile humpeln, bis die Steifheit gewichen war. Gegen acht Uhr erreichten sie die Stadt.

20. Kapitel

Jhansi

In Jhansi verbrachten sie den Tag in einer Raststätte. Am Abend gingen sie zum Bahnhof zurück, um – so wollte es der Sadhuram – den Zug nach Bombay zu nehmen. Der Schaffner – es war derselbe, dem sie in der vergangenen Nacht begegnet waren – erhob zunächst keine Einwände. Doch im letzten Augenblick verweigerte er ihnen die Mitfahrt. Es war der Wille Rams. Also mußten sie noch einmal eine Nacht auf der überfüllten Station verbringen. Das bedeutete: mühevolles Suchen nach einem freien Platz, Frieren, geschwollene Glieder.

Am nächsten Morgen machten sie sich wieder auf den Weg in die Stadt. Die Stimmung des Sadhuram war zu diesem Zeitpunkt auf den Nullpunkt gesunken. In der Raststätte faßte er den Entschluß, sich zwei *sadhus* anzuschließen, die nach dem Süden reisten. Eine halbe Stunde später war Ramdas allein mit Ram, dessen Namen er unablässig sang. Irgendwann ließ jemand ein paar Münzen in seine Hände fallen. Er ging in ein Geschäft, um dafür Früchte zu kaufen. Dort sprach ihn ein unbekannter Freund an:

«Maharaj, ein Kaufmann läßt dich bitten, sein Gast zu sein.» Als Ramdas das Geschäftshaus, in dem Säcke mit Weizen aufeinandergeschichtet lagerten, betrat, kam ihm der Kaufmann entgegen und fiel ihm zu Füßen. Dann lud er ihn mit gefalteten Händen zum Essen ein. Nach der Mahlzeit stellte ihm sein freundlicher Gastgeber einige Fragen, die Ramdas beantwortete, wie Ram es ihm eingab. Auch sprach er von der Freude, die der Name Ram denen bereitet, die ihn singen, sprechen, flüstern oder schweigend betrachten und von dem Glück derer, die stets auf Ram vertrauen. Der Freund war von diesen Worten sichtlich berührt, denn auch er hielt den Namen Ram heilig.

Mahadev Prasad, so hieß der Freund, bat Ramdas, einige Zeit bei ihm zu verbringen. Ramdas' Körper war aufs äußerste vernachlässigt, und seine Kleidung bestand nur noch aus Fetzen. Der gütige Freund und alle anderen im Haus pflegten ihn aufs beste. Auch neue Kleidung wurde ihm geschenkt, darunter eine dicke Wolljacke, die eigens für ihn angefertigt worden war. Mahadev wich Tag und Nacht nicht von seiner Seite. Trotz aller Einwände ließ er es sich nicht nehmen, neben dem schlafenden Ramdas zu sitzen und dessen Füße zu halten. O Ram, wie liebevoll Du bist! Deine Güte ist grenzenlos!

Ramdas blieb einen Monat bei Mahadev. Auf dessen Bitte erläuterte er mit Hilfe des geringen Verstandes, den Ram ihm gegeben hat, einige Verse der Bhagavad Gita. Mahadev zeigte sich dafür erkenntlich, indem er aus dem gewaltigen Werk des Tulsidas, der Hindi Ramayana, vorlas.

Während seines Aufenthaltes nahm ihn Mahadev mit zu zwei mohammedanischen Heiligen. Der erste war ein hagerer, vom Alter gebeugter Mann namens Mirzaji. Er mochte wohl schon über sechzig Jahre alt sein. Der Heilige sprach nicht und schien auch niemand wahrzunehmen, doch seine Augen leuchteten vor innerer Freude und

Heiterkeit. Sein Wesen ähnelte dem eines kleinen Kindes: einfach, unschuldig und ungezwungen. Mahadev hatte Süßigkeiten mitgebracht, die er dem Heiligen in den zahnlosen Mund steckte und die dieser gleichmütig schluckte.

21. Kapitel

Meditation – der einzige Weg

Der andere Heilige war ein jüngerer Mann namens Pirjee. Mahadev fragte ihn, ob das Glück auch im weltlichen Leben zu finden sei. Der Heilige richtete sich auf und entgegnete mit fester, entschiedener Stimme: «Bruder, ich habe dir schon oft versichert: es gibt nur einen Weg, der aus allem Elend hinausführt. Du mußt das weltliche Leben aufgeben und an einem einsamen Platz über Gott meditieren! Er allein kann dir zu der Glückseligkeit verhelfen, die du suchst.»

O Ram, Du hast Deinen Diener zu diesen Heiligen geführt, um seinen Glauben an Dich zu festigen! Der erste Heilige zeigte ihm den Zustand eines Menschen, der Dich erreicht hat, und der zweite wies den Weg, der zu Dir führt.

Der gütige Mahadev nahm Ramdas zu mehreren *bhajans* mit, die in der Stadt abgehalten wurden. Als Ramdas dann eines Tages auf Eingebung Rams weiterwandern wollte, fiel es Mahadev schwer, sich von ihm zu trennen. Um den endgültigen Abschied noch hinauszuschieben, fuhr er mit ihm in ein etwa sechs Meilen entferntes Dorf, in dem ein berühmter Rama-Tempel steht. Nachdem er eine Dorfbewohnerin beauftragt hatte, für Ramdas' leibliches Wohl zu sorgen, bat er diesen, ihn nochmals zu besuchen, bevor er wieder seine Pilgerreise aufnähme. Dann kehrte er nach Jhansi zurück.

In Meditation versunken schritt Ramdas am Ufer des schönen Flusses dahin, der am Dorf vorbeifließt. Dabei stieß er auf einige Grabstätten, über denen hohe, kegelförmige Türmchen errichtet sind. Im Dorf erfuhr Ramdas, daß es sich um die Gräber von Witwen handele, die sich, wie es in früheren Zeiten häufig vorkam, zusammen mit ihren toten Gatten verbrennen ließen. Ramdas machte eines davon für eine Woche zu seiner Behausung.

Die Nächte über sang er den Namen Rams. Er geriet dabei in

Ekstase und fühlte die Gegenwart Rams in allem – selbst in der Luft, die er einatmete. Wenn dann am frühen Morgen noch «Om Sri Ram Jai Ram Jai Jai Ram!» erschallte, kamen Vögel und andere kleine Tiere, um zuzuhören. Am Abend spitzten Ziegen und Rinder, die in der Nähe grasten, die Ohren, wenn das Mantra ertönte. Sie konnten sich dem Zauber des Namens nicht entziehen und lauschten gebannt den himmlischen Klängen.

O Ram, damit ist bewiesen, daß Du in den Herzen aller Wesen lebst. Die schlafenden Seelen der Vögel in der Luft und der Tiere auf der Erde werden wach, wenn Deine herrliche Stimme ertönt!

22. Kapitel

Ram, der Freund der Armen

Die Bewohner des nahegelegenen Dorfes warnten Ramdas vor Tigern und anderen Raubtieren, die in dem Dschungel umherstreiften, wo er sich niedergelassen hatte. Doch wie soll Furcht aufkommen, wenn man unter dem Schutz des allmächtigen Ram steht?

Ein kleines Ereignis aus diesen Tagen darf nicht unerwähnt bleiben. Ramdas bat eines Tages eine alte Frau, die vor ihrer kleinen, niedrigen Hütte saß, um einen Schluck Wasser.

«Maharaj, du kannst aus meinen Händen kein Wasser entgegennehmen», sagte die Mutter.

«Darf Ramdas den Grund dafür erfahren?» fragte er.

«Weil ich zu einer der niedrigsten Kasten gehöre», entgegnete die Mutter. «Ich war die Frau eines Bartscherers.»

«Was macht das?» sagte Ramdas unbeeindruckt. «Du bist trotzdem Ramdas' Mutter. Bitte gib deinem Sohn etwas zu trinken!»

Freudig erfüllte sie seinen Wunsch. Dann bat sie ihn, Platz zu nehmen und erzählte ihm, wie schlecht es ihr ginge. Sie sei ganz allein und verbringe ihre Tage und Nächte in Angst und Sorgen. Ramdas versicherte ihr:

«Es gibt keinen Grund, sich einsam zu fühlen oder sich zu fürchten. Ram beschützt alle – Er ist uns immer nahe.»

«Aber ich arme, törichte Frau habe kein Vertrauen zu Ram. Ich bin eine Sünderin.» Als sie das sagte, brach sie in Tränen aus.

«Du brauchst nicht zu verzweifeln, liebe Mutter», erwiderte Ramdas, «Ram ist der Freund der Armen und Gedemütigten.»

«Was soll ich tun?» fragte die alte Frau.

«Wiederhole den Namen Ram den ganzen Tag und auch nachts, wenn du nicht schläfst. Du kannst ganz sicher sein: du wirst dich nicht einsam und nicht elend fühlen, solange du das tust. Wo dieser Name gesprochen oder gesungen wird oder wo man über ihn meditiert, gibt es keine Sorgen und Ängste – selbst der Tod verliert seine Macht.»

Auf ihren Wunsch hin besuchte Ramdas die Mutter erneut am folgenden Tag. Ein heiteres Lächeln zeigte sich auf ihrem Gesicht. Sie berichtete, sie habe seinen Rat befolgt und fühle sich jetzt frei von Furcht und Sorgen. Dann bot sie ihm einige Süßigkeiten an, die sie im Dorf besorgt hatte.

«Mutter, Ramdas hätte lieber etwas, was du selber gemacht hast», meinte er.

Sie brachte ein selbstgebackenes Brot, und Ramdas aß mit großem Appetit. Später, als er der Mutter noch einmal begegnete, hörte er, wie sie vor sich hin murmelte: «Ram, Ram, Ram ...»

23. Kapitel

Gott straft nie

Auf Rams Befehl ging Ramdas zurück nach Jhansi. Mahadev hieß ihn herzlich willkommen und bewog ihn, ein paar Tage bei ihm zu bleiben. Er brachte Ramdas mit einigen Freunden zusammen, die sich alle bemühten, ihm das Leben so angenehm wie möglich zu machen. Bei einem Gespräch wurden die heiligen Stätten Kedarnath und Badrinath im Himalaya erwähnt. Der Weg dorthin sei äußerst schwierig und gefährlich, auch sei es dort sehr kalt. In Ramdas, der immer schon eine Vorliebe für Wagnisse solcher Art hegte, wurde sogleich der Wunsch wach, zu diesen Orten zu pilgern. Die Freunde versuchten, ihm die abenteuerliche Unternehmung auszureden und verwiesen auf seinen ausgemergelten Körper. Er tat ihre Einwände ab:

«Ram hat es geboten, und Ramdas gehorcht in vollem Vertrauen zu Ihm. Ram trägt die Verantwortung, und wenn Er will, daß dieser Körper dabei zugrunde geht, ist das kein Grund zur Klage.»

Unter den Freunden befand sich ein junger Mann namens Ramkinker, der sich stark zu Ramdas hingezogen fühlte. Er zeigte sich von dessen Vorhaben begeistert und bat, Ramdas begleiten zu dürfen. Dieser stimmte zu. Die Tage, die Ramkinker brauchte, um sich auf die Reise vorzubereiten, verbrachte Ramdas in einer Herberge. Sie befand sich in der Nähe von Ramkinkers Haus, so daß dieser es leicht hatte, für Ramdas zu sorgen.

Ramdas pflegte in der Mittagszeit zwei bis drei Stunden in den Straßen Jhansis spazierenzugehen. Pandaji, ein Freund, der ihm sehr zugetan war, äußerte seine Besorgnis:

«Maharaj, du läufst jeden Tag in der ärgsten Hitze mit unbedecktem, kahlgeschorenem Kopf herum. Das ist höchst gefährlich. Wenn du es nicht unterläßt, muß ich dich jedesmal, bevor ich weggehe, im Tempel einsperren!»

Mit dieser Drohung, die Ausdruck seiner großen Liebe zu Ramdas war, wollte Pandaji ihn zur Mittagsruhe zwingen. Fortan begab er sich erst dann zum Mittagessen, wenn Ramdas eingeschlafen war. O Ram, wie gütig Du bist!

Einmal verspürte Ramdas während eines mittäglichen Ganges starken Durst. In der Nähe waren einige Frauen dabei, mit Eimern Wasser aus einem Brunnen heraufzuziehen. Er bat eine von ihnen, ihm etwas Wasser zu geben. Die Frau gab zu bedenken: «Maharaj, ich bin Mohammedanerin, und du bist ein Hindumönch. Es gehört sich daher nicht, daß du aus meinen Händen Wasser entgegennimmst.»

«O Mutter», beruhigte sie Ramdas, «für Ramdas gibt es keine Unterschiede. Er sieht in dir wie in allen Frauen die göttliche Mutter. Zögere deshalb nicht, und gib deinem Sohn etwas zu trinken!»

Die Frau war über diese Antwort aufs höchste verwundert. Sie wusch ihr Gefäß sorgfältig aus, holte noch einmal frisches Wasser aus dem Brunnen und schüttete dann soviel davon in Ramdas' hohle Hände, wie dieser wünschte.

Während seines Aufenthaltes in der Herberge kamen täglich einige Freunde aus der Stadt, um ihm Fragen zu stellen. Einer von ihnen wollte wissen, wer Ramdas sei.

«Ich bin Ramdas», lautete die schlichte Antwort.

«Du lügst», behauptete der Freund, «du bist Ram selbst. Wenn du dich als Ramdas bezeichnest, weißt du nicht, was du sagst. Gott ist überall und in allem. Das kannst du nicht leugnen. Er ist in dir, und so bist du Er.»

«Das stimmt, lieber Freund», erwiderte Ramdas, «Gott ist überall. Doch wissen wir auch, daß Er unteilbar ist. Da Er also in dir wohnt und in allem, was um dich herum ist, gestatte ich mir die bescheidene Frage, wen du jetzt angesprochen hast?»

Der Freund dachte nach. Schließlich mußte er zugeben: «Ich habe die Frage an mich selbst gerichtet.»

Die Antwort war der Versuch, seine erste Behauptung zu rechtfertigen. Hätte er gesagt, er habe die Frage Ramdas gestellt, müßte man daraus auf eine Dualität (ich und du) schließen. Ramdas erklärte:

«Tatsächlich spricht Ram nicht. Im gleichen Moment, in dem Er zu reden begänne, wäre Er nicht mehr Ram. Sprechen setzt immer zwei voraus: einen, der spricht und einen, zu dem gesprochen wird. Ram aber ist unteilbar. Es ist daher schiere Unwissenheit, wenn ein Mensch behauptet, er sei Gott, weil ja sein Ego die Verwirklichung der Einheit mit Ihm verhindert.»

Unter den vielen Freunden, die ihn täglich besuchten, befand sich ein Schullehrer, der einer Lehre anhing, die der große Heilige Swami Dayananda Saraswati verkündigt hatte. Dieser Freund wurde im Laufe der Diskussion gewöhnlich sehr erregt und hitzig. Einmal sprach er mit Sympathie über eine bestimmte religiöse Bewegung. Ramdas konnte ihm nicht zustimmen, da er alles ablehnt, was zu Gegensätzen zwischen den verschiedenen Glaubensrichtungen führt. Der Lehrer entgegnete heftig und hielt sich dabei nicht an die üblichen gesellschaftlichen Regeln. Ramdas blieb ruhig und gelassen. Beim Abschied versicherte er dem Freund, daß er ihn trotz seiner ätzenden Worte aufs innigste liebe.

Am nächsten Tag erschien der Lehrer wieder zur gleichen Zeit. Er war fast stimmlos.

«O Maharaj», flüsterte er, nachdem er sich Ramdas zu Füßen geworfen hatte, «Gott hat deinen Sklaven gestraft, weil er dir gegenüber so üble Worte gebraucht hat. Seine Kehle ist wie zugeschnürt, er kann sich kaum noch verständlich machen.»

«Freund, Ramdas tut es leid, das zu hören. Doch kannst du versichert sein: Gott straft niemals. Er ist die Liebe selbst, Er kann daher nur gütig sein. Unsere Zweifel sind die wahren Feinde, die alles Unheil anrichten. Das sogenannte Übel wird nur von uns selbst verursacht.»

Bei diesen Worten berührte Ramdas mit seiner Hand den Hals des

Freundes. Die Heiserkeit verschwand in wenigen Minuten – er hatte seine Stimme wiedergefunden.

«O Maharaj, wie mächtig du bist!» rief er erregt.

«Du irrst, lieber Freund», antwortete Ramdas, «Ramdas, der arme Diener Rams, verfügt über keinerlei Macht. Dein Glaube allein hat dir geholfen und sonst nichts.»

Alle Freunde in Jhansi zeichneten sich durch Mildtätigkeit aus. Besonders nahmen sie sich der *sadhus* an. Ein Muster an Hilfsbereitschaft und Freigebigkeit war Mahadev Prasad. Er würde niemals einen Hungrigen abgewiesen haben, eher hätte er selbst gehungert. Ram ließ Ramdas mit ihm zusammenkommen, um zu zeigen, wie Barmherzigkeit und Opferbereitschaft im Alltagsleben geübt werden können. Ramkinker war von derselben Art. Ein Zehntel seines Einkommens gab er für wohltätige Zwecke. Man sollte sich ihn zum Vorbild nehmen! In Nordindien ist traditionsgemäß das Ideal der Gastfreundschaft besonders ausgeprägt. Ein Haushalter, der nicht täglich einen Armen speist, verliert nach dortiger Auffassung geradezu das Recht auf Existenz. Viele Familienväter warten daher nicht, bis ein Hilfsbedürftiger zu ihnen kommt; sie suchen ihn selbst auf den Straßen, in den Herbergen und in den Tempeln. Aber auch in Südindien hat Ramdas viele Akte der Mildtätigkeit erlebt. In der Tat: ganz Indien ist ein Land der Nächstenliebe.

24. Kapitel

Aufbruch zum Himalaya

Wohlversorgt mit allem, was man für eine Reise braucht, nahmen Ramdas und Ramkinker am Bahnhof Abschied von den Freunden. Zunächst gelangten sie nach Hardware, dem Tor zu den großen Heiligtümern im Himalaya. Am Ufer des Ganges bot sich ihnen ein eindrucksvolles Bild: Viele fromme Frauen und Männer waren dabei zu beten, Gottesdienste zu verrichten oder Waschungen vorzunehmen. Nach zwei Tagen fuhren sie weiter nach Rishikesh, einem ausnehmend schönen Ort. In der Ferne sind die majestätischen Berge sichtbar, deren Gipfel die Wolken zu küssen scheinen, die über ihnen hängen. Zwischen dem Gebirge und der Stadt ragen aus dichten Wäldern, die sich wie grün-gelb-rote Seen aus Blättern und Blüten ausnehmen, hohe Felsen empor. Davor sieht man den heiligen Ganges, der ruhig und hoheitsvoll dahinfließt und in dessen kristallklarem Wasser mächtige Felsblöcke sichtbar sind, die vor Zeiten von den Fluten mitgerissen wurden und die nach und nach runde, glatte Formen angenommen haben. O Ram, wie erhaben Du bist!

Auf der einen Seite des großen Flusses standen mehrere kleine, strohbedeckte Hütten, die einen gepflegten und gefälligen Eindruck machten und in denen *sannyasins* lebten. Ramkinker führte Ramdas in eine von ihnen. Sie war aufs einfachste ausgestattet. Als einziges Möbelstück sahen sie ein schlichtes Bett aus Bambus. Den Sandboden bedeckte eine Bambusmatte. In einer Ecke lagen zwei schwarze Steine, die zum Aufbrechen von Nüssen dienten, und an einem hölzernen Haken hing ein aus einer schwarzen Muschel gefertigtes Wassergefäß. Vor der Hütte trockneten zwei Tücher, ein Umschlag- und ein Lendentuch, in der Sonne. Außer dem zweiten Lendentuch, das der *sannyasin* trug, der die Hütte bewohnte, war das alles, was er an Kleidung besaß. Der *sannyasin,* ein ehrwürdiger Greis, von dem Ruhe und Frieden ausgingen, saß auf einem Hirschfell, das auf dem Bett ausgebreitet war. Er hieß die beiden mit einem freundlich-heiteren Lächeln willkommen. Nachdem er ihnen eine Erfrischung angeboten hatte, erzählte er auf seine kindhafte Art von Heiligen, die auf der anderen Seite des Stroms seit Jahren im dichten Urwald in völliger Einsamkeit ihrem *sadhana* nachgehen. Der gütige alte Mann war besonders den Vögeln zugetan. Er unterließ es nie, seine einfachen Mahlzeiten mit ihnen zu teilen. Sie warteten schon auf den Bäumen, die vor der Hütte standen. Er sprach sehr liebevoll von ihnen. Von ihm erhielt Ramdas den wertvollen Rat, sein *sadhana* nach Möglichkeit in der Einsamkeit zu verrichten. Gibt es ein besseres Mittel, um den Geist zur Ruhe zu bringen? O Ram, es warst Du selbst, dem Ramdas unter diesem einfachen Dach begegnet ist!

Während ihres Aufenthalts in Rishikesh schliefen Ramdas und Ramkinker unter einem Feigenbaum am Ufer des Ganges. In der Nähe befand sich die Hütte eines Mahatma. Auch er verhielt sich überaus liebenswürdig zu Ramdas. Sein größtes Vergnügen bestand darin, die Affen und Kühe zu füttern, die sich ständig um seine Hütte drängten. Zu diesem Zweck erbettelte er Futter in den Basaren und sammelte Gras und Früchte in Wiesen und Wäldern.

In ihrer Nachbarschaft lebte auch ein blinder *sadhu.* Er hatte eine gute Stimme, von der er den allerbesten Gebrauch machte, indem er immer wieder den süßen Namen Ram sang.

25. Kapitel

In den Bergen

Nach dreitägigem Aufenthalt in Rishikesh begann der Aufstieg ins Gebirge. Je höher sie kamen, um so bezaubernder wurde die Landschaft. Auf der rechten Seite stürzten die Wasser des heiligen Ganges über die Felsen zu Tal, linker Hand boten bunte Gebirgswälder ein überwältigendes Bild, und in der Ferne sah man die Spitzen der hohen Berge, die von Schnee bedeckt waren. Im Sonnenschein leuchteten die weißen Gipfel wie Silber – ein unvergeßlicher Anblick. Mehr und mehr verlor sich Ramdas in der Betrachtung der Naturschönheiten. O Ram, Dein armer Ramdas findet nicht die richtigen Worte, um die Herrlichkeit dieser Landschaft zu beschreiben!

Während der ganzen Bergwanderung hielten sie ein zügiges Tempo ein. Ramdas glaubte zu fliegen, so leicht fiel ihm die Überwindung selbst der schwierigsten Steigungen. Trotzdem fühlte er sich nicht müde und abgespannt. Er war so frisch wie immer. Das bewirkte die Gnade Rams, dessen Name er stets auf seinen Lippen führte. Manchmal kam ihm alles vor wie ein zauberhafter Traum voll der Größe und des Ruhmes Rams. Hier offenbarte Ram Seine gewaltigen Kräfte.

Die meiste Zeit war sich Ramdas seines Körpers nicht bewußt. Sein Geist ging völlig in Ram auf, den er in allem erkannte, was er sah.

Höher und höher stiegen die unermüdlichen Pilger. Schließlich begann Ramkinker, der ein schweres Bündel zu tragen hatte, über Ramdas' Eilschritt zu klagen. Aber Ramdas war nicht mehr Herr seiner selbst. Ram war sein Herr. So verloren sie einander. Erst später, in einem Ort namens Rudraprayag, führte sie Ram wieder zusammen.

Tausende von Pilgern beschreiten alljährlich diese beschwerlichen und gefährlichen Wege. Von März bis Juni bewegt sich ein Strom von Menschen die Berge hinauf und hinunter. Alle Pilger, denen Ramdas begegnete, waren sehr freundlich zu ihm. Weil Ram gütig ist, sind alle gütig, denn Er wohnt in allen.

Die Bewohner dieser Bergregion sind hellhäutig und hochgewachsen. Ihre Lebensgrundlage bilden Viehzucht und Ackerbau. Sie führen ein einfaches Leben. Ihr Glaube an Gott ist unerschütterlich. Gerne erzählen sie, sie seien Nachkommen von Rishis, die früher in diesen Bergen lebten. Ihre Kleidung ist aus Schafwolle gefertigt. Die Männer tragen wollene Hosen, lange Jacken aus dem gleichen Material und schwarze Mützen; die Frauen benutzen wollene Decken anstelle von Saris. Männer und Frauen nutzen jede freie Minute zum Spinnen. Selbst beim Gehen wird diese Tätigkeit nicht unterbrochen.

In der Nähe des Pfades findet man kleine Hütten und Höhlen, in denen *sadhus* wohnen. Die Gesellschaft eines *sadhu* bedeutet ein Bad für den Geist. In der reinen Atmosphäre, die er durch seine Meditationen schafft, wird der Geist von üblen Gedanken und Eindrücken gereinigt. Noch weiter oben befinden sich Ashrams, in denen früher berühmte Heilige wie Narada und Agastya Muni lebten. Die erste der Stätten dieser Art, die Ramdas besuchte, war Trijugnarain. Sie mußten einen mühsamen Anstieg bewältigen, und oben war es bitter kalt. Am nächsten Tag begann der höchst gefährliche Abstieg. Der schmale Pfad führte zeitweise an steil abstürzenden Felsschluchten vorbei, mehrere wackelige Brücken mußten überschritten werden, und an einigen Stellen behinderten Schneefelder das Vorwärtskommen. In jedem Jahr stürzen hier viele Pilger ab und werden von den Wildwassern fortgerissen.

In der Mitte eines Aufstiegs setzte sich Ramdas hin, um auf Ramkinker zu warten. Der schmale Weg führte hier am Rande eines Abgrunds vorbei. Von tief unten hörte man das Rauschen eines Flusses. Ein etwa sechzehnjähriges Mädchen kam schnellen Schrittes den Berg herunter. Der Pfad war so steil, daß sie schneller und schneller wurde, bis sie sich schließlich mit unkontrollierbarer Geschwindigkeit abwärtsbewegte. In ihrem geröteten Gesicht spiegelte sich die Aufregung; sie wußte, daß es nicht mehr in ihrer Macht lag einzuhalten.

Ramdas beobachtete das Geschehen in atemloser Spannung. Er bat Ram, das Mädchen zu retten. Nur Er konnte helfen. Die junge Pilgerin war unterdessen bis zum Rande des Abgrunds gekommen. Ihr linker Fuß glitt aus – o Ram, wie schrecklich ... Sie stürzte, aber wider Erwarten zurück auf den Weg. Gerettet, gerettet! Ram hatte sie gerettet! Ram sei Dank! Sie erhob sich, verweilte ganz kurz und setzte ihren Weg fort. Das tapfere Mädchen hatte selbst im Augenblick des Fallens den Namen Ram auf den Lippen gehabt und festes Vertrauen zu Ihm im Herzen!

Ein zweites Ereignis, das sich vor den Augen Ramdas' abspielte, endete völlig anders. Eine alte Frau, die trotz ihrer Gebrechlichkeit die heiligen Stätten im Gebirge besuchen wollte, ließ sich von einem stämmigen Bergbewohner in einem Korb tragen. Der Träger setzte diesen hin und wieder ab, um sich zu erholen. Ramdas und Ramkinker rasteten gerade am Wegesrand, als er seine Last von den Schultern nahm. Er stellte den Korb auf einen Felsen und forderte die alte Mutter auf, sich die Beine zu vertreten. Als er keine Antwort erhielt, schaute er hinein. Dann stieß er einen Schrei der Überraschung und des Schreckens aus:

«Die arme Frau ist tot.» O Ram, Dein Wille geschehe!

Die beiden Pilger stiegen höher und höher und erreichten schließlich das berühmte Kedarnath. Der kleine Ort – er besteht aus einem Tempel, einigen Läden und mehreren Wohnhäusern – liegt auf einer Hochebene, die von einem Kranz hoher, schneebedeckter Berge umgeben ist. Hier oben herrschte grimmige Kälte. O Ram, wie dankbar ist Dein Diener, daß Du ihn gegen Kälte nahezu unempfindlich werden ließest!

26. Kapitel

Kedarnath und Badrinath

Während seines Aufenthalts in Kedarnath fühlte sich Ramdas durch Ram bewogen, einen der schneegekrönten Bergriesen zu besteigen, zweifellos ein kühnes Wagnis. Natürlich schloß sich ihm Ramkinker an. Der Berg war so steil, daß sie sich buchstäblich an den spärlichen Grasbüscheln hochziehen mußten, die dort zu finden waren. Als sie etwa die Hälfte des Aufstiegs bewältigt hatten, wollte Ramkinker nicht weiterklettern. Die Absturzgefahr war ihm zu groß, auch konnte er die beißende Kälte nicht mehr ertragen. Doch Ramdas, der sich ganz in die Hände Rams gegeben hatte, stieg höher und höher, bis er schließlich den Gipfel erreichte. Hier stieß er aus voller Kehle einen Triumphschrei aus: «Om Sri Ram Jai Ram Jai Jai Ram!»

Der Abstieg war höchst gefährlich. Jeder Fehltritt, jedes Ausrutschen konnte das Ende des Körpers bedeuten. Doch wie vermag Furcht aufzukommen, wenn Ram führt? Ganz langsam kletterte und glitt Ramdas abwärts. Es begann heftig zu schneien. Er hatte die Kletterei ohne warme Kleidung unternommen, doch Ram gab ihm auch jetzt die Kraft durchzustehen. Ramdas brauchte fünf Stunden bis zum Fuß des Berges. Dort befand sich die Quelle des Mandakiniflusses. Er nutzte die Gelegenheit, um zu baden. Das Wasser war eisig kalt, doch was kümmert das den, der den Schutz Rams genießt!

Sie blieben einen Tag in Kedarnath, dann drängte Ramkinker zum Weitermarsch. Nach langem Abstieg mußte eine hohe Bergkette überwunden werden. Ihren Augen boten sich Landschaftsbilder, die so berückend waren, daß Ramdas sie nicht beschreiben kann. Zeitweise wurde er von ihrer Schönheit geradezu überwältigt. Es kam vor, daß er beim Betrachten sein Körperbewußtsein verlor – er fühlte sich eins mit den mächtigen Bergen, die ihn umgaben.

Nach mehrtägiger Wanderung, streckenweise über gefährliche Gletscher, die schon manches Opfer gefordert haben, erreichten sie Badrinath. Auch hier rundherum hochragende Berge. Sie fanden ein großes Becken vor, das aus einer Quelle mit heißem Wasser gespeist wurde. Alle Pilger nahmen hier ein Bad, was bei der strengen Kälte eine besondere Wohltat bedeutete.

Der aus weißem Marmor erbaute Tempel bildet den Mittelpunkt des Gebirgsortes. Ramdas hatte Schwierigkeiten, ihn zu betreten, da der Haupteingang durch Pilgermassen verstopft war. Daraufhin versuchte er es an einem Nebeneingang. Dort fragte man ihn: «Bist du krank? Dann darfst du hier eintreten.»

«Nein, Ramdas ist nicht krank», erwiderte er.

«Wenn du sagst, du seist krank, können wir dich einlassen», riet der Türwächter.

«Niemals», antwortete Ramdas, «er will sich Badrinaths *darshan* nicht durch eine Lüge erschwindeln. Das verstöße gegen das Gebot Rams.»

Ramdas wollte weggehen, doch der freundliche Mann faßte seine Hand und führte ihn vor die Statue Badrinaths. Dort reichte er ihm *prasad*. O Ram, Du stellst Deinen Diener immer wieder auf die Probe!

Sie blieben einen Tag in Badrinath und machten sich dann auf den Rückweg. Nach einer Wanderung von mehreren Tagen erreichten sie Ramnagar, wo sich die nächste Bahnstation befindet. Im ganzen hatten sie während ihres vierzigtägigen Aufenthaltes in den Bergen des Himalaya vierhundert Meilen zurückgelegt. Ramdas war diese Strecke mit bloßen Füßen marschiert.

Ramnagar ist ein gesegneter Ort. Seine Bewohner sind in außergewöhnlichem Maß dem Ideal der Nächstenliebe verpflichtet. Neben dem Bahnhof wird in einem Behelfskrankenhaus täglich Hunderten von Pilgern Hilfe gewährt. Darüber hinaus sorgen die Bürger Ramnagars dafür, daß *sadhus* und arme Pilger zu essen erhalten.

Ramdas hat überall in Indien Freundlichkeit und Hilfsbereitschaft erfahren. Ram war auf allen Reisen – Ramdas hat sie auf Sein Gebot hin unternommen – immer gütig zu ihm!

Nach kurzem Aufenthalt in Ramnagar bestiegen sie einen Zug, der sie nach Mathura brachte. Dort trennte sich Ramkinker von ihm, weil er krank geworden war und deshalb nach Jhansi zurückmußte. Er hatte stets wie eine Mutter für Ramdas gesorgt, doch es war Rams Wille, daß er ihn verlassen sollte. Ramdas blieb nur kurze Zeit allein. In der nächsten Pilgerraststätte wartete schon ein anderer Sadhuram auf ihn.

27. Kapitel

Mathura, Gokul und Brindaban

Mathura ist der Geburtsort Sri Krishnas. Die Erinnerung an diese wahrhafte Verkörperung der Liebe lebt in den Herzen aller Inder. In der unvergänglichen Bhagavad Gita zeigt Er uns das Ziel des menschlichen Lebens und die Wege, die dorthin führen. Mathura ist übersät mit kleinen Tempeln, in denen mit täglichen Andachten vor allem das Andenken an die Kindheit Krishnas wachgehalten wird.

Ramdas begab sich zuerst zum heiligen Fluß Jamuna. Vor dem Bad legte er seine Brille in sein Eßgefäß, das er auf eine der steinernen Stufen gestellt hatte, die zum Wasser hinabführen. Als er nachher die Hand nach der Brille ausstreckte, kam ihm ein Affe zuvor, der sie blitzschnell ergriff und sich eilig davonmachte. Es war ein schwerer Verlust, denn Ramdas ist sehr kurzsichtig. Ein Brahmane, der den Vorfall beobachtet hatte, äußerte seine Verärgerung.

«Es ist Rams Wille», gab Ramdas gelassen zu bedenken; er vermutete, daß Ram ihm zu normaler Sicht verhelfen wolle.

Der Brahmane blieb nicht untätig. Er beauftragte zwei Jungen, dem Affen die Beute abzujagen. Dieser schwang sich unterdessen von einem Tempeltürmchen zum andern, gefolgt von anderen Affen, die glaubten, er habe etwas Eßbares erhascht. Schließlich waren die Jungen erfolgreich. Eine Viertelstunde später brachten sie die unversehrte Brille zurück. Wieder einmal wollte Ram seinen Diener prüfen!

In Begleitung des Brahmanen – er war der neue Sadhuram – besuchte Ramdas einige Tempel, die Sri Krishna geweiht waren. Am nächsten Tag machten sie sich auf den Weg nach dem vierzehn Meilen entfernten Govardhan. Hier stand einst der berühmte Hügel, von dem gesagt wird, daß ihn Krishna auf der Spitze Seines kleinen Fingers über den Kühen und ihren Hirtinnen und Hirten – Seinen Spielgefährtinnen und -gefährten – gehalten habe, um sie vor einem sintflutartigen Regen zu schützen, den der zornige Gott Indra zur Erde sandte. Heute ist der Hügel fast verschwunden, da man seine Steine zum Bau von Häusern verwendete. Nur ein großer Felsbrocken ist übriggeblieben. Obwohl man ihn überdacht und mit einem eisernen Gitter versehen hat, gelingt es manchem Pilger, ein Stückchen davon abzuschlagen und als Souvenir zu behalten.

Am Abend nahmen Ramdas und der Sadhuram an einem *bhajan* teil, der in einem kleinen Tempel stattfand. Zum Spiel von Musikinstrumenten sangen ein halbes Dutzend *sadhus* mit großer Begeisterung und Ausdauer «Hare Ram, Hare Ram, Ram Ram, Hare, Hare! Hare Krishna, Krishna Krishna, Hare, Hare!»

Vier Stunden verweilten sie in der friedvollen Atmosphäre, völlig versunken in die bezaubernden Klänge der göttlichen Namen.

Über Mathura, wo der Sadhuram leider zurückbleiben mußte, wanderte Ramdas nach Gokul. Hier war Sri Krishna aufgewachsen, hier hatte er zum erstenmal Seine außerordentlichen Kräfte entfaltet.

Nach einem Tag Aufenthalt in Gokul wurde Ramdas nach Brindaban geführt, einem Ort, der ebenfalls durch die Anwesenheit Krishnas gesegnet ist. Ramdas war bezaubert von dieser herrlichen Stätte und merkte nicht, wie die Tage dahinflossen. Ganz besonders gefiel es ihm am Ufer des Jamuna. Wenn er im Schatten eines der großen Bäume saß und sich an dem kühlenden Wind erfreute, der vom Fluß herwehte, fühlte er sich wie im Himmel. Auch die Nächte – es waren bezaubernde Mondscheinnächte – verbrachte er hier, im trockenen Ufersand sitzend oder liegend. Man spürte geradezu die Gegenwart der göttlichen Liebe, die sich in Sri Krishna verkörpert hat. Manchmal glaubte er, in der sanften Brise Sein betörendes Flötenspiel und das zarte Klingeln der Glöckchen an Seinen tanzenden Füßen zu vernehmen. Ramdas lebte in einem Zustand der Entrücktheit und Ekstase. Die zwei Wochen, die er hier verbrachte, erschienen ihm wie ein unendlich süßer und beglückender Traum.

In diesen Traum paßte auch der Besuch einiger Krishnatempel, von denen der Ranganath-Tempel besonders erwähnt werden muß. Mit den hohen, massiven Mauern, die ihn umgeben, ähnelt er äußerlich einer kleinen Festung. Am Eingangstor, am Dach und in den Innenräumen finden sich zahlreiche kunstvolle Bildhauerarbeiten.

28. Kapitel

Raipur

Der Zug brachte Ramdas nach Raipur. Warum er dorthin geführt wurde, wußte er nicht, denn Raipur ist kein Ort, der von Pilgern aufgesucht wird. Nach Bad und Mittagsmahl ging er in Begleitung eines *sadhus* zu einem schönen parkähnlichen Garten. Dort streckte er sich auf einem Hirschfell aus, das ihm in Jhansi von einem Freund geschenkt worden war. Doch kaum hatte er die Augen zugemacht, als jemand seine Schultern berührte. Ein junger Mohammedaner stand vor ihm.

«Ich bitte um Entschuldigung», sagte er, «gerne möchte ich mich mit dir unterhalten. Vor allem interessiert es mich, ob du an Mohammed glaubst.»

«Warum nicht? Er ist einer der größten Propheten Gottes», erwiderte Ramdas.

«Warum sagst du ‹einer der Propheten›? Ist er nicht der einzige?»

«Junger Bruder, Mohammed ist ein großer Lehrer der Menschheit. Doch gibt es noch andere. Denke an Buddha, Jesus, Krishna oder an unseren berühmten Zeitgenossen Mahatma Gandhi. Wenn du Ihre Lehren studierst, wirst du finden, daß diese im wesentlichen übereinstimmen und auf das gleiche Ziel hinweisen.»

Diese Worte machten einen tiefen Eindruck auf den mohammedanischen Freund. Als ihm Ramdas noch einiges von seinen Erlebnissen und Erfahrungen erzählt hatte, entschloß sich der Freund, ganz bei ihm zu bleiben. Doch Ramdas mußte ihm sagen, daß er keinen Auftrag von Ram habe, ihn mitzunehmen. Darauf erbat sich der Freund ein Andenken. Ramdas gestattete ihm zu nehmen, was er wollte. Er wählte das Hirschfell. Als Ramdas es ihm reichte, meinte der Freund:

«Auf diesem Fell werde ich sitzen, wenn ich zu Allah bete. Es wird mich immer an dich erinnern!»

Da Ramdas erwähnt hatte, daß er nach Ajmere wolle, empfahl ihm der Freund beim Abschied, den Khaja Pir zu besuchen, ein berühmtes Heiligtum der Mohammedaner, das sich dort befindet. Ramdas bedankte sich für den guten Rat und machte sich auf den Weg nach Ajmere.

Es war Nacht, als er ankam. Er wollte im Bahnhof übernachten, wurde jedoch von einem Bahnpolizisten hinausgewiesen. Darauf suchte er sich draußen einen Platz unter einem Baum. Wieder kam der Polizist und jagte ihn fort. Schließlich fand Ramdas in einer entfernten Ecke des Bahnhofsgeländes eine Stelle, die ihm zum Schlafen geeignet schien. Weil er keine Decke besaß, streckte er sich auf der bloßen Erde aus. Da empfand seine Nase den strengen Geruch von Urin. O Ram, wie gütig du bist! Du läßt deinen Diener durch jederlei Art von Erfahrung gehen. All das geschieht zu seinem Besten.

Diese Begebenheit lehrte Ramdas, welche Torheit es ist, den vergänglichen Körper so hoch einzuschätzen.

Er blieb auf dem Platz liegen und schlief fest bis zum Morgen in der liebenden Umarmung Rams.

29. Kapitel

Ajmere

Bei Tagesanbruch befand sich Ramdas bereits auf dem Weg zur Stadt. Dort, in einer belebten Straße, trat ein stämmiger Mohammedaner auf ihn zu und machte durch Zeichen deutlich, daß Ramdas ihm folgen solle. In solchen Fällen gab es für ihn kein Zögern, weil er wußte: jeder Ruf kommt von Ram.

Nachdem sie etwa eine Meile zurückgelegt hatten, durchschritten sie ein großes eisernes Tor, gingen über einen Hof und stiegen einige

Stufen hinab. Hier fand sich Ramdas vor einer reichverzierten silbernen Kuppel, offensichtlich einem mohammedanischen Heiligtum.

«Das ist Khaja Pir», belehrte der Freund, «knie nieder und betrachte dich von jetzt an als Schüler Mohammeds!»

Sofort kniete Ramdas ehrerbietig nieder. Dann schaute er zu dem gütigen Freund auf und bemerkte:

«Bruder, Ramdas braucht kein Schüler Mohammeds zu werden, er ist es bereits.»

O Ram, o Mohammed, wie wunderbar sind Deine Wege! Du hast den innigen Wunsch des jungen mohammedanischen Freundes erfüllt und Ramdas zu diesem Heiligtum geführt. Lob sei Dir, o Ram, o Mohammed!

Nach ihrer Andacht brachte ihn der mohammedanische Freund wieder auf die Straße. Dann verließ er ihn. Kurz darauf wurde Ramdas von einem *sannyasin* angesprochen. Sein Name war Ramachandra, und er erwies sich als ein Mann mit einem reinen und empfindsamen Herzen. Er fühlte sich stark zu Ramdas hingezogen und betreute ihn aufs allerbeste. Zunächst sorgte er für ein Essen und führte Ramdas dann in ein Gästehaus, wo sie die Nacht verbrachten.

Nach drei Tagen verließen sie Ajmere und wanderten nach dem fünf Meilen entfernten Pushkar Raj. Dort bezogen sie eine kleine Höhle, in der Ramdas die nächsten fünf Tage mit dem Singen des göttlichen Namens verbrachte.

Dann kehrte er auf Rams Geheiß wieder nach Ajmere zurück, während Ramachandra in der Höhle blieb. In der Stadt schloß sich ihm ein *sadhu* an. Sie wollten mit der Bahn weiterreisen, doch das entsprach nicht dem Willen Rams. So machten sie sich zu Fuß auf den Weg. Der Sadhuram, der beim Aufbruch über starkes Unwohlsein geklagt hatte, fühlte sich nach einem Achtzehnmeilenmarsch, während dem er fast nichts zu sich nahm, wieder völlig gesund.

Unterwegs trafen sie einen *sannyasin*, der sie einlud, mit ihm einen in der Nähe befindlichen Ashram zu besuchen. Dort wurden sie freundlich aufgenommen und trefflich bewirtet. Während der Sadhuram nach zwei Tagen seine Pilgerreise fortsetzte, blieb Ramdas eine Woche an diesem Ort.

Dann begleitete er zwei *sannyasins* zu ihrem Ashram, der inmitten eines Dschungels lag. Die beiden waren äußerst zuvorkommend. An einer anderen Stelle des Dschungels befand sich ein winziger Tempel, der Narahari geweiht war. Dorthin zog sich Ramdas zurück. Er verbrachte den größten Teil seiner Zeit – die Nachtruhe betrug nur ein bis zwei Stunden – mit der Wiederholung des herrlichen Ram-Mantras.

Die Bewohner des nächstgelegenen Dorfes hatten Ramdas eindringlich vor den gefährlichen Tieren gewarnt, die im Dschungel lebten. Doch volles Vertrauen in Ram schließt jede Furcht aus. Allnächtlich kamen zwanzig bis dreißig Wildschweine, auf deren Unberechenbarkeit man ihn ganz besonders aufmerksam gemacht hatte, in die Nähe des Tempels, wo sie an sumpfigen Stellen nach bestimmten Wurzeln suchten. Die Tür des Tempels stand immer offen; auch scheute sich Ramdas nicht, zu den Tieren hinauszugehen. Durch die Gnade Rams blieben sie friedlich. Die großen schwarzen Schlangen, die sich bei Tag und Nacht im Tempel aufhielten, taten ihm ebenfalls nichts zuleide. Wenn er die Schlafmatte aufhob, die ihm die aufmerksamen *sannyasins* überlassen hatten, konnte er immer einige rot-gelbe Skorpione darunter sehen. Keiner von ihnen hat Ramdas gestochen. O Ram, wer vermag Deinem Diener zu schaden, solange Du Deine schützende Hand über ihn hältst?

An den Nachmittagen erhielt Ramdas meistens Besuch von Hirtenjungen, deren süßem Flötenspiel er mit großem Entzücken lauschte. Wenn er sie anschaute, glaubte er Verkörperungen von Krishna, der in diesem Alter ebenfalls die Kühe gehütet hatte, vor sich zu sehen.

Einmal nahm ihn der gütige *sannyasin* in ein Dorf mit, wo sich etwa zweihundert *sadhus* zu einer Festlichkeit versammelt hatten. Es war rührend zu sehen, mit welch großzügiger Gastfreundschaft die Dorfbewohner die vielen Gäste bewirteten. Alles, was sie besaßen, stellten sie den *sadhus* zur Verfügung.

Nach eineinhalb Monaten gebot ihm Ram weiterzuziehen. Die Freunde hätten ihn gerne noch einige Zeit bei sich behalten, doch Ramdas folgte dem Ruf.

30. Kapitel

Geld ist die Wurzel allen Übels

Auf dem Bahnhof machte Ramdas die Bekanntschaft eines Kaufmanns, der sich freundlicherweise erbot, ihm ein Stück Wegs Gesellschaft zu leisten. Sie mußten sich mühsam den Weg durch eine dichte Menschenmenge bahnen, bevor es ihnen gelang, den Zug zu besteigen. Kaum hatte der Freund Platz genommen, als er sich erregt an Ramdas wandte:

«Maharaj, man hat mir meinen Geldbeutel mit fünfzehn Rupien und der Fahrkarte gestohlen.»

Er zeigte auf seine Weste. Die Tasche war herausgeschnitten. Es mußte in Sekundenschnelle geschehen sein. Der Kaufmann fuhr fort:

«Was soll ich tun? Ich habe weder Geld noch Fahrkarte. Soll ich es der Bahnpolizei melden?»

«Wenn du Ramdas fragst, kann er dir nur raten, von der Sache kein Aufheben zu machen und nicht darüber zu reden. Sollte nach der Fahrkarte gefragt werden, kannst du den Verlust erklären und zum Beweis die zerschnittene Weste vorweisen.»

Der Rat paßte dem Kaufmann nicht. Er war erst zufrieden, als er die Angelegenheit der Bahnpolizei gemeldet hatte.

Ein Bahnpolizist betrat das Abteil und begann zunächst die schäbig aussehenden *sadhus* zu behelligen, indem er sich ihre Bündel und sonstigen Habseligkeiten zur Durchsuchung reichen ließ. Dann wandte er sich einer Gruppe ärmlich gekleideter Dorfbewohner zu. Bei einem von ihnen entdeckte der Polizist zwanzig Rupien. Das machte den Mann höchst verdächtig, und er wurde wiederholt scharf befragt. Er gab an, das Geld gehöre allen, die mit ihm reisten. Man habe ihn beauftragt, es zu verwahren. Die Durchsuchung ging weiter. Alle Geldstücke, die man bei den Dörflern fand, sowie ihre Fahrkarten wurden ihnen weggenommen und erst einige Stationen später zurückgegeben. Der Kaufmann bereute unterdessen, daß er soviel Unruhe und Ärgernis verursacht hatte. Beschämt wandte er sich an Ramdas:

«Maharaj, wie töricht von mir, deinen goldenen Rat nicht befolgt zu haben. Sieh doch, was hier geschieht! Wie viele unschuldige Leute sind wegen mir belästigt und geplagt worden! Ich bitte dich, mir zu verzeihen!»

«Bitte Ram um Verzeihung!» war Ramdas' einzige Antwort.

Wieder hatte Ram ihm eine Lehre erteilt. Ramdas sollte niemals den Fehler begehen, Geld mit sich zu führen. Nicht umsonst heißt es: Geld ist die Wurzel allen Übels.

31. Kapitel

Junagad

Gegen Mittag kam der Zug in Junagad an. Ramdas ließ sich von einem Polizisten den Weg zum nächsten Ram-Tempel zeigen. Neben dem Tempel befand sich ein Ashram, dessen Oberhaupt ihn herzlich begrüßte. Hier verbrachte er eine Woche in der angenehmen und förderlichen Gesellschaft von sechs *sadhus*.

Einer der *sadhus* litt seit zwei Wochen an einer fiebrigen Erkrankung. Keine Medizin konnte ihm helfen. Der Kranke sah leichenblaß aus und war völlig abgemagert. Er grämte sich über seine Krankheit und ließ den Kopf hängen. Ramdas setzte sich an sein Bett und begann, seine Beine leicht zu massieren. Der *sadhu* wollte das nicht zulassen. Er sei einer solchen Behandlung nicht würdig, wünsche sich jedoch Ramdas' Segen, damit er am nächsten Tag wieder aufstehen könne. Ramdas erwiderte, er als einfacher Diener Rams habe kein Recht, irgend jemand zu segnen.

«Dann segne mich im Namen Rams», bat der Kranke.

«So sei es, Bruder», versicherte Ramdas, «möge dir Ram, unser aller Beschützer, deine Gesundheit bis morgen zurückgeben!»

Der Glaube des *sadhu* wurde nicht enttäuscht: am nächsten Morgen war er gesund. Diese Heilung, bei der Ram Seinen unwürdigen Diener als Werkzeug benutzt hatte, rief im Ashram Staunen und Verwunderung hervor.

Drei Tage später erkrankte ein anderer *sadhu*. Er bat Ramdas, ihn ebenfalls zu segnen. Ramdas willigte ein, und auch er war am nächsten Morgen wieder wohlauf. Aller Ruhm gebührt Dir, o Ram!

Nach dem Aufenthalt im Ashram erfüllte sich ein von Ram eingegebener Wunsch: Ramdas durfte den berühmten Berg von Girnar erklettern, wo Guru Dattatreya und Mutter Ambaji geweilt haben sollen. Den Aufstieg – 9000 Stufen – unternahm Ramdas zusammen mit einigen *sannyasin*-Freunden. Nach 6000 Stufen erreichten sie gegen Mitternacht einen kleinen Ashram, wo sie den Rest der Nacht verbrachten. Es herrschte strenge Kälte, doch Ram war so gütig und Sein *bhajan* war so süß, daß Ramdas sie kaum spürte. Am nächsten Morgen suchten die Pilger den Tempel Mutter Ambajis auf. Dann erklommen sie die Spitze des Berges. Der letzte Teil des Anstiegs war sehr gefährlich, doch Ram führte. Auf dem Gipfel finden sich die Fußabdrücke Dattatreyas, des ersten in der Reihe göttlicher Lehrer, die zur Verkündigung der ewigen Wahrheit menschliche Gestalt angenommen haben. Hunderte von Pilgern kommen täglich herauf, um diese heiligen Fußspuren sehen zu können.

Wenn man vom Gipfel aus den Blick schweifen läßt, bietet sich eine überwältigende Sicht. Rundum eine bezaubernde Landschaft; in der Ferne Berge in grünen und gelben Farben; ringsumher glitzerndes Wasser, das in vielen silbernen Rinnsalen über Felsen nach unten stürzt; hoch droben die unendliche Weite des blauen Himmels. Der Betrachter dieser Schönheit fühlt sich in einen Bereich erhoben, in dem sich dunkel-romantische und himmlische Stimmungen die Waage halten. Auf dem Rückweg kamen sie an einigen Felshöhlen vorbei und erfreuten sich kurze Zeit am Zusammensein mit den heiligen Männern, die dort wohnten.

Die *sannyasins*, die Ramdas begleitet hatten, beklagten sich am anderen Tag über Schmerzen und Steifheit in den Beinen. Einige von ihnen konnten sich tagelang nur humpelnd fortbewegen. Rams Güte war es zu verdanken, daß Ramdas keinerlei Beschwerden hatte.

Nach dem Besuch eines großen Tempels, der sich unweit von Junagad befindet, führten ihn Freunde in das Haus eines reichen Kaufmanns. Der Mann lag seit fünf Tagen mit hohem Fieber im Bett, und die ganze Familie sorgte sich sehr um ihn. Ramdas segnete ihn auf Verlangen der Verwandten und Freunde im Namen Rams, worauf das Fieber sehr schnell zurückging. Der Freund konnte schon bald wieder seinen Geschäften nachgehen.

Ramdas blieb einige Tage in dem gastfreundlichen Haus des Kaufmanns und suchte während dieser Zeit mehrere Heiligtümer auf, die sich in der Nähe befanden. Als er in einem unterirdischen Raum vor der riesigen Statue Somanaths stand, durchrieselten ihn Schauer der Ekstase.

In einem Gespräch mit seinem Gastgeber erwähnte er, daß er vorhabe, zu den Tempeln von Prachi und Muddi Goraknath zu pilgern.

«Nein, Swamiji», wandte der gütige Kaufmann ein, «du darfst auf keinen Fall zu Fuß gehen. Bis dorthin sind es sechzehn Meilen, und der Weg ist so schlecht, daß man ihn nicht einmal mit einem Pferdewagen befahren kann. Das ist zu anstrengend für einen schwächlichen Mann wie dich. Ich werde dir einen Ochsenkarren besorgen.»

Trotz seines Einspruchs wurde Ramdas genötigt, sich auf ein solches Gefährt zu setzen. Der Freund gab ihm zwei Rupien zur Bezahlung der Hin- und Rückfahrt. Sie hatten noch keine halbe Meile zurückgelegt, als der Fahrer begann, mit einem dicken Stock auf die Ochsen einzuschlagen. Ramdas konnte das nicht mit ansehen; es war, als würden die Hiebe ihm gelten. Er bat den Fahrer, die Tiere nicht weiter zu mißhandeln. Dessen Antwort lautete: «Die Ochsen bewegen sich nur, wenn sie geprügelt werden.»

Darauf gebot Ram Ramdas, vom Karren herunterzusteigen. Er gab dem Fahrer eine Rupie und setzte die Reise zu Fuß fort.

Unterwegs begegnete er einem ärmlich gekleideten Mann, der ein Bündel auf dem Rücken trug. Als er Ramdas bemerkte, wechselte er auf die andere Straßenseite über. Einen Passanten grüßte er mit «Ram, Ram». Ramdas ging zu ihm hin und fragte, warum er einen so großen Abstand zu ihm halte. Er antwortete: «Ich bin ein Kastenloser.»

Mit den Worten «Trotzdem bist du Ramdas' Bruder» faßte ihn Ramdas an der Hand. Verwirrt wiederholte der Mann: «Ich bin doch ein Paria.»

«Ramdas ist dein Bruder», versicherte ihm Ramdas.

«Wer den Namen Ram auf den Lippen führt, steht sogar über einem Angehörigen der Brahmanenkaste. In den Augen Rams gibt es keine Unterschiede.»

Solange sie zusammenblieben, sprach Ramdas zu ihm von der Herrlichkeit Rams.

Am Abend erreichte Ramdas den Tempel Muddi Goraknath und verbrachte die Nacht in der Gesellschaft von zwei *sadhus,* die dort lebten. Dann kehrte er zu dem Kaufmannsfreund zurück, um ihm die übriggebliebene Rupie auszuhändigen. Am nächsten Tag brachte ihn der Zug wieder nach Junagad, wo er von den Freunden herzlich empfangen wurde. Sie suchten ihn zu bewegen, noch einige Tage zu bleiben. Ramdas stimmte zu unter der Bedingung, sich an einen einsamen Platz zurückziehen zu dürfen, um sich dort ganz der Verehrung und Meditation Rams zu widmen. Die Freunde verwiesen ihn an einen Ort namens Muchkund Rishi Ashram.

32. Kapitel

Vom Ashram im Dschungel zur Insel im Meer

Inmitten eines Dschungels in der Nähe der Stadt befinden sich die Ruinen des Muchkund Rishi Ashrams und eines alten Tempels. Tauben und Fledermäuse sind die einzigen Bewohner der verfallenen Gebäude. Dorthin zog sich Ramdas zurück. Wenn es dunkel wurde, zündete er ein kleines Feuer an, um nachts sein Ram-*bhajan* fortsetzen zu können.

Man hatte Ramdas vor den Gefahren an diesem verrufenen Ort gewarnt. Doch wovor sich fürchten, wenn der allmächtige Ram uns beschützt? Schnell hatte es sich herumgesprochen, daß ein *sadhu* in dieser Abgeschiedenheit lebe, und viele Bewohner der Stadt suchten ihn dort auf. Einer seiner Freunde brachte ihm eine ausgezeichnete Koranübersetzung. Der Koran ist in der Tat ein bedeutendes Werk. Ramdas hat unschätzbaren Gewinn aus den Lehren des großen Propheten Mohammed gezogen.

Nach zehn Tagen gebot ihm Ram, die Pilgerreise fortzusetzen. Er fuhr zunächst nach Sudamapuri, dem Geburtsort Sudamas, eines großen Verehrers Krishnas. Ramdas erinnerte sich, daß Krishna eines Tages die Füße seines Verehrers wusch. Dazu schien ihm ein berühmtes Wort Swami Rama Tirthas zu passen:

«Nur der Befreite vermag wirklich zu dienen!»

In der Gesellschaft zweier *sadhus* suchte Ramdas den Sri-Krishna-Tempel auf, von dem es heißt, er sei an der Stelle errichtet worden, wo einst die Hütte Sudamas stand.

Am Abend schloß sich Ramdas einigen *sadhus* an, die sich auf dem Weg nach Dwarka befanden. Der Führer der Gruppe war ein alter Mann mit einem riesigen Turban über einem bärtigen Gesicht. Er trug ein Lendentuch und eine wattierte Jacke. In der einen Hand hielt er ein Paar Holzsandalen und in der anderen einen abgenutzten Messingtopf. Über der Schulter hing ihm eine Wolldecke. Der alte *sadhu* war bescheiden, arglos und gutmütig. Beim Gehen erzählten die Pilger unterhaltsame und lehrreiche Geschichten. Ramdas hörte ihnen zu oder wiederholte den süßen Namen Ram.

Nach einem Marsch von etwa zwanzig Meilen erreichten sie Muladwarka, einen alten Tempel, in dem sich Krishna auf Seinem

Weg nach Dwarka aufgehalten haben soll. Dwarka war auch das nächste Ziel der Gruppe. Dieses Heiligtum verdankt seine Berühmtheit den heiligen Wassern des Gomati, der hier in alten Zeiten vorbeifloß. Heute ist nur noch sein ausgetrocknetes Bett vorhanden, und die Pilger, die täglich zu Hunderten ankommen, müssen mit einem Bad in dem großen Teich vorliebnehmen, der sich neben dem Tempel befindet. Auch dieses Bad soll eine segensreiche Wirkung ausüben.

Von dort aus begaben sie sich zur nächsten Bahnstation und stiegen in einen Zug, der bereits mit *sadhus* überfüllt war. Die Eisenbahngesellschaft hatte ihn großzügigerweise für die Pilger freigegeben. Ramdas genoß das Zusammensein mit den vielen *sadhus;* sie verkehrten so natürlich und freundschaftlich miteinander wie harmlose Kinder beim Spiel.

Der Zug brachte die Pilger zur Meeresküste. Jetzt benötigten sie Schiffe, um nach Dwarka übersetzen zu können. Ein Mohammedaner erlaubte ihnen die Überfahrt auf zwei Dampfern, die ihm gehörten. Dankerfüllt ließen die *sadhus* Muhammed Ki, so hieß der großherzige Freund, hochleben. Es war Nacht, als sie auf der Insel ankamen. Nach der Übernachtung in einer Raststätte besuchten sie den berühmten Tempel von Dwarkanath. Als Ramdas vor der Statue Krishnas stand, überkam ihn ein unbeschreibliches Gefühl der Freude und des Entzückens. Dieser Zustand hielt zwei Stunden an. Dann ging er am Strand entlang, das heißt, er sprang leichtfüßig von Fels zu Fels, wobei er ständig in die Meditation Rams versunken blieb.

Nach zwei Tagen beendeten sie auf Weisung des alten Sadhuram ihren Aufenthalt auf der Insel. Der Rückweg verlief nicht ohne Schwierigkeiten. Einmal übernachteten die Pilger in einem Dorf. Der Sadhuram mahnte in der Frühe zum Aufbruch, hatte sich jedoch in der Zeit geirrt. Es war noch stockdunkel, und die *sadhus* maulten, weil sie den Weg nicht sehen konnten. Ihr Führer suchte sie zu beruhigen: die Sonne würde bald aufgehen. Doch auch nach weiteren zwei Stunden, in denen sie sich murrend und stolpernd vorwärtsbewegt hatten, war noch kein Morgen in Sicht. Sie stellten den alten Sadhuram zur Rede, aber er antwortete nicht mehr. Mühsam versuchte er die Gruppe durch die Dunkelheit zu führen, doch mußte er sich schließlich eingestehen, daß sie sich verirrt hatten. Als sie dann noch in knietiefen Schlamm gerieten, weigerten sich die *sadhus* weiterzugehen. Da sie noch immer nicht die Hand vor den Augen sehen konnten, blieben sie stehen, wo sie waren. Eine volle Stunde mußten sie in schneidender Kälte ausharren, bevor die Sonne mit ihren ersten Strahlen den neuen Tag ankündigte.

Die *sadhus* verließen ihren Führer, der seiner Aufgabe nicht gerecht geworden war, und suchten auf eigene Faust ihren Weg. Doch Ramdas, der die ganze Zeit über mit der Wiederholung des Ramnam beschäftigt war, blieb bei dem Alten. Er trug ihm die Sandalen sowie den Messingtopf und geleitete ihn zum nächsten Bahnhof. Dort verlor er ihn aus den Augen.

33. Kapitel

Bombay

Als der Zug sich Ahmedabad näherte, betrat ein Kontrolleur den Wagen. Er fand ein halbes Dutzend *sadhus* ohne Fahrkarten vor – Ramdas war einer davon – und forderte sie auf, den Zug zu verlassen. Als auch Ramdas sich erhob, legte er ihm die Hand auf die Schulter und sagte:

«Maharaj, das gilt nicht für dich. Du brauchst nicht auszusteigen.»

O Ram, warum wird Ramdas bevorzugt? Doch nein, er hat kein Recht, Dich zu fragen, er hat nur zu folgen! So setzte er die Reise nach Bombay fort. Obwohl er sich schweigsam verhielt und nur den Namen Ram vor sich hin flüsterte, waren die Mitreisenden sehr freundlich zu ihm und versorgten ihn mit Früchten und anderem.

In Bombay verbrachte er die erste Nacht auf einer steinernen Treppe, die zu einem Tempel führte. Daneben befand sich eine große Pilgerraststätte, die von einer großmütigen Frau – Janakibai – unterhalten wurde. Das Gebäude war mit dreihundert Pilgern bis an die Grenze seines Fassungsvermögens belegt. Trotzdem konnte Ramdas eine Schlafstätte ausfindig machen. Morgens gegen vier Uhr wurde er durch den Gesang zweier Frauen geweckt. Ihre Stimmen erfüllten den Raum mit erhebenden Klängen; man glaubte Krishnas unendliche Liebe aus dem Lied herauszuhören. Ramdas geriet in einen Zustand der Verzückung, der anhielt, solange das Singen dauerte.

Kurz danach drückte ihm ein unbekannter Freund einen Bon in die Hand, der ihn berechtigte, an einem Mittagessen teilzunehmen, das ein reicher Kaufmann für *sadhus* gestiftet hatte. Der Freund bat ihn, sich ihm und sechs anderen *sadhus* anzuschließen, die ebenfalls dorthin gingen. Kaum waren sie angekommen, als ein *sadhu* auf Ramdas zutrat und ihn ansprach:

«Swamiji, mein Bon ist verlorengegangen. Seit zwei Tagen habe ich nichts mehr zu essen gehabt. Glaubst du, daß sie mir auch ohne Bon etwas zu essen geben?» Anstatt zu antworten, reichte Ramdas dem *sadhu* seinen eigenen Bon und verließ das Haus. Es war der Wille Rams, und mit Seinem Namen auf den Lippen schritt er trunken vor Glückseligkeit durch die Straßen der Stadt.

An einer Straßenecke trat ein vergrämt aussehender Mann auf ihn zu und wollte ihm ein Geldstück schenken. Ramdas bedeutete ihm, er nähme kein Geld an, würde jedoch Obst nicht ablehnen. Darauf kaufte der Mann für Ramdas eine Banane, bat ihn, sich zu setzen und begann, sich seinen Kummer von der Seele zu reden. Vor wenigen Wochen war sein einziger Sohn, ein intelligenter, liebevoller, vielversprechender junger Mann, von einer Seuche dahingerafft worden. Er hatte diesen schweren Schlag nicht verwunden. Nun fragte er Ramdas, was er tun solle! Ramdas riet:

«Bruder, wenn du den Verlust deines Sohnes beklagst, gibst du dich einer Täuschung hin. Man muß sich von ihr befreien, sonst kann man die Wirklichkeit nicht erfahren. Es gibt dazu nur einen Weg: Meditation über Gott. Darum rate ich dir zu meditieren!»

«Wie soll ich das machen?» wollte der Freund wissen. «Ich kann meinen unruhigen Geist nicht zum Meditieren bringen.»

«Das Beste ist, du wiederholst das Mantra, das Ram dir jetzt durch Ramdas mitteilt. Du wirst seine Wirkung spüren!»

Nachdem Ramdas das gesagt hatte, weihte er den Freund in das Ram-Mantra ein und ließ es ihn sofort fünfzehn Minuten lang wiederholen. Schon nach kurzer Zeit fühlte sich der Mann erleichtert. Herzlich verabschiedete er sich von Ramdas. Er sagte, dieser habe ihm den Schlüssel gegeben, um die Pforte zu öffnen, die zum Frieden führt. Nie mehr werde er aufhören, den göttlichen Namen zu wiederholen.

Ramdas lief weiter durch Straßen und Gassen, über Brücken, Kreuzungen und Plätze. Plötzlich befand er sich vor einem Gebäude, das ihm bekannt vorkam. Er las das Schild über der Tür: Ramakrishna Rao, Porträtmaler. Es war das Haus seines Bruders. Er trat ein und wurde von diesem und dessen Familie aufs herzlichste begrüßt. Vier

Tage lang genoß er deren Gastfreundschaft. Er verbrachte die Tage vorwiegend mit dem Besuch von Tempeln. In den Nächten gab er sich dem Ram-*bhajan* hin. Dann rief ihn Ram erneut zum Aufbruch. Sein Bruder geleitete ihn zum Bahnhof, besorgte eine Fahrkarte und drückte ihm noch ein Päckchen mit Früchten und Süßigkeiten in die Hand.

Im Zug saß Ramdas neben einem Freund, der nur ein Gesprächsthema kannte: Ram. Dazwischen sang er Lieder zum Ruhme Rams, deren Texte er aus dem Stegreif verfaßte. Dieser Freund war in der Tat noch verrückter nach Ram als Ramdas selbst. Ram hatte ihm hier ein lehrreiches Beispiel vor Augen geführt.

In Nasik brachte ihn ein anderer Freund zum Bus. Der Schaffner gab dem Drängen der Fahrgäste nach und ließ Ramdas ohne Fahrkarte mitfahren. Nicht so entgegenkommend zeigte sich ein Kontrolleur, der einige Minuten später erschien. Trotz des Einspruchs der Fahrgäste forderte er Ramdas auf, den Bus zu verlassen. Darauf erhob sich dieser und bat den Kontrolleur, anhalten zu lassen, damit er aussteigen könne. Und wieder zeigte sich die Macht Rams. Der Kontrolleur änderte plötzlich sein Verhalten und erlaubte Ramdas die Weiterfahrt. Rams Prüfungen kommen stets unerwartet. Man sollte darauf vorbereitet sein und sich Seinem Willen völlig unterwerfen. Dann gibt es keine Sorgen, keine Enttäuschungen und keine Ängste mehr.

34. Kapitel

Panchavati und Tapovan

Panchavati liegt an dem schönen Fluß Godavari. An dessen Ufer hat man einige einfache Häuser errichtet, in denen arme Pilger verpflegt werden. Als Ramdas eines betrat, traf er auf eine Gruppe von Bettlerinnen mit ihren Kindern. An die Kinder verteilte er alles, was ihm sein Bruder mitgegeben hatte. Danach fühlte er sich von einer schweren Last befreit, denn immer gilt das Gebot Rams, sich weder um Nahrung noch um Kleidung zu sorgen. Hierauf begab sich Ramdas zu dem heiligen Fluß, wusch seine Kleider, nahm ein Bad und setzte sich dann zur Meditation nieder. Es war schon nach Mittag, als er sich erhob und zu einer Pilgerraststätte ging. Er suchte sich einen Platz vor dem Gebäude und begann, den Namen Ram zu wiederholen. Nach einiger Zeit sprach ihn ein stämmiger Mann an. Dessen Frage, ob er schon gegessen habe, verneinte er.

«Dann komm mit», sagte der Freund, «ich werde dich zu einem Haus bringen, wo man dir zu essen gibt.»

Damit faßte er Ramdas' Hand und führte ihn zu einem hohen Gebäude. Dort fragte er, ob man ein Essen für den *sadhu* übrig habe. Bevor er eine Antwort erhalten hatte, versicherte er Ramdas, daß er sich keine Sorgen zu machen brauche. Er würde ihm auf jeden Fall zu einer Mahlzeit verhelfen.

«Wenn der Name Ram auf seinen Lippen ist, sind ihm solche Sorgen fern», antwortete Ramdas.

Kurz darauf erhielt er ein Essen. Ram kümmert sich um alles. Die Fürsorge, die Er Seinem Verehrer angedeihen läßt, ist tausendmal größer als die einer Mutter für ihren Säugling.

Der nächste Freund, dem Ram Seinen Diener anvertraute, war ein ehemaliger Kaufmann. Ramdas traf ihn in der Herberge. Der alte Mann umsorgte ihn aufs beste. In den bitterkalten Nächten deckte er Ramdas trotz dessen Protestes mit seiner eigenen Decke zu.

Einmal fragte er ihn, ob er willentlich Träume herbeiführen könne. Ramdas erwiderte, daß er davon nichts verstehe; ihm genüge es, den Namen Ram zu wiederholen.

«Wenn du es willst, wird es dir möglich sein», meinte der Freund. «Du brauchst nur Ram um die Gewinnummern beim nächsten Derbyrennen zu bitten, dann werden sie dir in einem Traum mitgeteilt.»

«Ramdas braucht nichts außer Ram», entgegnete Ramdas.

«Der Gewinn soll nicht für eigennützige Zwecke verwendet werden, sondern zur Speisung von *sadhus*», gab der Freund zu bedenken.

«Ram kümmert sich auch um die Speisung der *sadhus*.»

Nach dieser Antwort schwieg der Freund. Wieder hatte Ram Seinen Diener geprüft. Er wollte herausfinden, ob Ramdas der Versuchung, reich zu werden, widerstehen könnte.

In der Herberge bat die Mutter eines Mädchens, das seit vier Monaten mit Fieber daniederlag, Ramdas um Hilfe. Er wandte sich an Ram, und das Kind wurde gesund. Zwei Tage später jedoch setzte das Fieber wieder ein. Rams Wege sind unerforschlich.

Gegen Mittag des nächsten Tages kam Ramdas in Tapovan an. Hier soll Lakshmana, der Bruder Ramas, den Kampf mit dem Ungeheuer Surpanatha ausgefochten haben. Tapovan ist ein reizvoller Ort in der Nähe des Godavari, der hier mit seinem klaren Wasser an einer Kette von flachen Hügeln vorbeifließt. Wenn man auf einem dieser Hügel sitzt, hat man einen guten Blick auf eine bezaubernde Landschaft. Am Ufer ragt ein mächtiger Fels empor, in dem sich eine Reihe kleiner Höhlen befindet. In eine von ihnen zog sich Ramdas am Abend zurück. Es wurde so kalt, daß an Schlaf nicht zu denken war. Ramdas brachte die Nacht damit zu, den geheiligten Namen Ram zu wiederholen.

35. Kapitel

Trimbakeshwar

Am nächsten Tag legte Ramdas den Weg nach Trimbakeshwar – sechzehn Meilen – zu Fuß zurück. Dort ging er zunächst in den Tempel, der große Ähnlichkeit mit den Tempeln von Kedarnath und Badrinath aufweist. Dann machte er sich daran, nacheinander die hohen Berge zu erklimmen, von denen die Stadt umgeben ist.

Besonders die Besteigung des vierten Berges, des Brahmagiri, ist erzählenswert. Ramdas stieg allein hinauf, den Namen Ram auf den Lippen. Inmitten der felsigen Einöde stieß er auf einen kleinen Tempel und einen Teich. Ein gastfreundlicher *sadhu,* der hier das Leben eines Einsiedlers führte, teilte sein einfaches Mahl mit ihm. Er wies darauf hin, daß in alten Zeiten Gotama hier geweilt habe, um sich seinem *sadhana* zu widmen. Der *sadhu* lebte in Gesellschaft vieler Affen; man konnte sie auf dem Dach des Tempels herumrennen sehen. Bevor Ramdas aufbrach, zeigte ihm der *sadhu* einen schmalen Pfad, der nach einem Ort namens Jatahshanker führen sollte.

Ein Brahmane, der auf einer Pilgerreise begriffen war, schloß sich Ramdas an, doch schon nach kurzer Zeit verloren sie einander in dem dornigen Gestrüpp und dem hohen Gras, das den Weg säumte. Dieser bestand streckenweise aus Stufen, die man in den Fels gehauen hatte. Hier stieg er abwärts, gelangte nach unten und mußte einen anderen Berg hinaufklettern. Wieder ging es hinunter und hinauf. Nur mühsam konnte er durch das dichter werdende Dorngestrüpp vorankommen.

Schließlich stand Ramdas am Rande einer steil abstürzenden Felsschlucht. In der Tiefe konnte man den Ausgangspunkt der Klettertour sehen. Hier abzusteigen stellte ein höchst bedenkliches Wagnis dar. Aber Ramdas beseelte der feste Wille, dieses Wagnis einzugehen. Ganz langsam bewegte er sich abwärts. Er mußte sich dabei an Büscheln trockenen Grases festhalten. Plötzlich riß das Gras, das seine linke Hand gefaßt hatte. Gleichzeitig rutschte sein linker Fuß aus. Selbst in dieser äußerst gefährlichen Lage blieb Ramdas ruhig und gelassen. Laut sprach er den Namen Rams, der allein noch helfen konnte. Im allerletzten Augenblick fand seine rechte Hand Halt an einem Stein, der zwar sehr locker saß, aber doch nicht nachgab. Unter Anspannung aller Kräfte gelang es ihm jetzt, dem abgeglittenen Fuß wieder eine Stütze zu geben. Ram hatte geholfen!

Nach kurzer Zeit erreichte Ramdas den Pfad, auf dem er gekommen war. An einer Quelle traf er den Brahmanen, den er beim Aufstieg aus den Augen verloren hatte. Der Plan, noch nach Jatahshanker zu kommen, mußte aufgegeben werden. Zusammen stiegen sie abwärts und gelangten noch vor Einbruch der Dunkelheit nach Trimbakeshwar. Auf dem Weg und auch noch in der Nacht mußte Ramdas immer wieder daran denken, wie ihn Ram vor dem Absturz bewahrt hatte.

In der Pilgerherberge wurde ihm die Freude zuteil, mit einem alten, gelehrten *sannyasin* zusammenzukommen, der hier wohnte. Dieser heilige Mann hatte es sich zur Aufgabe gemacht, den Gebrauch von seidenen Gewändern zu unterbinden. Er begründete das damit, daß bei der Herstellung von Seide unzählige Seidenwürmer ihr Leben lassen müßten, während Baumwolle pflanzlichen Ursprungs sei. Weiterhin wies er auf die hohen Kosten hin, die die Einfuhr von Seide aus China und Japan verursachte. Der *sannyasin* war eifrig bemüht, seine Idee zu verbreiten. Er fertigte Plakate an, schrieb für Zeitungen und wandte sich an einflußreiche Leute. Übrigens wies er nach, daß im alten Indien noch keine Seide verwendet wurde; in den Veden sei sie nirgends erwähnt. Auch Ramdas fragte er, ob er mit ihm übereinstimme, was dieser bejahte.

Der *sannyasin* lud Ramdas ein, noch zu bleiben, doch Rams Weisung lautete anders. Nach einem letzten Besuch im Tempel begab er sich am nächsten Morgen zum Bahnhof und bestieg einen Zug, der ihn nach Pandharpur brachte.

36. Kapitel

Pandharpur – Bijapur

Vithoba, dessen Andenken in Pandharpur wachgehalten wird, ist eine volkstümliche Gottheit. Um Ihn zu verehren, kommen täglich Hunderte von Pilgern aus allen Teilen Indiens in diese Stadt. Bei großen Festlichkeiten sind es viele Tausende, die von auswärts hier zusammenströmen. Der Tempel, der Vithoba geweiht ist, steht am Ufer des schönen Flusses Chandrabhaga. Diesen Tempel zu betreten heißt, in eine Atmosphäre einzutauchen, die von spiritueller Kraft und Inbrunst durchdrungen ist.

Als Ramdas die heilige Stätte aufsuchte, geschah dort vielerlei zur gleichen Zeit. Eine Gruppe von Gläubigen widmete sich dem *bhajan;* daneben predigte ein würdig aussehender Mann über die Bedeutung der Gottesliebe; an einer anderen Stelle wurden zu den Klängen von Saiteninstrumenten Lieder Tukarams gesungen; auf den Veranden saßen Fromme, die meditierten oder in religiösen Büchern lasen; wieder andere tanzten, wobei sie «Vithoba – Vithoba» wiederholten. Dazwischen bewegten sich die Besucher.

Fünf Tage blieb Ramdas in Pandharpur. Dann machte er sich zu Fuß auf nach dem zwölf Meilen entfernten Mangalvedha. Dort wurde er von einem gütigen Kaufmann aufs beste bewirtet. Es sah so aus, als habe ihn sein Gastgeber schon lange erwartet. Wenn wir jegliches Planen Ram überlassen, geschieht alles zu unserem Besten!

In der kleinen Stadt Mangalvedha lebte vor etwa vierhundert Jahren der Heilige Damaji Pant, ein großer Verehrer Vithobas. Diesem Gesegneten wird hier ein ehrenvolles Gedächtnis bewahrt. Jedermann kennt die wichtigsten Ereignisse aus seinem Leben. Über dem Grab Damajis erhebt sich ein Tempel, in dem sich neben seinem Standbild auch die Statuen von Vithoba und Rukhmayi befinden. Den ganzen Tag und den größten Teil der Nacht wird hier Gott auf vielerlei Art verehrt. *Puja, bhajan* und Lesungen aus den heiligen Schriften wechseln miteinander ab.

Ramdas verbrachte fünf glückliche Tage in Mangalvedha. Er befand sich die meiste Zeit in Gesellschaft eines bemerkenswerten *sadhus.* Dieser war ein einfacher Mann von kindhaftem Wesen. Sein Herz hing an einer weißen Kuh, die er Krishnabai nannte. Er hatte überaus schöne Gedichte verfaßt, in denen er sie als Verkörperung des Mütterlichen pries. In der Tat gilt die Kuh zu Recht als Abbild der Mutter des Universums. Sie verkörpert Sanftmut, Reinheit, Opferbereitschaft und Unschuld. Aus ihrer Milch gewinnen wir Joghurt, Butter und Ghee (geklärte Butter). Sie ist die Mutter der Zugtiere, mit deren Hilfe die Felder bearbeitet werden. Ohne ihren Kot wäre eine Düngung der Anbau- und Weideflächen nicht möglich. In waldlosen Gebieten sind getrocknete Kuhfladen das einzige Brennmaterial. Auch nach ihrem Tod dient die Kuh noch dem Menschen, indem sie ihm ihr Fell und ihre Knochen liefert, aus denen mancherlei Dinge hergestellt werden.

Die nächste Station der Pilgerreise war das Städtchen Bijapur. Auf dem Weg dorthin kam Ramdas durch viele Dörfer. Überall fanden sich Freunde, die ihn herzlich begrüßten und ihm ihre Gastfreundschaft anboten.

Sein erster Gang in Bijapur führte zum Tempel. Dann begab er sich auf die Suche nach Dingen, die man braucht, um eine Mahlzeit zu bereiten. Das war höchst ungewöhnlich, denn Ramdas pflegte nicht zu kochen. Er nahm an, was man ihm darbot, und wenn ihm nichts gegeben wurde, blieb sein Magen eben leer. Aber dieses Mal war es anders – Ram wollte es so. Erst nach stundenlangem Bemühen fand sich ein mildtätiger Händler, der ihm Weizenmehl und verschiedene Zutaten schenkte. Ramdas wickelte alles in ein Tuch und wanderte weiter durch die Straßen der Stadt, in denen sich die Menschen drängten. Vor einem hohen Gebäude trat ein junger Mann an ihn heran und fragte:

«Maharaj, würdest du bitte heute bei mir zu Mittag essen? Wenn es dir möglich ist, komm um zwölf Uhr in dieses Haus.»

Ramdas nahm die Einladung an. Er hatte noch zwei Stunden vor sich und setzte sich derweilen auf die Veranda eines Geschäfts, das geschlossen hatte. In seiner Nähe wartete ein alter Mann in der prallen Sonne auf Almosen. Ramdas winkte ihn heran und überreichte ihm das Bündel mit den Lebensmitteln. Der Mann stand eine Weile wie erstarrt, dann fiel er Ramdas zu Füßen und sagte mit bebender Stimme: «Nun hat mir Gott doch meinen sehnlichsten Wunsch erfüllt. Er zeigt sich mir in dieser Gestalt. Du bist kein anderer als Gott selbst, zu dem ich all diese Jahre gebetet habe.» Und noch einmal brach es aus ihm hervor: «Träume ich oder ist das alles wirklich?»

Diese Worte verblüfften Ramdas; er verstand nicht, warum sich der alte Mann so seltsam benahm.

«Was fehlt dir, Bruder?» fragte er ihn.

«Vom frühen Morgen an habe ich mich um Almosen bemüht – umsonst. Zu Hause warten zwei Kinder und eine kranke Frau, die hungern müssen, wenn ich mit leeren Händen zurückkomme. Ich habe Gott um Hilfe gebeten, doch war meine Hoffnung schon fast geschwunden, als du, in dem ich Ihn selbst sehe, mir aus der Not geholfen hast.»

Es gibt so viele Menschen auf der Welt, die nicht satt werden, ja, die in Gefahr sind zu verhungern. Das Vorkommnis ist deshalb so ausführlich dargestellt worden, um auf diese Armen aufmerksam zu machen. Helft ihnen, ihr reichen Brüder und Schwestern!

Ramdas verabschiedete sich von dem alten Familienvater und begab sich zu dem Geschäftsmann, der ihn eingeladen hatte. Dort wurde er von der ganzen Familie aufs freundlichste empfangen und trefflich bewirtet. Auf Wunsch des Freundes blieb er noch zwei Tage in dessen Haus. Während dieser Zeit besuchte er das eindrucksvolle Jumma-Musjid-Gebäude. Er besichtigte auch dessen herrliches Obergeschoß und kletterte auf den hohen Turm des gigantischen Bauwerks. Überall fand er eine meisterhafte Architektur vor, die seine volle Bewunderung erregte. In der riesigen Kuppel hallt jeder Laut – gewaltig verstärkt – siebenmal wider. Ram gab Seinem Diener Gelegenheit, ein bedeutsames Kunstwerk kennenzulernen.

37. Kapitel

Sri Siddharudha Swami

Ramakrishna Rao, ein glühender Verehrer des berühmten Sri Siddharudha Swami, hatte in seinem Bruder den Wunsch geweckt, diesen Heiligen aufzusuchen. Durch Rams Gnade wurde Ramdas zu dessen Ashram geführt, der in einer anmutigen Gegend nahe bei Hubli gelegen ist. Zum Ashram gehört ein großes Gebäude, wo Besucher Unterkunft finden, und ein aus Granit gebauter Tempel, der einmal die sterbliche Hülle des Swami aufnehmen soll. Ein Wäldchen, dessen Bäume kühlen Schatten spenden, und zwei solide Wasserreservoire runden die Anlage ab. Ramdas verbrachte zehn glückliche Tage an dem gesegneten Ort. Er durchstreifte die umliegenden Felder und weilte oft am Grab von Kabirdas, des großen mohammedanischen Heiligen, der hier gelebt hatte. In den Morgen- und Abendstunden wurden religiöse Schriften gelesen und ausgedeutet. Von Sri Siddharudha, einem gütigen, umgänglichen und gastfreundlichen Mann in vorgeschrittenem Alter, ging ein tiefer Friede aus. Ramdas hing an den Lippen des Heiligen und nahm begierig dessen weise Worte in sich auf. Ram wollte, daß sie genau das enthielten, was Ramdas für seinen spirituellen Fortschritt brauchte.

Die Kunde von seinem Aufenthalt in Hubli erreichte auch seine frühere Frau (jetzt betrachtete er sie als Mutter wie alle anderen Frauen) in Mangalore. Sie kam mit ihrem Kind, um Ramdas heimzuholen. Auf ihre Bitte, zum weltlichen Leben zurückzukehren, entgegnete er: «O Mutter, alles ist das Werk Rams. Er allein hat Ramdas aus den Fesseln des weltlichen Lebens befreit. Ramdas ist Sein Sklave und möchte nichts anderes sein. Es gilt, Rams Allmacht zu erkennen und sich Ihm ganz anzuvertrauen. Man muß wissen, daß Er allein alle Handlungen vollbringt und daß Ihm alles gehört. Deshalb, o Mutter, lege deine Sorgen und Ängste ab, begib dich zu den Füßen Rams und verbleibe dort in Frieden und immerwährender Glückseligkeit! Einen anderen Rat kann dir der arme Ramdas nicht geben.»

Sri Siddharudha, an den sich Rukmabai mit der Bitte um Unterstützung ihres Anliegens wandte, bewog Ramdas, mit den beiden nach Mangalore zu fahren. Auf der Reise mit Bahn und Dampfschiff betreute die Mutter Ramdas aufs beste. Als sie bei Mangalore an Land gingen, lenkte er seine Schritte jedoch nicht zur Stadt, wo Rukmabai wohnte, sondern nach den nahegelegenen Kadri-Hügeln. Dort verbrachte er die Nacht. Am nächsten Tag besuchte Ramdas seinen Bruder Sitaram Rao, einen großen Verehrer Rams. Auch wurde ihm das Glück zuteil, mit dem Gurudev (seinem Vater) zusammenzutreffen, der ihn in das göttliche Ram-Mantra eingeweiht hatte.

Dann zog sich Ramdas in die Panch-Pandav-Höhle auf den Kadri-Hügeln zurück. Dort konnte er in einfachster Umgebung ungestört tun, was ihm allein am Herzen lag: sprechen, schreiben und meditieren über Ram, der die Liebe selbst ist und dem aller Ruhm gebührt.

Nachwort

Drei Monate blieb Ramdas in der Panch-Pandav-Höhle. Eines der zahllosen Gebete, die er von dort zum Himmel sandte, lautet:

O Ram, Du bist überall,
o Ramdas, du bist nirgends.
O Ram, Dein Wille geschieht jederzeit,
o Ramdas, du hast keinen Willen.
O Ram, Du bist die einzige Wirklichkeit,
o Ramdas, du bist nichts.
O Ram, o unendliche Liebe, laß Ramdas
sich ganz in Dich verlieren!

Gott erhörte das Gebet Seines Dieners. Er durfte *nirvikalpa samadhi* erleben, das Aufgehen im Selbst, aus dem das Ich-Bewußtsein jedoch wieder auftaucht. Später wurde diese Erfahrung zum Dauerzustand: Ramdas war in *sahaja samadhi* eingetreten, dem Gewahrsein des Selbst, das ununterbrochen andauert.

Als Ramdas zur erneuten Wanderung aufbrach, befand er sich nicht mehr «Auf der Suche nach Gott», er pilgerte jetzt «Im Angesicht Gottes». (Unter diesem Titel faßte er die Erlebnisse des zweiten Abschnitts seiner Pilgerreisen in Buchform zusammen.) Aus dem Sucher war ein Meister geworden.

Gotteserfahrung

1. Kapitel

Atman

Seligkeit des *atman*

P.* Wer inbrünstig um die ewigen Werte des Lebens ringt, weiß: die letzte Erfüllung beruht allein in der unendlichen Seligkeit und im unendlichen Frieden des *atman*. Er weiß weiterhin, daß er diese unwandelbare Wahrheit nur verwirklichen kann, wenn die Welt für ihn ihre Anziehungskraft verliert, wenn das Gefallen an den Freuden der Sinne ein Ende findet, wenn das Verlangen seiner Seele nach den vergänglichen Dingen des Lebens erlischt.

Die Weisen lehren: Nichts Größeres ist in diesem Leben zu gewinnen als die Seligkeit des *atman*. In ihr bist du vollkommen frei von Spannungen und Belastungen, von den Fesseln des Leides und des Todes. Nehmen wir an, ein Mann labt sich am Nektar aus einer nie versiegenden Quelle und stillt damit den Durst, der seine Seele austrocknet. Wird er dann noch nach Wasser aus schmutzigen Tümpeln verlangen, das Krankheit, Leid und Elend verursacht?

Wenn du ernsthaft nach einem gesegneten, wahren, unabhängigen Leben strebst, solltest du keine Anstrengung scheuen, um der Seligkeit des Ewigen teilhaftig zu werden. Nichts anderes in der Welt vermag das Feuer deiner Begierden zu löschen. Von wahrer Befreiung kann man erst sprechen, wenn das Göttliche, das in dir wohnt, verwirklicht ist. Laß dich beflügeln von der unwandelbaren Freude, die sich in dir befindet! Glückseligkeit und Frieden, Unabhängigkeit und Freiheit seien deine Ziele!

Wenn du die Tiefen deines wunschbesessenen Herzens nach dem wahren Sinn des Lebens durchforschst, wird dir klarwerden, daß nichts außer dem Ewigen deine Sehnsucht zu stillen vermag. Die vergänglichen Reize des Lebens und die trotz allem äußeren Glanz nichtigen Vergnügungen, denen du nachjagst, führen den Geist in die Irre und lassen dich unter der Herrschaft von Unwissenheit und Tod schmachten. Suche deshalb nach dem, was sich niemals verändert, was niemals stirbt – deinem

---

* P = Papa

wahren Wesen, der letzten Wahrheit! Laß dich nicht täuschen! Erwache aus dem Schlaf der Unwissenheit! Werde deines ewigen Selbst gewahr! Zerreiße den Schleier, der dich von Gott trennt und wisse: Er und ich sind eins. Verkündige mit aller Freude, zu der du fähig bist: «Ich bin die alles durchdringende, unzerstörbare Wahrheit, die keinen Anfang und kein Ende hat und deren Wesen vollkommener Friede und vollkommene Glückseligkeit ist. Ich bin der freie, zeitlose, nie geborene, ewige Geist. Krankheit, Armut, Ängste und Wünsche haben nichts mit mir zu tun. Ich bin Seligkeit – reine Seligkeit, Friede – reiner Friede, Licht – reines Licht. Ich bin der Ursprung aller Dinge. Ich bin Gott, und es gibt niemand außer meinem Ich.» Meditiere so lange, bis du berauscht bist vom Wissen um deinen göttlichen Zustand, bis dich der grenzenlose Ozean deines unsterblichen Seins aufgenommen hat!

Verbleibe im Zentrum!

F.* Es wird gesagt, das Selbst sei von fünf Hüllen *(koshas)* umgeben; man müsse eine nach der anderen beseitigen.

P. Wen umgeben die Hüllen, von denen du sprichst? *Atman? Jiva,* der, wie gesagt wird, identisch ist mit *Brahman?* Ramdas kann nirgends Hüllen sehen. Nur *atman* ist da, und *atman* ist alles. *Tattvas, koshas, bhumikas:* sie haben keine Bedeutung, wenn du sie im Licht von *atman* betrachtest. Sie existieren ausschließlich in der Vorstellung der Menschen. Tatsächlich gibt es nur *atman.* Auch die *koshas,* wenn man sie für wirklich halten will, müssen *atman* sein. Daher führt uns diese Frage letztlich zu Ihm, der allein existiert. Sonst sprächen wir nur über Stufen auf dem spirituellen Weg. Aber es gibt keine Stufen. Das ist etwas für Diskussionen und gelehrte Bücher. Sri Sankara sagt in einem Lied:

«Ich bin weder Verdienst noch Sünde, weder Glück noch Unglück ... Ich bin Siva, dessen Wesen Seligkeit und Absolutes Bewußtsein ist.»

Warum entfernst du dich vom Zentrum und streifst ziellos umher, anstatt dort zu verharren? Warum bewegst du dich an der Peripherie, anstatt dich auf den Mittelpunkt zu sammeln? Der Mittelpunkt ist die Wahrheit, die Wirklichkeit. Laßt uns im Sinne

---

* F = Frage

von *atman,* in Seinem Lichte denken, reden und handeln; laßt uns Ihn in allem sehen. So hat Ram Ramdas gelehrt. Ganz gleich, von wem oder von was er sprach – immer fügte Ramdas «Ram» hinzu. An was du auch denken magst: du denkst an Ihn, denn es gibt nichts außer Ihm.

Laß den Geist sich in diesem Sinne so lange betätigen, bis er sich völlig in Ihn umgewandelt hat. Denn der Geist ist Er, die Worte sind Er, du bist Er, ich bin Er – alles ist Er. Ist es nicht wunderbar, sich die Dinge auf diese Art vorzustellen?

Sokrates sagt: «Weise ist, wer weiß, daß er nichts weiß.» Wissen und Nichtwissen bedeuten also dasselbe. In der endgültigen Verwirklichung gibt es weder Wissen noch Nichtwissen. Es gibt nur *atman,* Wahrheit, Gott. Du mußt dich über Wissen und Nichtwissen erheben. Beides hat keine Bedeutung für dich. Man sagt, daß Wissen zeitweise helfen könne, die Unwissenheit zu überwinden. Danach bringt es keinen Nutzen mehr. Der Wissende, die Fähigkeit zu wissen und das Gewußte verschwinden nach der Verwirklichung des *atman.*

Es ist sinnlos, über *atman* zu sprechen, weil wir Ihn nicht zu begreifen vermögen. Wir können nur über die Vielfalt reden, die in *prakriti* ihren Ausdruck findet, das dem göttlichen Spiel *(lila)* zugrunde liegt.

Du kannst sagen, was *atman* nicht ist, jedoch kannst du nicht sagen, was Er ist. Du stellst fest: «Ich habe Gott verwirklicht.» Doch im gleichen Moment, in dem du Gott verwirklichst, verschwindet das «ich»-Gefühl. Oder: Wenn das «ich»-Gefühl verschwindet, ist Gott verwirklicht. Wer kann dann noch behaupten: «Ich habe Gott verwirklicht!»?

F. Einige sagen, *bhaktas* behielten ihre Individualität, weil sie es vorziehen, Gott zu sehen und sich an Ihm zu erfreuen. Man kann das in den Lebensbeschreibungen von Heiligen lesen.

P. Wer ist der Gottliebende, und wer ist der Herr? *Atman* kann man nicht sehen, ja nicht einmal denken. Er ist weder dem Geist noch dem Intellekt, noch den Sinnen zugänglich.

F. Doch Tukaram konnte Gott in Gestalt von Vittal sehen.

P. Man sieht nur, was in einem schon vorhanden ist. So, wie du dich selbst im Spiegel siehst, kannst du dich auch als Vittal sehen. Das geschieht auf der Ebene von *prakriti.* Gott sagt in der Gita: «Ich offenbare Mich durch Meine *maya.*» Das heißt, als *prakriti* nimmt

Er Gestalt an. Was lehrt Er uns, wenn Er in menschlicher Gestalt erscheint? Er lehrt uns, daß wir der alles durchdringende ewige *atman* sind. Das gilt es zu erfahren; danach existiert unser «ich» nicht mehr; es gibt nur noch Ihn. Wer glaubt, Ihn zu sehen, sieht seine eigenen Vorstellungen von Ihm.

F. Kann man das mit den Erlebnissen vergleichen, die wir im Traum haben?

P. Wir sprechen jetzt nicht über Träume. Das Bild der Gottheit, die du verehrst, projizierst du aus deinem eigenen Herzen. Es gibt glühende Verehrer von Krishna, die behaupten, Ihn gesehen zu haben. Die Gestalt ihrer Vision weicht ab von denen, die andere geschaut haben. Jeder sieht das Bild, das er sich im Herzen gemacht hat. Der Herr, der in allen Herzen wohnt, sagt in der Bhagavad Gita: «Ich zeige Mich dir in der Form, in der du Mich verehrst.»

Ramdas hatte sich eine Zeitlang auf ein schönes Bild von Krishna konzentriert. Eines Tages erlebte er, wie die Gestalt aus dem Bild vor ihm zu tanzen begann. Heute weiß er, daß sie seinem eigenen Herzen entstammte. Eine Form erscheint und verschwindet wieder. Das findet auf der Ebene von *prakriti* statt. Diese Visionen können dir keinen wirklichen Frieden geben. Um ihn zu erlangen, mußt du Krishna als *atman* verwirklichen.

F. Eine Vision kann die Suchenden anspornen.

P. Sie rufen Tag und Nacht nach deren Wiederholung, die jedoch gewöhnlich ausbleibt. Du mußt über diese Stufe hinausgelangen; sonst bleibt dir Leid nicht erspart, da der Wunsch nach der Vision dich ruhelos macht. Du muß von der Gestalt zum Gestaltlosen fortschreiten, zum höchsten, alles durchdringenden Bewußtsein. Die Form ist nur ein Abbild, ein Symbol der jedem innewohnenden Absoluten Wahrheit. Diese zu erfahren ist das Ziel aller Arten der Bemühung und Verehrung.

Wenn du Namen und Formen hinter dir gelassen hast, hören die Visionen auf. Du weißt jetzt: Ich bin *atman,* und es gibt nichts außer Ihm. Man kann nur Visionen haben, solange man sich für getrennt hält vom Göttlichen. Hat man diese falsche Vorstellung überwunden, gibt es nur noch das universelle Bewußtsein.

Dein eigener *atman* hat sich als das Universum manifestiert. Vasudeva erblickte es in Krishnas Mund. Im selben Augenblick, in dem du den Sprung ins Unendliche machst, wirst du eins mit Ihm. Dann weißt du: «Ich bin *Brahman.*» Bildnisse, also Symbole, sollten verehrt werden, um den Geist zu läutern und zu erheben, doch letztlich mußt du über die Zweiheit hinausgelangen und erkennen, daß du die Absolute Wirklichkeit bist!

Dreieinigkeit

F. Im Christentum spielt die Lehre von der Dreieinigkeit eine große Rolle. Kann Papa erklären, worum es dabei geht?

P. Vater, Sohn und Heiliger Geist bilden die Dreieinigkeit. Jesus sagte: «Ich und der Vater sind eins.» Sie scheinen verschieden zu sein, doch tatsächlich sind Sie eins. Als Jesus von einem Jünger gefragt wurde, ob Er ihm den Vater zeigen könne, antwortete Er: «Wer den Sohn sieht, sieht auch den Vater.» In beiden ist der Heilige Geist lebendig. In Seinem Licht erkennt man, daß Vater und Sohn nicht verschieden voneinander sind. In diesem Sinne verkündet Jesus: «Ich und der Vater sind eins.»

Auch wir scheinen Einzelwesen zu sein. Doch *atman* verbindet uns; als *atman* sind wir eins. *Atman* ist der Heilige Geist, das Höchste Wesen, das allen innewohnt. Zunächst leben wir in einer Vater-Sohn-Beziehung. Später, wenn wir Gott in uns erkennen, vergeht das Gefühl der Trennung: Wir erfahren, daß wir im Heiligen Geist, im *atman,* eins sind. Christus sagte: «Wer Mich sieht, sieht auch den Vater.» Dieses Wort hat eine tiefe Bedeutung. Jesus will uns in Seinen Zustand versetzen. Hierin liegt Seine eigentliche Mission. Er nennt zwei Bedingungen: Reinheit des Herzens und Demut. Durch Demut verlierst du dein «ich»-Gefühl. Dann wird dir die Einheit mit Ihm offenbar, und du kannst gleich Ihm feststellen: «Ich und der Vater sind eins.»

F. Paulus sagte: «Ich lebe nicht mehr, Christus lebt in mir.»

P. Genau. Er hat sich zum Christus-Bewußtsein, zum Gottes-Bewußtsein erhoben. Christus erschien vor der Welt in Fleisch und Blut, als Verkörperung reinen Geistes.

Individualität gibt es nicht

F. Die Welt steckt voller Not und Elend. Wie sollen wir uns dem gegenüber verhalten?

P. Wir sollen zuschauen, wie wir einem Film zuschauen. Wolken kommen und gehen, doch der Himmel wird davon nicht berührt. Sei dir jederzeit des Selbst bewußt! Identifiziere dich nicht mit dem Äußerlichen! Bleibe Beobachter dessen, was vor sich geht! Alles geschieht nach dem Willen des Göttlichen.

F. Dienen die Geschehnisse einem bestimmten Zweck?

P. Wo ein Zweck verfolgt wird, haben wir es mit dem Ego zu tun. Das Spiel dagegen ist zweckfrei; es genügt sich selbst; es gibt Freude; nichts sonst soll mit ihm erreicht werden. Wenn wir aber mit unserem Ego wirken, werden Ergebnisse erwartet. Spontaneität muß da sein statt Zielsetzung und Berechnung. Die Botschaft der Gita lautet: Tun und nicht tun zur gleichen Zeit.

F. Wie kann man den individuellen Willen mit dem göttlichen Willen in Übereinstimmung bringen?

P. Es gibt keine Individualität. Wie kann es dann einen individuellen Willen geben?

Die große Wahrheit

P. *Paraatman* nennt man die große Wahrheit, die alles durchdringt und die sich als Universum manifestiert. «Wahrlich, alles ist *Brahman!* Es gibt nichts außer *Brahman!*» Diese Wahrheit wird verwirklicht, wenn man die zwei großen Lehrsätze des Vedanta beherzigt:

«Aham *Brahmasmi*» = «Ich bin *Brahman*» und
«Tat Twam Asi» = «Das bist du».

Wenn ich *Brahman* bin, kann es darüber hinaus nichts anderes geben. *Brahman* ist alles Manifestierte und alles Unmanifestierte.

In der Gita wird diese höchste Wirklichkeit als das beschrieben, was sowohl *purusha* als auch *prakriti* ist, aber auch alles andere. Dem Ego kommt in dieser Wirklichkeit keine Existenz zu. Es ist eine Illusion. Wenn du die Wahrheit verwirklichst, siehst du dich überall, denn du hast dich als das ganze Universum manifestiert, mit allem, was zu ihm gehört. Es gibt nichts außer *Brahman*. Das ist die Botschaft des Vedanta.

Du bist Das

P. Das Ich im Körper stirbt nicht. Ich ist die einzige Wirklichkeit. Du bist unwandelbarer, von Geburt und Tod unberührter *atman*. Wer wird geboren, wer stirbt? Finde das heraus!

Atman allein ist wirklich; das Wirkliche kennt weder Geburt noch Tod. Du identifizierst dich mit dem Körper und sagst daher: «Ich bin geboren, ich sterbe, ich verändere mich.» Doch kommt weder der Geburt noch dem Tod Realität zu. Wer sich von dieser Körperidentifizierung frei gemacht hat, ist damit zur ewigen, einzigen Wahrheit geworden.

F. Große Persönlichkeiten wie Arjuna und Krishna hatten aber menschliche Körper.

P. Der Körper an sich ist unwesentlich. Unsere Verehrung gilt nicht ihm, sondern der Wirklichkeit, die darin wohnt. Der Körper stirbt, nicht der Geist. Was sollen wir sonst mit der Aufforderung anfangen: «Befreie dich von Geburt und Tod!»? Was wird denn geboren und was stirbt? Im Lichte des *atman* gibt es keinen Tod, keine Geburt und keine Wiedergeburt. Letztlich ist diese sich ständig verändernde Welt und mit ihr der Körper ein Mysterium.

Geburt bedeutet Schöpfung, aber es gibt nichts, was geschaffen werden könnte. Auf der anderen Seite gibt es auch keine Auflösung, keinen Tod. Das alles sind nur Ideen, die jede Bedeutung verlieren, wenn wir sie vom Standpunkt der Wirklichkeit aus betrachten. Im relativen Sinne dürfen wir sie akzeptieren, doch im absoluten Sinne sind sie unwirklich. *Atman* allein ist wirklich.

Wenn wir uns für den Körper halten, erweckt der Gedanke an Geburt freudige Gefühle, während uns die Vorstellung vom Sterben zuwider ist. Das spielt sich auf der mentalen Ebene ab. Dabei kommt es ganz auf unsere Betrachtungsweise an. Bei getrübter Sicht glauben wir vielerlei Dinge zu erkennen, geraten unter ihren Einfluß und müssen leiden. Im Absoluten Bewußtsein hat all das keine Bedeutung. Nur wenn wir das Relative für wirklich halten, verstricken wir uns in seinen Netzen und geraten in Verwirrung und Elend.

Soll man die Auflösung eines Körpers als Tod bezeichnen? Der Körper besteht aus vielen Teilen. Irgendwann setzt der Verfall ein, von denen die Teile nach und nach betroffen werden. Es ist ähnlich wie bei einer Maschine, deren Teile sich nach einer bestimmten Zeit abnutzen und unbrauchbar werden. In diesem Fall spricht man so wenig von Tod als man die Konstruktion der Maschine als Geburt bezeichnet.

Es kommt darauf an, das in uns zu verwirklichen, was nicht verfallen kann. Dann ist es bedeutungslos, wenn andere Dinge entstehen und vergehen. Wenn *atman* verwirklicht ist, sind wir über das Körperbewußtsein hinausgelangt. In diesem Zustand bist du dir dessen bewußt, was unvergänglich ist. Es ist die Wirklichkeit in uns; Sie wird nicht geboren; Sie verändert sich nicht; Sie stirbt nicht. Und diese Wirklichkeit bist du selbst!

Die Wahrheit findet sich nicht in Büchern; man muß Sie erfahren. Lege die Bücher zur Seite! Beginne nachzusinnen und zu meditieren! Erfahrung wird dir nicht durch Worte zuteil. Alle Vorstellungen von der Höchsten Wirklichkeit lösen sich auf wie Nebel in der Sonne. Du wirst herausfinden, daß sie völlig falsch waren. Es gibt wohl Methoden – du kannst sie von Heiligen und aus Büchern lernen –, die dir helfen, auf dem Weg voranzukommen, doch können sie dir nicht die Erfahrung geben. Das vermag niemand.

Bücher verwirren, wenn sie vielerlei Wege aufzeigen. Doch können sie auch Neugierde und Interesse wachrufen. Denke an die Bhagavad Gita! Sie erweckt in dir den Wunsch, das Höchste zu erreichen. Auch sind in ihr verschiedene Wege beschrieben, die dorthin führen: *bhakti, jnana, karma* oder Yoga. Doch wenn du einen von ihnen wählst, weißt du noch nicht, wie du ihn zu gehen hast. Darum heißt es in der Gita: Begib dich zum Guru, frage ihn und folge seinen Anweisungen! So ist es: Ein spiritueller Führer ist wesentlich. Wenn du nur Bücher liest, wirst du nichts erreichen.

F. Können wir auch von Heiligen geführt werden, die ihren Körper bereits aufgegeben haben?

P. Sie werden dich inspirieren, wenn du dich ernsthaft mit ihren Leben und ihren Lehren beschäftigst. Ramdas las Bücher über Buddha, Krishna und Christus. Immer, wenn er unsicher wurde, erinnerte er sich an Sie; dann halfen Sie ihm auf unsichtbare Weise bei seinem *sadhana*. Obwohl diese Großen vor Tausenden von Jahren lebten, weisen Sie uns noch heute den Weg.

F. Wie können wir wissen, ob wir den richtigen Guru vor uns haben?

P. Glaube und Vertrauen – darauf kommt es an. Du kennst aus den heiligen Schriften die Merkmale einer reinen Seele; auch die Methoden ihrer Läuterung sind dort beschrieben. Das hilft dir zu prüfen, ob du auf dem rechten Weg bist. Wenn dich jemand in die Irre führen will, mußt du dich von ihm abwenden. Spürst du jedoch, daß dein Geist beim Zusammensein mit einem Heiligen reiner wird, kannst du sicher sein, den richtigen Guru gefunden zu haben. Du wirst merken, daß seine Worte mit dem übereinstimmen, was in den heiligen Schriften steht.

Atman und Universum

F. Was versteht man unter *parabhakti?*

P. Es gibt zwei Arten von *bhakti*: *bhakti* vor der Verwirklichung des *atman* und *bhakti,* jetzt *parabhakti* genannt, nachher. *Bhakti* kann als Vorstufe von *parabhakti* betrachtet werden.

Krishna lehrte Arjuna: «Ich offenbare dir ein Geheimnis. Wenn du es beherzigst, wirst du auf dem Schlachtfeld zur gleichen Zeit kämpfen und untätig bleiben.» Das ist die höchste Lehre der Gita: Handelnder und Nichthandelnder zugleich sein. Hast du die Wahrheit verwirklicht, bleibst du als Beobachter deiner Handlungen unberührt von deren Ergebnissen. Alles, was du jetzt tust, geht ohne Ego-Gefühl, ohne Individualität, vor sich und kann daher nur Gutes bewirken.

Purusha und *prakriti* sind wesensgleich. Das eine stellt das statische, das andere das dynamische Prinzip des Höchsten Bewußtseins dar. Sie existieren gleichzeitig. In den heiligen Schriften finden wir folgendes Gleichnis: Vor dir liegt eine Schlange – völlig regungslos. Doch nach einiger Zeit beginnt sie, sich zu bewegen. Wenn wir *Brahman* mit der Schlange vergleichen, bewegt Es sich als *prakriti* und bleibt reglos als *purusha*. Im Gegensatz zur Schlange findet beides gleichzeitig statt: *prakriti* ist ständig in Bewegung und *purusha* immer in Ruhe.

Schöpfung, Erhaltung, Zerstörung – das alles ist Bewegung. Wellen erheben sich im Ozean (Schöpfung); sie bleiben für kurze Zeit (Erhaltung); sie verschwinden (Zerstörung). Ob Wasser in Bewegung ist oder nicht – es handelt sich immer um dasselbe Wasser. Hier können wir für «Wasser» *Brahman* einsetzen.

F. Man sagt, einige verwirklichten das Universum, bevor sie *atman* verwirklichten. Kann das sein?

P. Wer soll das gesagt haben? Wer kann die universelle Schau haben, bevor er *purusha* verwirklicht hat?

F. Es steht in den Schriften Sri Aurobindos.

P. Das hat er niemals gesagt. Du kannst dich innerlich mit *Brahman* identifizieren und Es zur selben Zeit in allem Äußeren sehen. Beides ergänzt sich. Meditation auf *atman* wird dir dazu verhelfen. Diese Sicht wiederum hilft dir, *atman* in dir zu erfahren. Der Hang zur Zerstreuung, eine Krankheit des Geistes, wird damit überwunden, und du gelangst in Übereinstimmung mit der Einheit.

Nehmen wir an, du würdest 108 Perlen aufreihen. So, wie die Perlen durch eine Schnur zu einem Ganzen werden, so wird durch den alles durchdringenden *atman* die Vielfalt zur Einheit. Doch müssen wir *atman* erkennen, bevor wir durch die Vielfalt hindurch die Einheit wahrnehmen können. Wir sehen Unterschiede, solange wir den allem zugrundeliegenden einenden Faktor nicht erkennen. Dann kommt es dazu, daß wir die einen lieben und die anderen hassen. Alles Geschaffene ist dem Wandel unterworfen. Geburt, Tod, Wachstum und Zerfall sind Phasen einer fortwährenden Veränderung. Nur *atman* bleibt auf ewig unveränderlich; Er ist ohne Anfang und ohne Ende.

F. Die Kraft, die alles hervorbringt, ist ewig. Warum trifft das nicht auch auf das Hervorgebrachte zu?

P. Alle Formen wandeln sich. Nur die Kraft, aus der sie hervorgehen, ist ewig.

Ram ist *Brahman*

F. Trotz deiner Krankheiten scheinst du vor Freude geradezu überzufließen. Das wirkt ansteckend.

P. Er ist die Seligkeit selber.

F. Wir haben viele religiöse Bücher gelesen. Aber lesen und glauben sind zweierlei. Erst wenn man sieht, kann man glauben. Papa, du bist dafür verantwortlich, daß wir ins Himmelreich kommen.

P. Von einem Ortswechsel kann keine Rede sein. Du bist bereits dort, wohin du gehörst. Das mußt du erkennen!

F. Bezieht sich das Ram in Ramnam auf Rama, den Sohn Dasarathas?

P. Ram ist das Höchste Wesen, Er ist alles und steht doch über allem. Er ist auch Rama, Krishna, Buddha, Jesus. Ramnam gab es schon, bevor Rama geboren wurde. *Brahman* ist Ram. In diesem Sinne hat Ramdas es wiederholt.

F. Sollen wir uns eine Form vorstellen, wenn wir an Ram denken?

P. Nein. Formen sind vergänglich, der Name dagegen verläßt dich nicht. Sein Klang ist süß. Wenn du in ihn hineinlauschst, führt er dich über Name und Form hinaus zu *Brahman,* das in deinem Herzen wohnt. Ramnam genügt als *sadhana* völlig; etwas anderes benötigst du nicht. Wenn du Ramnam wiederholst, ist Gott bei dir.

F. Ram und OM stammen doch aus den Veden?

P. Ja. Wir können uns das Unpersönliche nicht vorstellen und brauchen daher Hilfsmittel. Name und Form helfen uns, den Geist zu befrieden. Ramdas fand heraus: die leichteste Methode ist die Wiederholung des Namens. Der Geist wird vom Namen durchdrungen und mit ihm in Einklang gebracht; dann empfindest du die Gegenwart Gottes überall: in dir und außerhalb von dir.

F. Was bedeutet das Mantra «Sri Ram Jai Ram Jai Jai Ram OM»?

P. Das Mantra als Ganzheit steht für die Absolute Wahrheit, für Gott.

F. Manchmal erleben wir das Aufblitzen eines Lichtes. Ist das schon Gott-Verwirklichung?

P. Lichterscheinungen sind nicht das Höchste. Du mußt darüber hinausgehen und selbst zur Wahrheit werden. Erst wenn du erfahren hast, daß du eins mit Gott bist, hat die Suche ein Ende.

Atman ist unbeschreiblich

F. Jeder liebt sich selbst; damit liebt er doch auch Gott.

P. Wenn er sein Selbst liebt, liebt er Gott. Liebt er aber nur seinen Körper, ist das nicht der Fall. Er muß Gottes so inständig gedenken, daß er entweder seinen Körper vergißt oder sich jederzeit bewußt bleibt, nicht der Körper zu sein.

Der Körper setzt sich aus fünf Elementen zusammen. Er wird geboren, wächst, erkrankt, stirbt. Dagegen hat *atman* weder Anfang noch Ende. Wenn wir uns mit dem Körper identifizieren, müssen wir uns für sterblich halten. Identifizieren wir uns jedoch mit *atman,* erkennen wir, daß wir unsterblich sind.

Atman kann nicht beschrieben werden, da Er unsichtbar ist und weder Eigenschaften noch Name, noch Gestalt hat. Alles, was über Name und Form hinausgeht, vermag der Geist nicht zu erfassen. Krishna sagt darüber in der Gita:

«Waffen können Es nicht verletzen, Feuer kann Es nicht verbrennen, Wasser kann Es nicht naßmachen, und Wind kann Es nicht austrocknen.»

Nur der Körper ist der Wirkung von Waffen, Feuer, Wasser und Wind ausgesetzt; *atman* ist unverletzlich. Was *atman* wirklich ist, kann nicht erklärt, es kann nur erfahren werden. Erst wenn die unendliche Wirklichkeit in uns lebendig geworden ist, begegnen wir unseren Mitmenschen mit wahrer Liebe. Das beste Beispiel ist Mataji. In ihr sehen wir eine Verkörperung göttlicher Tugenden wie Selbstlosigkeit, Liebe, Mitgefühl, Barmherzigkeit, Gerechtigkeit. Diese Eigenschaften müssen sich auch in dir entfalten, damit du in den Zustand vollkommenen Friedens und vollkommener Glückseligkeit gelangst.

Atman, Materie und Energie

P. *Atman,* Materie und Energie sind sowenig verschieden voneinander wie Eis und Wasser. Früher ist uns in der Schule gelehrt worden, daß Energie auf Materie einwirkt. Unterdessen hat man herausgefunden, daß beide ein und dasselbe sind. Mit wissenschaftlichen Mitteln läßt sich jedoch die Wesensgleichheit von *atman* und Energie nicht feststellen. Dazu müßte die mentale Ebene überschritten werden. Rishis und Munis haben in der Meditation erfahren: Welt und *Brahman* sind eins. Nur wenn man über das Denken hinausgelangt und eins mit dem Selbst geworden ist, wird man dieser Einheit bewußt. Manifestation ist das Unmanifestierte, in Namen und Form ausgedrückt.

F. Wie unterscheidet sich der Körper vom *atman?*

P. Zuerst müssen wir erfahren, daß wir nicht der Körper sind, sondern der form- und namenlose *atman,* der alles durchdringt. Später erkennen wir: Körper und *atman* sind eins.

F. Das nachzuvollziehen fällt schwer. Wie erreichen wir dieses Bewußtsein?

P. Indem wir den Geist zur Ruhe kommen lassen.

F. Was sagt die Gita dazu?

P. Um *atman* zu verwirklichen, müssen wir unsere Körperbezogenheit aufgeben. Der Körper verändert sich und hat Name und Form, während der *atman* ewig unveränderlich bleibt und weder Name noch Form hat. *Siva,* der bewegungslosen, schweigenden

Wesenheit, steht *sakti,* die Vielfältigkeit des Lebens, gegenüber. Und doch bilden beide eine Einheit. So lautet die Botschaft der Gita. Dieses Geheimnis kann der Intellekt nicht ergründen. In der Gita wird es daher als das größte Mysterium bezeichnet.

Glückseligkeit und Leid bedeuten für dich das gleiche, wenn du den Geist transzendiert hast. Auf dieser höheren Bewußtseinsebene erkennst du, daß alle deine Vorstellungen falsch waren. In diesem Zustand gibt es keine Gegensätze mehr; es herrschen vollkommenes Gleichgewicht und vollkommener Friede.

F. Wie gelangt man zu diesem Bewußtsein?

P. Wenn der Geist still wird, hört er auf zu existieren. Er ist nichts anderes als ein Bündel von Wünschen.

Reiner Geist ist *atman*

F. Erkläre bitte, wie der Geist durch die Wiederholung des Namens Gottes still wird.

P. Durch unablässige Wiederholung des Namens Gottes wird der Geist von seiner Dynamik befreit und damit still und klar. In diesem Zustand erkennst du, daß du *atman* bist. Laut Ramakrishna ist der reine Geist *atman.* Wenn er in die Stille eingeht, läßt er das Welthaft-Geistige hinter sich und wird zum Heilig-Geistlichen. Das Ego ist verschwunden, und du erschaust die Einheit in der Vielfalt. Das Empfinden von Zweiheit und das Denken in Gegensätzen existiert nicht mehr, und du erkennst: es gibt nur eine Wahrheit. Freund und Feind, Erfolg und Mißerfolg, Vorliebe und Abneigung, Gewinn und Verlust – das alles verliert seine Bedeutung. Du bleibst vollkommen frei und glücklich, in jeder Lage und unter allen Bedingungen.

Gott wohnt in deinem Herzen

F. Die Puranas sagen, Siva residiere auf dem Kailas und Vishnu in Vaikunta.

P. Gott durchdringt alles und wohnt doch in deinem Herzen. Du mußt Ihn als allgegenwärtige Wirklichkeit verehren. Siva und Vishnu residieren nicht nur in Tempeln, nicht nur im Himmel, in Vaikunta oder auf dem Kailas – Sie sind samt all dieser Orte in dir.

Das haben uns die Rishis gelehrt. Die Verehrung von Bildern und Formen erinnert ein wenig an Kindergartenspiele. Das mag am Anfang eine Konzentrationshilfe sein, doch je früher du Ihn in dir durch Seinen Namen verehrst, um so besser. Allmählich wirst du die Einheit mit Ihm spüren und Ihn überall als Manifestation des alles durchdringenden *atman* sehen.

Es gibt nur Gott

P. Ramdas kann nicht erklären, was Gott ist.

F. Liegt das daran, daß wir es nicht fassen können?

P. Niemand kann es verstehen, niemand kann es klarlegen. Wir sagen: «Er hat Gott verwirklicht.» Aber wer ist es, der Gott verwirklicht hat? All diese Worte scheinen absurd zu sein, wenn man sich vor Augen hält: Gott allein existiert. Es gibt nichts neben Ihm. Darum ist es unsinnig, wenn Ramdas, der Gott ist, euch, die ihr auch Gott seid, erzählt, wie Gott verwirklicht werden kann.

F. Ist es dann noch sinnvoll, Ramnam zu wiederholen?

P. Warum nicht? Gott wiederholt Seinen Namen. Gibt es da Einwände?

F. Worin liegt der Sinn?

P. In der Freude, die es macht.

F. Wer ist es, der den Schmerz in den Knien spürt, wenn wir hier sechs oder sieben Stunden vor Papa sitzen?

P. Alles sollte auf Ihn bezogen sein. Er fühlt den Schmerz, Er empfindet die Freude. So gesehen ist Schmerz Freude und Freude Schmerz.

F. Ich empfinde keine Freude, wenn meine Knie schmerzen.

P. Wer ist es, der keine Freude im Schmerz empfindet? Tatsächlich gibt es weder Schmerz noch Freude. Man kann auch sagen: Freude und Schmerz sind ein und dasselbe. Was man für Schmerz hält, ist kein Schmerz, und was man als Freude empfindet, ist keine Freude. Es sind falsche Vorstellungen.

F. Können wir über diese Vorstellungen hinausgelangen?

P. Warum sollen wir über etwas hinausgelangen, was unwirklich ist? Bleibe dort, wo du bist!

F. Sie scheinen aber durchaus wirklich zu sein, Papa.

P. Wem scheinen sie wirklich zu sein? Du sagst: «Ich habe Schmerzen. Ich freue mich.» Versuche das «ich» zu finden! Das muß mißlingen, denn es existiert nicht. Wenn aber kein «ich» da ist, gibt es auch keinen Schmerz und keine Freude.

F. Wie ist es zu dieser Illusion gekommen?

P. Auch sie existiert nicht. Diese Tatsache gehört zum großen Mysterium.

Atman ist stets frei und unabhängig

F. Im Ramanashram (in Tiruvannamalai) spürt man noch heute die Gegenwart des (1950 verstorbenen) Maharshi. Es ist so, als wenn er körperlich anwesend wäre. Ich kann es nicht erklären, aber viele Menschen erleben dasselbe.

P. Auch an der Grabstätte eines Heiligen kann man noch seine Gegenwart spüren. Viele Menschen pilgern zu den Gräbern von Heiligen, die die Welt schon vor über hundert Jahren verlassen haben, um dort spirituellen Beistand zu erlangen.

Die Begegnung mit Maharshi liegt für Ramdas über vierzig Jahre zurück, und doch steht sie ihm so lebendig vor Augen, als hätte sie heute morgen stattgefunden. Er war eine Verkörperung Gottes. Darum verehren wir seine Person. Es ist ganz natürlich, daß wir die Gegenwart einer so großen Seele auch dann noch spüren, wenn sie den Körper verlassen hat.

F. Wie wird die Welt aussehen, wenn alle Menschen *jnanis* geworden sind?

P. Als Maurice Frydman hier war, stellte er die Frage: «Wird es noch Kriege geben, wenn alle Menschen *jnanis* geworden sind?» Ramdas erwiderte: «*Atman* hat nichts zu tun mit Krieg oder Nicht-Krieg. Kriege spielen sich auf der materiellen Ebene ab.» Frydman gefiel die Antwort nicht. Er ging nach Tiruvannamalai und erzählte Maharshi von seiner Unterhaltung mit Ramdas. Dieser nahm Stellung: «Ja, er hat recht. Krishna und Bhishma standen sich im Mahabarata-Krieg als Gegner gegenüber, obwohl beide *jnanis* waren.» In Gottes *lila* ist alles möglich. Der *jnani* spielt seine Rolle in diesem Spiel und ist zur gleichen Zeit dessen Beobachter. Auf der Ebene von *prakriti* sind immer aufbauende und zerstörende Kräfte nebeneinander am Werk. Die Welt hat niemals eine Phase ohne Kriege durchlebt. Jede Manifestation beruht auf dem Zusammenprall zweier Kräfte verschiedener Art. Ohne diesen Gegensatz gäbe es keine Welt.

F. Wie soll sich der nach Gott Strebende in einer solchen Welt verhalten?

P. Er muß die Welt als Illusion betrachten. Dann wird es ihm leichtfallen, das Selbst zu verwirklichen. Nach der Verwirklichung erkennt er: die Welt ist Gott. Solange er Unterschiede macht, gibt es Zu- und Abneigungen; sie verhindern die Meditation und damit die Auflösung seines Geistes. Sri Sankara sagte: «Die Welt als Welt ist Illusion, die Welt als Gott ist Wahrheit.»

Der Geist ist schuld an der Entstehung von Ideen wie Freiheit und Unfreiheit. Durch Meditation, ständiges Denken an Gott und Gottesverehrung wird das Ego allmählich beseitigt. So, wie das Glühwürmchen zwar in der Dunkelheit schimmert, aber im Sonnenschein nicht zu existieren scheint, leuchtet das Ego in der Unwissenheit; wenn aber das Licht des *atman* in dir aufdämmert, wirst du erkennen, daß das Ego niemals existiert hat.

F. Papas Lehren decken sich mit den Lehren des *jnana*.

P. Die Wege mögen verschieden sein, doch das Ziel ist stets das gleiche. Wenn es erreicht ist, sprechen *bhakta* und *jnani* die gleiche Sprache, denn sie haben dieselbe Erfahrung gemacht. Bis dahin bleibt man im Netz seiner Wünsche gefangen; man muß immer wieder geboren werden und sterben.

F. Wann kommt das Aufsteigen der *kundalini* ins Spiel?

P. Wenn die *kundalini* sich mit dem *sahasrara chakra* vereinigt, sprechen wir von Erleuchtung. Parallel zu jedem Weg, der gottwärts führt, bewegt sich die spirituelle Kraft von *chakra* zu *chakra* nach oben. Während beim *kundalini*-Yoga dieser Aufstieg genau beobachtet wird, bleibt er bei *bhakti*-Yoga und *jnana*-Yoga unbeachtet. Der Prozeß findet aber in allen Fällen statt.

2. Kapitel

Purusha und *prakriti*

F. Man betrachtet Gott sowohl als verkörpertes Wesen wie auch als formlos. Würdest du uns das bitte erklären, Papa!

P. Da sind jene, die einen Körper annahmen, um die Menschheit zu erlösen: Rama, Krishna, Jesus, Buddha und andere große spirituelle Meister. Hier tritt uns Gott in menschlicher Gestalt entgegen. Als namenlose, alles durchdringende Wahrheit ist Er formlos. Aber nicht nur als Inkarnation zeigt sich Gott, Er manifestiert sich auch als das Universum in seiner Vielfalt. Gott ist Seinem Wesen nach Kraft, Bewußtsein, Seligkeit und Frieden. Er befindet sich jenseits von Zeit und Raum, Namen, Formen und Eigenschaften. Er ist alles: *Brahman* des Vedanta, *purusha* des Sankhya, *Siva* des Tantra. Er ist sowohl die Stille, die Regungslosigkeit, das Unberührbare als auch der Verursacher der Aktivität und des universellen göttlichen Spiels. Er ist zur gleichen Zeit Handelnder und unberührter Beobachter dieser Handlungen.

F. Was verstehst du unter «Gott»?

P. *Prakriti* und *purusha* zusammen, also das Manifestierte und das Unmanifestierte, nennen wir Gott. Er ist alles und steht doch über allem. Er ist das, was alles durchdringt, alles enthält, alles transzendiert. Deinem Wesen nach bist du der stille unbewegte *purusha,* während *prakriti* Ursprung deiner Aktivität ist. Du bist zur gleichen Zeit beides und bist auch jenseits von beidem.

F. Du sagst, Gott sei beides – *prakriti* und *purusha.*

P. Das sichtbare Universum und das Unsichtbare, das ihm zugrunde liegt, sind in Gott eins.

3. Kapitel

Liebe

Gott ist Liebe

P. Gott wird mit Liebe gleichgesetzt. Welchen Sinn hat hier das Wort Liebe?

Liebe ist vollkommen und völlig unpersönlich;
sie wohnt als reine, leuchtende Kraft in allem, und sie durchdringt alles;
sie ist unendlich und ewig;
sie ist jenseits von Namen und Formen – obwohl sie durch diese wirkt;
sie ist jenseits der Dualität – und offenbart sich doch in vielerlei Gestalt;
sie ist die allmächtige Kraft, die alles überwacht und lenkt;
sie bleibt von Zeit und Raum unberührt;
in ihrem Bereich gibt es kein sogenanntes Recht oder Unrecht;
sie kennt keine Gegensätze und Konflikte;
ihr Licht ist von kristallklarer Reinheit;
sie leuchtet von innen heraus;
sie ist überaus beseligend;
ihr Erscheinen gründet auf der unteilbaren Einheit mit allem, was existiert;
sie ist die alleinige Wahrheit, die alleinige Kraft;
sie bleibt stets unbefleckt, verströmt sich ständig und wirkt von der höchsten Ebene aus;
sie führt alle Mannigfaltigkeit auf den Ursprung zurück;
in ihr heben sich alle Gegensätze und Unterschiede auf.

Um Gott, der Liebe ist, zu verwirklichen, bist du gehalten, deinen Mitmenschen zu lieben, ihn im gleichen Licht zu sehen, in dem du dich siehst, für ihn dasselbe zu empfinden, was du für dich empfindest! Glaubst du das Geheimnis der Liebe zu enträtseln, indem du nur nach körperlicher und seelisch-geistiger Vollkommenheit trachtest? Das ist unmöglich. Auf dieser Stufe kann man den Nächsten nicht lieben wie sich selbst. Dazu muß man über die Individualität hinausgelangen, sich über Körper und Geist erheben und sich als universelles, unsterbliches Wesen erkennen. Du mußt in den Bewußtseinszustand eintreten, in dem du die Glückseligkeit des Einsseins mit allen Geschöpfen dieser Welt erlebst! Im Innersten deines Herzens mußt du spüren: du und alle anderen sind Formen der einen Wahrheit. Verschiedenheit gibt es nur im Dunkel der Egoherrschaft. Im Lichte der Wahrheit bist du mit allen anderen eins.

Du mußt Mitgefühl und Erbarmen entwickeln, wenn du in die Seligkeit der unpersönlichen Liebe eintauchen möchtest! Dein Herz wird dann berührt, wenn du siehst, wie andere leiden. Du empfindest jetzt ihre Schmerzen wie deine eigenen. Diese Empfindung entspringt weder dem Körper noch dem Geist, sondern einem ungeteilten Bewußtsein, das sich sowohl in dir befindet, als auch in dem, der leidet. Du wirst unwiderstehlich gedrängt zu helfen. Die Hilfeleistung gibt dir unaussprechliche Freude und tiefen Frieden. Wahrlich, dieser Friede ist die äußere Erfüllung deiner intuitiven Erkenntnis der inneren Identität mit dem Leidenden.

Du wirst aus dem Labyrinth, in dem sich deine nie endende Suche bewegt, nicht herausfinden, solange du dich auf die Vollbringung guter Werke beschränkst. Du mußt wissen, daß die Wurzel der Liebe in deinem unpersönlichen Selbst zu finden ist. Dein Herz soll von Mitleid erfüllt sein; das drückt sich in selbstlosen Handlungen aus. Bei allem, was du tust, mußt du dir stets deiner Identität mit der ganzen Schöpfung bewußt bleiben! Das ist nur möglich, wenn du dich aus allen dogmatischen, ethischen und rationalen Normen löst, alle Beschränkungen hinter dir läßt und die große unpersönliche Wahrheit zur einzigen Richtschnur deines Lebens machst. Diese Wahrheit – Gott – ist dir dann alles geworden – es gibt nichts neben Ihr.

Wahre Liebe

F. Das Verhältnis zu meinen Eltern war immer getrübt. Ich bin niemals fähig gewesen, sie zu lieben. Das hört sich wohl schrecklich an?

P. Du bist dabei, in dir eine neue Art der Liebe lebendig werden zu lassen. Das ist wahre Liebe; sie darf nicht gleichgesetzt werden mit Liebe auf der physischen Ebene, die zum Hängen an dem führt, was man liebt. Geistige Liebe erwächst aus dem Einssein mit dem Göttlichen. Liebe auf der physischen Ebene kann weder den Liebenden noch den Geliebten glücklich machen. Laß es dich nicht stören, wenn sie dir fehlt! Bemühe dich um die höhere Liebe! Dazu mußt du den göttlichen Namen ständig wiederholen! Dann wirst du deine Eltern wahrhaftig lieben können.

Liebe ohne Unterschied!

F. Papa sagt, er liebe alle im gleichen Maße. Ist es nicht doch so, daß er den einen oder anderen etwas mehr liebt?

P. Ramdas liebt alle Teile seines Körpers. Wenn ihn ein Moskito gestochen hat, reibt er nicht am ganzen Körper, sondern nur an der betroffenen Stelle. Das heißt aber nicht, daß er für diesen Körperteil mehr Liebe empfände als für die anderen. So mag es erscheinen, als ob er bestimmte Personen mehr liebte als andere. Vielleicht brauchen diese mehr Liebe – mehr Beachtung und Zuwendung –, weil sie gerade in größeren Schwierigkeiten stekken als andere.

Liebe und Dienen

F. Wie kann man den Geist läutern und wahre Liebe in sich erwekken?

P. Erst nach der Verwirklichung des Selbst wird Liebe zu deiner wahren Natur. Bis dahin heißt es, sich zu bemühen. Doch schon auf dem Weg zu diesem hohen Ziel, der über *tamas, rajas* und *sattva* führt, wirst du mehr und mehr darauf achten, keinem Wesen Übles anzutun. Es wird dir schließlich nicht mehr möglich sein, auch nur ein Blatt abzureißen, weil du fürchtest, dem Baum Schmerzen zu bereiten. Dein Herz wird sanft und mitfühlend. Doch die volle Liebeserfahrung wird dir erst zuteil, wenn du über den *sattva*-Zustand hinausgelangt bist und das Selbst verwirklicht hast.

Dann fließt spontan Liebe von dir zu allen Geschöpfen, denn das Selbst durchdringt alles und ist überall gegenwärtig. Du wirst alle in gleichem Maße lieben, da du die Einheit mit allen Wesen erfahren hast.

Selbst-Verwirklichung verhilft dir zur universellen Schau und zur universellen Liebe, die universelles Dienen umfaßt. Jetzt wirst du dich – ganz ohne Bemühung – in allem erkennen, und du wirst alles lieben und allem dienen. Das ist mehr als sozialer Dienst – es ist Gottes-Dienst. Du bist jetzt mit der Gottes-Schau gesegnet. Dein Dienen ist Gott gewidmet, nicht einzelnen Menschen oder bestimmten Gruppen. Angenommen, du gibst jemandem zu essen; dann speist du Gott und nicht nur einen Menschen. Ein Sanskritwort lautet:

> «Laß deine Mutter Gott für dich sein,
> laß deinen Vater Gott für dich sein,
> laß deinen geistigen Lehrer Gott für dich sein,
> laß deinen Gast Gott für dich sein!»

Wem du auch dienst: betrachte ihn als Gott selbst! Das wird dir helfen, Gott überall zu sehen und Ihm jederzeit zu dienen. Auch wenn du für eine Kuh zu sorgen hast, mußt du in ihr Gott sehen und ihr in diesem Sinne dienen. Schon die Rishis haben uns gelehrt, so zu schauen und zu wirken. Solange du aus dieser Haltung heraus tätig bist, wirst du unendliche Freude erleben. Solche Handlungen werden spontan von der universellen Macht ausgelöst. Sie binden nicht, denn du fühlst dich nicht als der Handelnde, und du tust nichts um des Erfolges willen.

Liebe alle um des Selbst willen!

P. Alle und alles lieben heißt, niemanden im besonderen zu lieben. Deine Liebe gilt dem, das alles durchdringt, das in allem wohnt. Du liebst jeden als *atman* und nicht als Körperwesen. Solange du nur die äußeren Formen liebst, bleibst du im Verhaftetsein, im Gewirr von Zuneigungen und Abneigungen, gefangen.

Yajnavalkya gab Maitreyi den Rat: «Liebe deinen Gatten nicht um seines, sondern um des Selbst willen! Liebe deinen Sohn nicht um seines, sondern um des Selbst willen! Liebe alle nicht um ihretwillen, sondern um des Selbst willen!»

Solange wir uns als Individuen fühlen, haben wir das Körperbewußtsein noch nicht aufgegeben. Menschen, die uns in irgendeiner Weise nahestehen, sind uns lieb, während wir bei anderen nicht so empfinden. Doch der, der das Selbst verwirklicht hat, sieht sich in allen. Zu- und Abneigungen sind verschwunden. Er kennt keine Feinde mehr, denn Feindschaft gibt es nur auf der physischen Ebene. Die großen Meister raten uns, nicht zwischen Freund und Feind zu unterscheiden. Bekannt ist das Jesuswort: «Liebet eure Feinde!» Wir können das jedoch erst befolgen, wenn wir den alles durchdringenden *atman* verwirklicht haben. Wenn du deinen Geist mit Ram in Einklang bringst, bringst du dich mit *atman,* deinem unsterblichen Selbst, in Einklang.

Hochherzigkeit

P. Hochherzigkeit heißt, Böses mit Gutem vergelten. Du hast von dem Mann gehört, der versuchte, Mataji in Kasaragod zu erwürgen. Sie wurde dabei schwer verletzt. Dieser Mann kam vor kurzem hierher. Du hättest sehen sollen, mit welcher Liebe Mataji ihn behandelte! Wir kannten ihn zuerst nicht, doch er selber sagte uns, wer er sei. Er empfand tiefe Reue und weinte bitterlich. Mataji gab ihm zu essen, stattete ihn mit neuen Kleidern aus und schenkte ihm Geld. Was er ihr angetan, war vergessen. Das ist ein Beispiel für Hochherzigkeit.

4. Kapitel

Maya

F. Krishna sagt: «Diese Illusion *(maya)* ist schwer zu zerstören.»

P. *Maya* existiert nur in der Vorstellung des Unwissenden. Wenn du das erkannt hast, ist sie für dich nicht mehr vorhanden.

F. Müssen wir das erkannt haben, bevor wir das Selbst verwirklichen?

P. Das Wesen der Selbst-Verwirklichung besteht gerade darin, den illusionären Charakter von *maya* zu durchschauen. Du stolperst in der Dunkelheit über einen Strick und glaubst, es sei eine Schlange. Bei Licht stellst du fest, daß du dich getäuscht hast. Genauso besteht *maya* nur in deiner Vorstellung.

Wenn man wach ist, weiß man, daß die nächtlichen Träume mit der Wirklichkeit nichts gemein haben. Im Tiefschlaf wiederum gibt es weder den Traum- noch den Wachzustand. Wie kann man dies alles für wirklich halten?

F. Woher weiß man, daß im tiefen Schlaf Glückseligkeit erlebt wird?

P. Wenn du erwachst, sagst du: «Ich habe einen erquickenden Schlaf gehabt.» Du könntest das nicht äußern, wenn du es nicht erfahren hättest.

Im Schlaf erlebst du Glückseligkeit unbewußt. Dieses Erlebnis muß dir bewußt werden! Dann erst bist du wahrhaft frei, das heißt, für immer glückselig. Tatsächlich bist du selber *sat-chit-ananda*. Stellt sich noch die Frage nach Gegenwart, Vergangenheit und Zukunft, wenn du das erfahren hast? Wisse, daß das Ewige Leben dein Erbteil ist! In ihm gibt es nichts anderes als Seligkeit.

F. Ich möchte gern wissen, ob Gott sowohl für das Gute als auch für das Böse in dieser Welt verantwortlich ist.

P. Man sagt, Gut und Böse existierten nur in unserem Denken. Bei Gott gibt es diese Gegensätze nicht. Man nennt Ihn daher Absolute Güte, Absolute Liebe, Absolutes Sein, Absolute Wirklichkeit. Überall sonst sind Gegensätze vorhanden. Wir können alles beschreiben und definieren – nur nicht Gott. Lediglich im Zustand der Trennung von Ihm spricht der Mensch von Gut und

Böse; nur dort kann es zu Zwiespalt und den daraus entstehenden Handlungen kommen. Wo es kein Gefühl des Getrenntseins gibt, herrscht Einheit; alle Handlungen sind dort göttlicher Natur.

F. Wie kommt Unwissenheit zustande?

P. Sowenig von der Sonne Dunkelheit ausgehen kann, sowenig kann von Gott Unwissenheit ausgehen. Und doch ist sie vorhanden und läßt uns unser wahres Selbst vergessen. Woher diese Unwissenheit kommt, bleibt ein Geheimnis; unser armer Verstand kann es nicht lüften. Wir kennen nicht die Wege des Unendlichen. Die einzig bedeutsame Frage lautet daher: Wie können wir uns von der Unwissenheit befreien? Lassen wir uns das Beispiel vom Vogel im Käfig eine Lehre sein. Wenn er immer nur darüber grübelt, wie, wann und warum er in den Käfig gekommen ist, wird er in seinem ganzen Leben zu keiner Lösung kommen und nie frei werden. Er muß alles daransetzen, einen Weg in die Freiheit zu finden. Schließlich entdeckt er, daß die Käfigtür mit dem Schnabel geöffnet werden kann, und er entkommt. Uns, die wir in der Gefangenschaft des Nichtwissens schmachten, geht es ähnlich. Deshalb dürfen wir nur die eine Frage stellen: Wie werden wir frei? Wir richten sie an die Heiligen; sie zeigen uns den Weg. Wenn wir ihn gehen, verschwindet die Unwissenheit, und wir erfahren unsere Einheit mit dem unsterblichen Selbst.

F. Was können wir mit dem Rat der Heiligen anfangen?

P. Sie weisen uns an, auf dem Pfad der Rechtschaffenheit zu wandeln. Doch gewöhnlich tun wir das nicht. Wir sollten aber nicht Sklaven unseres Geistes bleiben, sondern ihn in Zucht nehmen und auf Gott richten. In der Bhagavad Gita heißt es, wir seien uns selber sowohl Freund als auch Feind. Folgen wir dem Pfad der Wahrheit, sind wir unser Freund, folgen wir jedoch dem Pfad der Unwahrheit, so sind wir unser Feind. Wir steigen auf durch unsere Weisheit, und wir fallen durch unsere Torheit. Niemand können wir dafür verantwortlich machen als uns selbst. Alle, die den Weg zu Gott gewählt haben, sind froh und frei geworden; wir betrachten sie als Heilige und als große Wohltäter der Menschheit. Die Erde ist stolz darauf, solche Kinder hervorgebracht zu haben.

Heilige können selber nicht unglücklich sein, doch sie fühlen mit, wenn andere leiden. Unwissenheit ist die Wurzel allen Elends. Deshalb versuchen die Heiligen, sie zu beseitigen. Erst danach können Friede und Harmonie in der Welt herrschen.

5. Kapitel

Glück und Leid

Des Glückes Quelle fließt in dir

P. Was Gott tut, ist wohlgetan. Darum sollten wir beten «Herr, Dein Wille geschehe!» und nicht «Tue dies oder das für mich!» Alles, was Er uns auferlegt, dient zu unserem Besten. Wenn Er gibt, ist es gut, und wenn Er nicht gibt, ist es auch gut. Er weiß, was wir nötig haben.

Wer mit allem zufrieden ist, wird stets glücklich sein. Er plant nicht für die Zukunft, er denkt nicht an die Vergangenheit, er steht in Einklang mit der Gegenwart. Niemals hat er das Gefühl, ihm mangele etwas.

Wenn dein Herz voller Liebe und Freude ist – was willst du dann noch? Die Quelle aller Freude fließt in dir. Hast du sie erreicht, gibt es für dich keine Wünsche mehr. Glückseligkeit ist *atman*. Wenn du erfahren hast, daß du dieser *atman* bist, wirst du jederzeit glücklich sein. Dann bist du von allen äußeren Bedingungen und Objekten unabhängig. Solange du jedoch nach Reichtum, Ruhm, Macht und Vergnügen trachtest, wirst du dich immer sorgen und abmühen müssen.

Ein reicher Mann kam mit seiner Frau zu Ramdas und klagte: «Ich eile von Ort zu Ort. Heute Delhi, morgen Kalkutta, übermorgen London. Überall gibt es neue Probleme, neue Sorgen.» Seine Frau riet ihm: «Wenn du auf diese Art weitermachst, wirst du noch den Verstand verlieren. Du mußt hier im Ashram zur Ruhe finden!» Der Mann besaß Millionen und hatte damit Zugang zu allen Freuden der Welt. Doch all das brachte ihm keinen Frieden.

Wenn du Gott verwirklicht hast, wirst du für immer glücklich sein. Das versichern uns alle Weisen und Heiligen. Sie lehren auch, daß wir dazu keines Besitzes bedürfen, ja daß gerade der Verzicht darauf uns den Weg zum Glück ebnet.

Vor einiger Zeit hatten wir hier einen Gast aus Schweden. Er war mit einem Ochsenkarren gekommen. Als Ramdas den Besucher in dessen Zimmer aufsuchte, war er kaum zwischen dem vielen Gepäck ausfindig zu machen, das er mitgebracht hatte. Da standen und lagen Feldbetten, Stühle, Koffer, Kästen und alle möglichen anderen Sachen. Als Ramdas den Gast, der inmitten des Durcheinanders behaglich auf einem Stuhl saß, nach seinen Plänen fragte, erhielt er die Antwort: «Ich fahre zum Himalaya. Dort will ich mich einem meditativen Leben widmen.» Dann fragte er, ob Ramdas in Rishikesh eine gute Bank wüßte, er wolle dort ein Konto eröffnen. Nach einigen Tagen fuhr wieder ein Ochsenkarren vor. Die vielen Dinge wurden verladen und zum Bahnhof gebracht. Der Mann reiste ab. Er hatte eine merkwürdige Vorstellung von Entsagung. Für alles glaubte er selbst sorgen zu müssen. Doch wenn wir uns ganz auf Gott verlassen, versorgt Er uns mit allem, was wir benötigen.

Gott steht über den Sternen

F. Wird unser Leben von den Sternen beeinflußt?

P. Gott steht über den Sternen. Wenn du Ihm vertraust, brauchst du dich nicht vor Sternen zu fürchten. Was können sie dir schon tun? Mit Gottes Namen auf den Lippen kannst du alle Sterne verlachen. Dann ist es gleichgültig, welche Schwierigkeiten dir begegnen. Selbst wenn du gezwungen wärst zu betteln, würde dich das nicht anfechten. Der wahre Verehrer Gottes sagt: «Wenn Du mich ins Feuer der Hölle wirfst, werde ich mit einem Gran des Glücks, das mich beseligt, Hölle in Himmel verwandeln.»

Du betrachtest bestimmte Situationen als gut und fühlst dich demgemäß wohl; andere hältst du für schlecht und bist unzufrieden. Wenn du jedoch in allem, was dir begegnet, Gutes siehst, wirst du stets vollkommen glücklich sein. Wisse: alles ist Gottes Wille! Für Ramdas gibt es keinen Grund, sich über irgend jemand oder irgend etwas zu beklagen. Aus weltlicher Sicht sieht es anders aus: Ramdas hat viel Schlimmes durchmachen müssen. Weil ihm aber der göttliche Name niemals von den Lippen wich, konnte er alles mit heiterer Gelassenheit ertragen. Selbst die ärgsten Umstände vermochten nicht, ihn unglücklich zu machen. Schließlich hängt es nicht von äußeren Umständen, sondern allein vom Zustand des Gemüts ab, ob der Mensch sich glücklich fühlt oder unglücklich. Es gibt unglückliche Millionäre und glückliche Arme. Bringe deinen Geist in Übereinstimmung mit Gott, dann wirst du in allen Lebenslagen glücklich sein!

Verkörperung der Freude

F. Würdest du uns bitte etwas über die verschiedenen Stufen deiner geistigen Entwicklung sagen.

P. Durch Rams Gnade wurde Ramdas dessen ergebener Diener. Er begann, «Ram, Ram» zu wiederholen. Dann gab ihm sein Guru das Mantra, das Ram für ihn bestimmt hatte: «Sri Ram Jai Ram Jai Jai Ram.» Zu dieser Zeit war Ramdas noch beruflich tätig. Doch schon bald konnte er seine Arbeit aufgeben und sich vierundzwanzig Stunden am Tag Ramnam widmen. In diesem Zustand rief ihn Gott, der in seinem Herzen wohnt, zur Pilgerreise. Nach zweijähriger Wanderschaft flüsterte Er ihm ins Ohr: «Ich bin du». Damit verschwand das Gefühl, Diener zu sein; Ramdas wurde zum Kind der Göttlichen Mutter, zum Kind Gottes.

Bis zum Ende des ersten Pilgerjahres war ihm Meditation unbekannt geblieben. Er wiederholte nur Ramnam. In einer Höhle bei Mangalore wurde er dann zum Meditieren veranlaßt. Im Nu war das Körper-Bewußtsein verschwunden, und er verblieb für Stunden in einem Zustand der Glückseligkeit. Danach sah er alles erfüllt vom göttlichen Licht. Er wurde zur Verkörperung der Freude. Ramdas' Seligkeit ist ohne Anfang und ohne Ende.

F. Trifft das auch zu, wenn du weltliche Tätigkeiten verrichtest?

P. Die Welt ist für ihn verschwunden, es gibt nur Gott. Alles ist *Brahman*. Bereits im Zustand der Entsagung war die Welt für Ramdas nicht mehr vorhanden. Nach der Verwirklichung des Selbst konnte er dann das ganze Universum als Selbst sehen. Mit anderen Worten: sein Selbst ist zum Universum geworden. Welt als Welt ist Illusion, Welt als *Brahman* ist Wirklichkeit. Das Geformte und das Ungeformte, *prakriti* und *purusha, maya* und *Brahman* – alles ist eins. Alles ist sein Selbst. Er hat keine Angst, keine Sorgen; er denkt nicht an morgen. Wogen über Wogen der Ekstase erheben sich unablässig in seinem Herzen.

Prarabdha

F. In den Puranas wird erzählt, daß Menschen für ihre schlechten Handlungen auch dann leiden müßten, wenn sie außerdem viel Gutes getan haben. Könnte hier nicht das Gute gegen das Böse aufgerechnet werden, damit dem Betreffenden das Leiden erspart bleibt?

P. Das ist nicht so einfach. Was du gesät hast, mußt du ernten. Deinem *prarabdha karma* kannst du nicht entfliehen. Es ist nicht ohne weiteres aus der Welt zu schaffen. Als Diener Gottes wirst du seine Auswirkungen geduldig auf dich nehmen. Du weißt, daß es von Ihm kommt, dem du dich ganz und gar überantwortet hast.

Leiden sind Folgen deiner Sünden. Wenn du erkennst, daß sie von Gott kommen und dir helfen sollen, werden sie zu Stufen auf dem Weg zu Ihm. Anstatt sie zu fürchten, sollst du die Leiden frohgemut annehmen. Das ist der Weg der Hingabe. Wer ihn geht, fragt nicht mehr nach *prarabdha karma*. Gott ist Liebe, Er kann niemandem wehtun.

Leiden werden durch Schwankungen des Geistes verursacht. Glücklich sein oder sich elend fühlen sind Gemütszustände. Du mußt über beide hinausgelangen und zu einem Zustand andauernden Friedens und andauernder Glückseligkeit finden. Erfahre, daß du *Brahman* bist! Äußere Umstände sind dann belanglos; in jeder Lebenslage wird dir die gleiche Freude zuteil. Du bleibst stets vollkommen gelassen. Loben dich die Menschen, wirst du nicht hochmütig, tadeln sie dich, wirst du nicht niedergeschlagen sein. Dein innerer Zustand ist von absoluter Ruhe gekennzeichnet. Was bedeutet dir dann noch *prarabdha karma?*

Kunti Devi (Gestalt aus der Mahabarata) fühlte sich unglücklich, als ihre Söhne sie verlassen hatten. Sie suchte Trost im Namen «Krishna» und vergaß darüber ihre Sorgen. Krishna gefiel ihre Hingabe; Er fragte sie, welche Gunst Er ihr erweisen könne. Sie bat: «Gib mir Schwierigkeiten!» «Warum Schwierigkeiten? Ich kann dir jeden Wunsch erfüllen», entgegnete Krishna. Sie erwiderte: «Wenn ich in Not bin, richte ich meine Gedanken auf Dich. Wenn es mir aber gut geht, kann ich nicht an Dich denken.»

Aus diesem Grund müssen wir auch die Nöte begrüßen, die Er

uns zukommen läßt, und Ihm dafür danken. Er fordert Seinen Verehrer auf: «Denke unablässig an Mich! Dann vermag dich nichts aus dem inneren Gleichgewicht zu bringen! Gib dich Mir hin!»

Ramdas kann als Beispiel auf sein eigenes Leben verweisen. Jetzt genießt er alle Annehmlichkeiten. Doch schon damals, als er noch das Leben eines Wandermönches führte, war er so glücklich wie heute. So kannst auch du in jeder Lage glücklich sein. Das Glück ist in dir. Richte deinen Geist auf Gott! Verwirkliche *atman* in dir!

6. Kapitel

Der Guru

Guru als geistiger Lehrer

P. Über die Notwendigkeit eines Guru wird viel gemutmaßt. Manche vertreten mit großer Heftigkeit die Ansicht, man brauche ihn nicht, da sich spiritueller Fortschritt auch durch eigene Anstrengung erzielen lasse. Nicht minder heftig halten andere dagegen, daß es ohne die Führung und die Gnade des Guru kein geistiges Vorwärtskommen geben könne. Bevor wir uns dieser wichtigen Frage zuwenden, wollen wir darlegen, was «Guru» wirklich bedeutet.

Unter dem Guru haben wir den Erwecker der schlafenden Seele eines Strebenden zum Bewußtsein des unsterblichen Selbst zu verstehen. Der Guru ist Ratgeber und Führer. Er ist verkörperte Wahrheit und Übermittler des höchsten Wissens. Sein Leben und das Leben Gottes sind nicht voneinander zu trennen. Das Herz des Guru fließt über vor liebendem Erbarmen mit allen Geschöpfen. Zusammensein mit einer solchen erleuchteten Persönlichkeit, ihre Berührung, ja schon ihr Blick kann dem gequälten Menschen sogleich Erleichterung verschaffen und ihn auf den Weg zu Unsterblichkeit, Frieden und Glückseligkeit bringen.

Was hat der Guru der geplagten Seele zu sagen? Er mahnt: «Wende dich nach innen, und schaue die ewige Wahrheit in all Ihrem Glanz! Dort, in deiner wahren Heimat, findest du Frieden und Glückseligkeit. Dort ist ewiges Leben voller Segnung und Heiligung. Wenn du ernsthaft nach Erfüllung strebst, mußt du dich bemühen, mit dieser Wirklichkeit in Einklang zu kommen!» Wenn der Guru dich erweckt hat, bleibst du für immer in diesem Zustand.

Und nun wollen wir überlegen, ob es möglich ist, ohne die Hilfe eines Guru weiterzukommen. Wir wissen, daß man zum Erwerb handwerklicher und künstlerischer Fertigkeiten sowie zur Ausbildung körperlicher und intellektueller Befähigungen einen Meister oder Lehrer benötigt. So ist es gewesen, solange wir auf menschliches Leben zurückblicken. Auf dem Weg vom Säugling zum Greis wechselt der Mensch immer wieder seine Rolle: einmal ist er Schüler, ein andermal Lehrer. Es verstieße gegen jegliche Vernunft, wenn man diese Tatsache für die geistig-spirituelle Entwicklung außer acht ließe. Wer behauptet, er brauche keinen Lehrer, maßt sich selbst die Rolle eines solchen an. Darin liegt ein Widerspruch, den er wahrnehmen sollte.

Es bedarf einer befähigten Mutter, eines geeigneten Lehrers, eines tauglichen Erziehers oder eines Heiligen, um Kopf, Herz und Seele des Menschen für das Höhere zu öffnen. Wenn wir das Leben großer Frauen und Männer studieren, stoßen wir regelmäßig auf jemanden, der die betreffende Persönlichkeit beeinflußt und geformt hat. Manchmal wirkt der Übermittler der Kraft auf so subtile Weise, daß die Empfänger es nicht bemerken. Solche Menschen – zum Glück sind es nur wenige – sagen dann, ein Guru oder geistiger Lehrer sei nicht nötig. Unwissende, die gewöhnlich selber weder die nötige Energie noch die nötige Demut für den Aufbruch ins spirituelle Abenteuer aufbringen, wiederholen diese Aussagen auf papageienhafte Weise. Sie vergessen, daß sie damit diese Großen unbewußt ebenfalls als Lehrer anerkennen. Besser ist es, sich an das zu halten, was die vielen sagen, die in sich tiefgreifende Veränderungen durch die Einwirkung großer Seelen erfahren haben: Wenn der irregeführte Mensch nicht mit einem spirituellen Lehrer in Kontakt kommt, gibt es für ihn keine Hoffnung.

Drei Gurus

F. Ich habe gehört, daß Papa nicht nur von Ramana Maharshi spirituelle Unterstützung erfahren hat, sondern auch von Siddharudha Swami.

P. Ramdas' Vater war sein erster Guru; er gab ihm das Mantra. Ramana Maharshi erweckte ihn, und Siddharudha Swami vollendete das Werk.

F. Was verstehst du unter «Vollenden des Werkes»?

P. Wie soll Ramdas das erklären? Siddharudha Swami hatte ein kindhaftes Wesen. Mit einfachen Methoden konnte er viel erreichen. Er mochte es zum Beispiel nicht, wenn Speise vergeudet wurde. Einmal hatten einige Leute ihr Essen, das ihnen auf Blättern serviert worden war, nicht ganz verzehrt. Siddharudha Swami nahm sich nach und nach alle Blätter und aß die Reste auf. Von da an hat niemand mehr etwas übriggelassen.

Tatsächlich hatte Ramdas nur einen Guru; dieser trat in drei verschiedenen Gestalten auf. Ramdas stellte seinen Meistern niemals Fragen, er bat nur um ihren Segen. Das bloße Zusammensein mit ihnen gab ihm alles, was er brauchte. Danach verrichtete er kein *sadhana* mehr – es geschah von selbst. Alles, was er tat, war *sadhana,* und alles Tun brachte ihm Seligkeit.

Schon bei den ersten Wiederholungen des göttlichen Namens empfindest du dessen nektargleiche Süße. Ramdas hat von Anfang an Freude erfahren. Zwar waren Bemühungen notwendig, doch auch dabei ließ der Strom der Freude nicht nach. Ramdas hielt sich in Höhlen, in Dschungeln und an schmutzigen Orten aller Art auf, und doch war er überall so froh und glücklich, daß er mit keinem König getauscht hätte. Zunächst empfand er Freude, dann wurde er selbst zur Freude.

F. Was hat dich Siddharudha Swami gelehrt?

P. Er lehrte Ramdas, kindlich zu sein. Dazu gehört, daß man von nichts mehr berührt wird – ganz gleich, was geschieht. «Dein Wille geschehe!» Wenn dir mit dieser Bitte ernst ist, kann dich nichts mehr beunruhigen oder ängstigen. Vollkommene Hingabe an Gott macht ruhig und friedvoll.

Dienst für den Guru

F. Was versteht man unter Guru-*seva* und Guru-*kripa?*

P. Du mußt den Rat des Guru befolgen, auch dann, wenn es dir nicht paßt. Er hat dich aufgefordert, den Namen Gottes zu wiederholen – das ist der beste Dienst, den du ihm erweisen kannst. Durch den Namen wird dein Herz rein; damit hilfst du allen, die in Not sind. Der ewige *atman* wohnt in den Herzen aller. Als Guru nimmt er einen menschlichen Körper an, um dich zu führen und um dich zu lehren, allen Lebewesen zu dienen, insbesondere denen, die Hilfe nötig haben. Diesen Dienst nennt man Guru-*seva.* Durch ihn wird dein Geist vollkommen rein, und du erkennst, daß Gott in allem wohnt. Auf diese Weise wirst du in den gleichen Zustand erhoben, in dem sich der Guru befindet.

Diese Frage wurde Ramdas schon oft gestellt. Er hat darauf so geantwortet: «Bleibe unablässig beim Namen! Das ist das Wichtigste. Wenn du dem Guru materielle Zuwendungen machst und seinen leiblichen Bedürfnissen Rechnung trägst, ist das nicht wahrer Guru-*seva*. Der besteht darin, daß du dich selbstlos der Armen und Hilfsbedürftigen annimmst.»

Wir kennen eine Geschichte von Sai Baba und seinem Schüler Upasani Baba. Diesem war erlaubt worden, seinem Guru täglich das Essen zu bereiten und zu bringen. Eines Tages, als er zu Sai Baba unterwegs war, bat ein hungriger Mann um das Essen, das er bei sich hatte, doch er wies ihn ab. Als er zum Meister kam, rügte ihn dieser: «Ich begegnete dir als Bettler und bat dich, meinen Hunger zu stillen. Du hast mir nichts gegeben und hast damit in deinem Dienst versagt.» Upasani Baba bat um Verzeihung. Als er am nächsten Tag wieder auf dem Weg zu seinem Guru war, lief ein hungriger Hund neben ihm her und gab ihm zu verstehen, daß er zu fressen wünsche. Upasani jagte ihn fort mit den Worten: «Das Essen ist für meinen Guru bestimmt, nicht für dich.» Als er bei Sai Baba eintraf, tadelte ihn dieser erneut: «Ich kam zu dir in Gestalt eines Hundes, und du hast mich fortgejagt.» So wurde der Schüler belehrt, daß das Speisen von Hungrigen und die Hilfe für Bedürftige sich nicht vom Dienst für den Guru unterscheiden. Da dieser in allen wohnt, findest du ihn auch in den Leidenden und Betrübten. Es hilft nichts, den Guru in seiner körperlichen Form zu verehren und darüber die Notleidenden zu vergessen! Von diesen gibt es genug auf der Welt. Da brauchst du nicht lange zu suchen. Ein Sprichwort lautet: «Wer sagt, er liebe Gott, obwohl er seine Nachbarn nicht liebt, ist ein Lügner.»

F. Es ist sehr schwierig, deine Worte zu verstehen, bevor man eine gewisse Reife erreicht hat.

P. Du mußt dich bemühen, sie zu erlangen! Versuche, den anderen zu lieben wie dich selbst! Einschränkungen durch Kaste, Religion, Nationalität usw. darf es dabei nicht geben.

F. Angenommen, ein Mann, der mit Essen für einen *sadhu* unterwegs ist, begegnet einem ausgehungerten Hund. Soll er das Essen dem Hund geben oder dem *sadhu* bringen?

P. Erfährt der *sadhu*, daß ein hungriger Hund sein Essen bekommen hat, wird er das gutheißen – wenn er ein richtiger *sadhu* ist.

Die Botschaft, die Jesus verkündigte, lautet nicht «Verehrt Mich! Betet Mich an!», sondern «Liebet einander!» Wahre Liebe ist frei von Berechnung. Sie gründet auf der Verwirklichung des Selbst. Die universelle Schau führt dann zu universeller Liebe, die wiederum im universellen Dienen ihren Ausdruck findet.

Dauer des Aufenthaltes beim Guru

P. Wenn der Schüler ständig bei seinem Guru bleibt, wird er nur bis zu einer bestimmten Stufe kommen. Vollkommenheit kann er nicht erreichen.

F. Wie lange sollte der Schüler bei seinem Guru bleiben?

P. Wenn es zu lange dauert, wird seine geistige Entwicklung zum Stillstand kommen. Er muß selbst wissen, wann er zu gehen hat. Dann sollte er eine gewisse Zeit für sich allein bleiben.

Es gibt nur einen Guru

F. Kann ein Heiliger auch dann noch Guru sein, wenn er seine sterbliche Hülle abgelegt hat?

P. Es ist möglich. Wenn das Verlangen nach einem Guru sehr stark geworden ist, wird Gott in der einen oder anderen Form im Wach- oder Traumzustand erscheinen, um Einweihung und Führung zu gewähren. Auf die Stärke des Verlangens kommt es an.

F. Kann man mehr als einen Guru haben?

P. Der Guru ist ohne Namen, ohne Form und ohne Eigenschaften. Er nimmt einen Körper an, um uns zu retten. Alle Heiligen sind dein Guru, nur in verschiedener Gestalt.

Heute hat Ramdas einen Brief aus Nordindien erhalten. Der Schreiber war von seinem Guru in ein Mantra eingeweiht worden. Später lernte er Ramdas kennen und wollte von ihm auch in ein Mantra eingeweiht werden. Der Mann schrieb seinem Guru: «Ich möchte mir von einem anderen Mahatma ein Mantra geben lassen, weil ich glaube, damit das Ziel schneller zu erreichen. Was hältst du davon?» Der Guru schrieb zurück: «Wenn du meine Anweisungen befolgt hättest, wäre dir ein solcher Zweifel nie gekommen. Der Schüler sollte sein *sadhana* verrichten, um alle *vasanas* und Wünsche zu beseitigen, um sein ‹ich› aufzulösen und um Gotteserkenntnis zu erlangen. Wer sein *sadhana* vernachlässigt, wird selbst dann nicht zum Ziel kommen, wenn er sich in hundert Mantras einweihen läßt. Sollte es bei dir anders sein, werde ich mich darüber freuen und dir gratulieren. Ich wünsche dir das Beste!»

Nun fragte der Zweifler Ramdas um Rat. Seine Antwort lautete: «Dein Guru und Ramdas sind nicht verschieden voneinander. Bleibe bei ihm, und halte an dem Mantra fest, das er dir gegeben hat! Vielleicht hattest du nicht genügend Vertrauen und bist deshalb wankend geworden.»

Dieser Mann würde auch Ramdas wieder verlassen, wenn er hört, daß irgendwo ein anderer großer Heiliger lebt. So wie er laufen viele von einem Guru zum anderen.

F. Aber Mataji hatte sechs Gurus!

P. Sie hat sie nie als verschieden voneinander betrachtet. Angenommen, ein Guru führt dich ein Stück deines Wegs, dann kommt ein anderer und hilft dir weiter. Das wiederholt sich, bis dich schließlich der letzte zum Ziel bringt. Dagegen ist nichts einzuwenden, so lange du zwischen ihnen keinen Unterschied machst. So war es im Falle von Mataji.

Das Zusammensein mit jedem Heiligen wird dir zum Wohl gereichen, wenn du dabei nicht von dem Pfad abweichst, den dir dein Guru gewiesen hat. Du sollst ihn in allen Heiligen erkennen.

Das bloße Anschauen eines Heiligen ist noch kein *darshan*. Nicht wenige haben Heilige gesehen und sie sich zu Gurus erwählt, ohne viel Nutzen daraus zu ziehen. Warum? Sie haben die Heiligen als gewöhnliche Menschen betrachtet. *Darshan* bedeutet, im Heiligen Gott zu sehen. Nur dann vollzieht sich im Schauenden eine Wandlung. Wenn du dich bei einem Heiligen nicht erhoben fühlst, hat kein *darshan* stattgefunden.

F. Papa hat denen, die ihm folgen, versichert: «Derjenige, der Ramdas gesehen hat, wird nicht wiedergeboren!» Hier wird das Wort «sehen» doch im Sinne von *darshan* gebraucht?

P. Das betrifft die Frage der Wiedergeburt nach dem Ende des Lebens. Wenn der, von dem du sprichst, seinen Körper ablegt, wird er frei sein. Die Umwandlung, von der wir jetzt sprechen, vollzieht sich in der Gegenwart. Sie findet im Augenblick des *darshan* statt.

F. Was ist der Unterschied zwischen *darshan* und *sat sang?*

P. Wenn man einem Heiligen begegnet und sich in seiner Gegenwart erhoben fühlt, spricht man von *darshan*. *Darshan* ist ein Teil von *sat sang,* dem längeren Zusammensein mit dem Heiligen. *Sat sang* ist sehr wichtig. Hierbei werden deine Zweifel geklärt, du wirst frei von Wünschen und erfährst spirituelle Förderung.

F. Ich kann mich am besten mit Hilfe eines Bildes oder einer Figur *(Ishta)* sammeln. Bisher stand mir dabei die Gestalt Ramakrishnas vor Augen. Nachdem ich nun das Mantra von Papa erhalten habe, bin ich in einen ernsthaften Konflikt geraten.

P. Warum?

F. Es heißt doch, man solle als *Ishta* die Erscheinungsform seines Guru verehren.

P. Früher hat Ramdas Ramnam wiederholt und sich dabei die Gestalt Krishnas vorgestellt. Es gab keine Konflikte.

F. Dann darf ich also weiter Ramakrishnas Gestalt verehren?

P. O ja, so kannst du es halten, doch sollst du zwischen Ramakrishna und Ramdas keinen Unterschied machen!

Gurus Gnade

F. Worin liegt der Unterschied zwischen *Ishta* und Guru?

P. Unter *Ishta* verstehen wir ein Bild (oder eine Form) Gottes, das von dir verehrt wird. Diese Verehrung hilft dir, deinen Guru zu finden. Wenn du ihn gefunden hast, ist er allein für dich richtungweisend. Er wird dich den Weg zu Gott führen. *Ishta* vermag dir zwar irdische Wünsche zu erfüllen, nicht jedoch deinen Wunsch nach Befreiung. Das kann nur der Guru.

Ramdas erzählt euch jetzt eine Geschichte, die das verdeutlicht. Namdev war ein großer Verehrer des göttlichen Vithoba. Vithoba pflegte sich mit Namdev zu unterhalten und dessen Opfergaben zu verspeisen. Einmal hatten sich vor dem Tempel Vithobas viele Heilige versammelt. Unter ihnen befand sich einer, der wegen der besonderen Ehrerbietung und Liebe berühmt war, die er Vithoba entgegenbrachte. Man nannte ihn den Töpfer-Heiligen. Es wurde der Vorschlag gemacht, der Töpfer-Heilige solle jeden von ihnen prüfen, ob er «ausgebakken» sei, das heißt, ob er genügend spirituelle Reife besitze.

Darauf begann dieser, einem nach dem anderen mit seinem Stock einen Schlag auf den Kopf zu versetzen. Alle ließen diese Behandlung ruhig über sich ergehen, nur Namdev widersetzte sich und wurde wütend. «Dieser ist noch nicht ‹ausgebacken› », stellte darauf der Töpfer-Heilige fest. Namdev fühlte sich vor der ganzen Versammlung in seiner Ehre gekränkt und ging geradewegs in den Tempel zu Vithoba, um sich zu beschweren. «Mein Sohn, du bist zweifellos noch nicht reif», sagte Vithoba. «Du warst wütend, weil du stolz darauf bist, daß du mich speisen darfst und mit mir reden kannst. Noch denkst du, ich sei nur in diesem steinernen Standbild. Du solltest erkennen, daß ich überall bin!» «Was soll ich tun?» fragte Namdev. Vithoba riet ihm, einen bestimmten Heiligen aufzusuchen und dessen Segen zu erbitten. Namdev fand den Heiligen ruhend vor; seine Füße lagen auf einem Siva-Linga, dem steinernen Standbild Sivas. Namdev, befremdet von diesem sonderbaren Benehmen, fragte: «Warum legst du die Füße auf das Siva-Linga?» «Nimm sie weg, mein Sohn, und lege sie dorthin, wo kein Siva-Linga ist», erwiderte der Heilige. Namdev versuchte es rundum, doch vergebens – überall war ein Siva-Linga. Schließlich gab ihm der Heilige die Erklärung: «Mein Sohn, die ganze Welt ist erfüllt von Ihm!» Jetzt öffneten sich Namdevs Augen; durch die Gnade des Heiligen, seines Guru, war es ihm möglich, Gott überall zu sehen.

Gott und Guru

F. Was ist der Unterschied zwischen einem Heiligen und einem gewöhnlichen Menschen?

P. Beide sind Manifestationen Gottes. Der Heilige weiß, daß er Gott ist, der gewöhnliche Mensch weiß es nicht. Darin liegt der ganze Unterschied.

F. Kann man durch den Guru die Gnade Gottes erlangen?

P. Die Gnade fließt durch den Guru. Guru und Gott – beide stehen vor dir.

F. Können Gott und Guru getrennt sein?

P. Du wendest dich mit der Bitte um Befreiung an Gott, bevor du einen Guru gefunden hast, und Er führt dich zu ihm. Jetzt erkennst du: Guru und Gott sind eins!

F. Manchmal wächst der Schüler über seinen Guru hinaus.

P. Tatsächlich sind Guru und Schüler eins. Das hat der Schüler als erstes zu lernen. Er wächst durch die Gnade des Guru. Alles – das ganze Universum – ist Guru. Gott verkörpert sich in ihm, um den

Schüler zu führen. Vithoba verwies Namdev an den Guru; dieser konnte ihm zur universellen Schau verhelfen.

F. Hat uns nicht die Gnade Gottes hier zusammengeführt?

P. Alles geschieht durch Gottes Gnade. Sie hat bewirkt, daß du hierherkamst, und sie wird bewirken, daß du zu gegebener Zeit von hier fortgehst. Alles geschieht nach Seinem Willen. Aber wir glauben es nicht. Deshalb fühlen wir uns elend und unglücklich.

F. Wir haben in dir unseren Guru gefunden. Das bedeutet: wir werden frei sein.

P. Tatsächlich gibt es keine Unfreiheit. Das bilden wir uns nur ein. Du bist niemals unfrei gewesen. Das muß dir bewußt werden! Du mußt fühlen, daß du auf ewig frei bist, völlig frei!

F. Die Illusion vergeht durch die Gnade des Guru.

P. Dieser Gedanke ist ebenfalls eine Illusion. Du selbst hast sie erzeugt und mußt dich wieder von ihr frei machen.

F. Wir bitten dich, auch diese Illusion zu beseitigen!

P. Ramdas zerstört eure Illusionen, und ihr baut sie wieder auf.

F. Woran erkennen wir, daß wir vom Nichtwissen befreit sind?

P. Muß euch das gesagt werden? Merkt ihr nicht, wenn es hell wird? Es bedarf keiner Kerze, um die Sonne zu sehen. Sie strahlt aus sich selbst heraus und braucht keinen Beweis für ihre Existenz. So wirst auch du sofort das innere Licht wahrnehmen, wenn es in dir aufleuchtet.

F. Was haben wir unter der individuellen Seele zu verstehen?

P. Sie existiert nicht. Gott plus *maya* ist die individuelle Seele – individuelle Seele minus *maya* ist Gott. Auch das ist lediglich zur Verdeutlichung gesagt; tatsächlich gibt es nur *Brahman*. Wenn du erkennst, daß du *Brahman* bist, wird dir klar, daß keine individuelle Seele existiert. Bis dahin hast du sie für wirklich gehalten, doch handelt es sich um eine Illusion. Sie ähnelt dem Seil, das man mit einer Schlange verwechselt.

Guru ist die unpersönliche Wirklichkeit

P. Der göttliche Name wirkt wie ein Lösungsmittel: die Vielfalt löst sich in ihm auf. Vielfalt entsteht aus der Illusion, die ihren Ursprung im Geist hat. Dieser hört auf zu bestehen, wenn das Guru-Mantra beständig wiederholt wird. Dann wirst du erkennen: du bist das Selbst, du bist Gott!

Was hat es für einen Wert, mit geschlossenen Augen in sich hineinzuhorchen, wenn der Geist sich dabei wie ein Affe benimmt und unruhig hin und her wandert. Kann man das Meditation nennen? Da ist es doch besser, den Geist mit Hilfe des göttlichen Namens zu befrieden und schließlich aufzulösen. Diesen Weg ist Ramdas gegangen. Er gab sich nicht mit Meditation ab, sondern vertraute der Macht des Mantras, in das ihn sein Guru eingeweiht hatte, und das er Tag und Nacht wiederholte. Ramdas erinnert sich an den Tag, an dem ihm der göttliche Name zum erstenmal zu einem Zustand reiner Freude und vollkommenen Friedens verhalf.

Ramnam ist ein *sadhana,* das keiner Ergänzung bedarf. Alle zusätzlichen Disziplinen – Einhaltung einer besonderen Diät, Fasten, Befolgung bestimmter Regeln für den Schlaf, uneigennütziges Handeln – dienen ausschließlich dem Zweck, dich zu befähigen, unablässig beim göttlichen Namen zu bleiben.

Gibt es ein wirkungsvolleres *sadhana* als die Wiederholung des Namens Gottes? Halte darum fest am Namen, und du wirst das höchste Ziel erreichen: vollkommenen Frieden und vollkommene Glückseligkeit. Dann wird dir die Allmacht der universellen Kraft offenbar. Sinne, Gemüt, Intellekt und Körper vibrieren in der Klangflut der alles durchdringenden göttlichen Musik.

Das Ego-Empfinden entsteht aus dem individuellen Bewußtsein, das wiederum Produkt deines Geistes ist. Darum mußt du dich bemühen, den Geist aufzulösen! Dann erkennst du, daß das Körperbewußtsein die Vielfalt hervorbringt, daß du jedoch mit dem Körper nicht identisch bist.

Der Name Gottes ermöglicht es dir, über das physische Bewußtsein hinaus zur Einheit zu gelangen. Dann wird wahre Liebe dein Herz öffnen und allen zuströmen; Schranken werden fallen und Harmonie wird sich ausbreiten. Dieser Vorgang kann nicht erklärt und nicht verstanden werden, man muß ihn erfahren. Auch die heiligen Schriften berichten davon. Es kommt vor, daß Leute das lesen und sich dann anmaßen, darüber zu predigen, ohne es erlebt zu haben.

Man sagt, die Voraussetzung für diese Erfahrung sei ein reiner Geist. Doch wenn der Geist rein ist, ist er still, und ein stiller Geist ist kein Geist mehr, sondern Göttlichkeit. Solange der Geist existiert, besteht ein Gefühl des Getrenntseins, das wir Unreinheit nennen. Mit der Unreinheit verschwindet der Geist, und wir werden uns der Identität mit Gott bewußt. Aus eigener Kraft ist es unmöglich, diesen gesegneten Zustand zu erreichen. Dazu bedarf es der Hilfe des Guru. Man kann es jemandem ansehen, wenn er von der Gnade des Guru berührt worden ist. Du brauchst nur in sein Gesicht zu schauen. Es drückt Ruhe, Gelassenheit und Heiterkeit aus.

Es gibt nur einen Guru. In ihm hat sich das Göttliche verkörpert, um die Menschheit zu erlösen. Du solltest nicht sagen: «Dieser Guru ist verschieden von jenem Guru.» Alle sind Manifestationen der einen Wahrheit. Wenn du Gott bittest, dich zu befreien, wird Er sagen: «Wende dich an den Guru, damit wendest du dich an Mich in menschlicher Gestalt!»

Kabir äußerte sich dazu: «Guru und Gott stehen vor mir. Vor wem soll ich mich verneigen? Ich verneige mich vor dem Guru, denn er war es, der mir Gott gezeigt hat.»

Gnade, Wille und Schicksal

F. Alles ist vorherbestimmt. Wozu brauchen wir dann noch *sadhana?*

P. Schicksal, Gottes Wille und Seine Gnade bedeuten dasselbe. Wenn Gott will, läßt Er dir Seine Gnade zukommen. Sie führt dich mit einem Heiligen zusammen, der dir die nötigen Lehren erteilt; dann beginnst du mit dem *sadhana*.

F. Man sagt: «Wo ein Wille ist, ist auch ein Weg.»

P. Dieser Wille ist Gottes Wille. Er setzt sich immer durch. Dein Wille dagegen bringt nichts zuwege. Wenn du dich Gott völlig überantwortet hast, wirst du erkennen, daß sich auch in der Vergangenheit alles nach Gottes Willen vollzogen hat.

Gott ist der Urheber von allem, was in der Welt geschieht. Ist das nicht wunderbar! Du brauchst dich weder um die Vergangenheit zu sorgen noch um die Zukunft. Eine Last fällt von deinen Schultern, wenn du dir diese Tatsache vor Augen hältst. Deine Seele wird friedvoll und dein Herz leicht.

Vergleiche Ramdas' früheres Leben mit seinem jetzigen! Er weiß heute, daß sich auch seinerzeit alles nach dem Willen Gottes vollzog. Damals mußte er nach der Pfeife des Egos tanzen, aber das Ego war auch ein Instrument Gottes, und des Egos Wille war

Sein Wille. Dann gab Ramdas sich Gott hin, und das Ego verschwand. Aber wenn Gott diese Hingabe nicht gewollt hätte, wäre Ramdas dazu nicht fähig gewesen. Anfang, Mitte und Ende: alles wurde durch Ihn gestaltet.

Doch gibt es das überhaupt: Anfang, Mitte, Ende? Bei jedem Schritt triffst du auf das Ewige, das Unendliche. Weg und Ziel unterscheiden sich nicht voneinander. Wenn du das erkennst, hast du die Wahrheit gefunden.

F. Ist es notwendig, daß wir Zeiten der Verzagtheit und Hoffnungslosigkeit durchleben müssen?

P. Solche Zeiten sind notwendig, und Gott gewährt sie deshalb des öfteren. Wäre Arjuna nicht verzagt und ohne Hoffnung gewesen, hätte Krishna ihm keine Lehren erteilt, und die Bhagavad Gita wäre nicht entstanden.

F. Ist es notwendig, im Verlauf der Bemühungen um Gott-Verwirklichung unseren Beruf oder unsere Beschäftigung aufzugeben?

P. Arbeit und Gotteserkenntnis brauchen sich nicht zu behindern, wenn du deine Arbeit im richtigen Geist verrichtest. Du mußt dir bewußt sein, daß es Gottes Wille und Gottes Kraft sind, die in dir und durch dich wirken. Dharma Vyadha war Metzger und gab seinen Beruf nicht auf, nachdem er Gott verwirklicht hatte. Er diente seinen Eltern mit Liebe und Zuneigung. Janaka herrschte auch als *jnani* weiter über sein Königreich. Er kam nicht in Konflikt mit seiner inneren Erkenntnis.

Du hast deinen Beruf gemäß deiner Anlagen und der Gegebenheiten gewählt; daran ändert sich nichts, wenn du Gotteserkenntnis erlangst. Die Arbeit wird dann nicht mehr um bestimmter Ergebnisse willen getan, sondern geschieht spontan. Sie hat keine karmische Auswirkung mehr, weil du als Individuum aufgehört hast zu sein. Dein Körper verrichtet das Werk nach dem Willen Gottes.

7. KAPITEL

Heilige

Die Macht der Heiligen

P. Wer ist ein Heiliger? Einen Heiligen nennt man den, der das Ewige (oder Gott oder die Wahrheit) erreicht hat, der in Ihm lebt, der Es verwirklichte. Ein Heiliger ist wahrhaftig ein Segen für die Welt. Durch die Verbindung zu ihm werden Tausende vom Druck ihrer Sorgen, Zweifel und Ängste befreit. Er lebt, was er verkündigt und verkündigt, was er lebt. Der wunderbare Einfluß des Heiligen vermag dem Unwissenden die ihm selbst innewohnende Göttlichkeit bewußt zu machen. Er weckt die schlummernde Seele und läßt sie ihre unsterbliche, glückselige Natur erkennen. Durch seine bloße Gegenwart erlöst der Heilige die Menschen von ihren zügellosen Leidenschaften. Wer ihm vertraut, wird höchsten Gewinn haben.

Ein Schleier hat sich über die menschliche Seele gelegt, so daß sie die Wirklichkeit nicht mehr erkennt. Der Mensch hält sich für ein schwaches, hilfloses, elendes Geschöpf, dessen Leben jeglichen Sinnes entbehrt. Durch das Zusammensein mit einem Heiligen kann das Bewußtsein der Gotteskindschaft wiedererlangt werden. Ein Heiliger vermag die gefallene Seele aufzurichten, sie zu erlösen, denn er ist Gott selbst in Fleisch und Blut.

Allerdings muß der Strebende Glauben, Vertrauen und Entschlossenheit aufbringen. Dann ist die göttliche Barmherzigkeit und Liebe, die das Herz des Heiligen erfüllt, unwiderstehlich. Schon durch seinen Blick wird den Menschen Liebe und Güte zuteil. Sein Herz verlangt ständig danach, die Seelen aus dem Gefängnis der Dunkelheit und Unwissenheit in ein Leben der Freiheit, der Freude und Unsterblichkeit zu führen.

Die Erhabenheit eines Heiligen ist unermeßlich und kann nicht beschrieben werden. Es bleibt nur, uns demütig vor ihm zu neigen und seine Gnade und seinen Segen zu erbitten.

Heilige sterben nicht

F. Kann ein Heiliger noch nach dem Tode seinen Schülern beistehen?

P. Heilige sterben nicht. Ein Guru sagte einmal zu seinem Schüler: «Wenn ‹ich› stirbt, wirst du *moksha* (Befreiung) erlangen.» Der Guru war schon ziemlich alt, und dem Schüler schien die Befreiung nahegerückt. Er kehrte nach Hause zurück. Ab und zu erkundigte er sich nach dem Befinden seines Meisters, und jedesmal erfuhr er, daß dieser sich guter Gesundheit erfreue. Nach einem halben Jahr suchte er wieder den Guru auf. Dieser fragte ihn: «Hast du unterdessen Befreiung erlangt?» «Wie sollte das möglich sein, solange du lebst», erwiderte der Schüler. Nun erläuterte ihm der Heilige, was mit dem Tod des «ich» gemeint war. Der Guru kann nicht sterben, denn er ist das unvergängliche *Brahman,* das menschliche Gestalt angenommen hat, um Liebe, Verehrung und Hingabe zu Gott in unserem Herzen zu wekken.

Wenn du unablässig den Namen des Guru wiederholst, werden Zunge und Herz, ja dein ganzes Wesen geläutert. So groß ist die Kraft, die im Namen eines Heiligen verborgen ist.

Heilige befreien uns von Unwissenheit

P. Ramdas erinnert sich an das Gleichnis vom Samenkorn. Ein Samenkorn, das in der Erde steckt, braucht zweierlei, um keimen zu können: die Triebkraft zum Wachsen und genügend Wasser. Ähnlich ist es mit der individuellen Seele. Die ihr innewohnende Herrlichkeit des *atman* offenbart sich nur, wenn die Sehnsucht danach genügend groß ist. Sie wird durch die Verbindung zu Heiligen geweckt. Dieser Drang zum Göttlichen stößt auf ein Hindernis: eine dicke Schicht von Unwissenheit. So wie Wasser nötig ist, um die Erde durchlässig zu machen und dem Keimling zum Durchbruch zu verhelfen, so bedarf es jetzt der Gnade des Heiligen, um die Schicht der Unwissenheit zu durchbrechen und den *atman* zum Licht gelangen zu lassen.

Der Heilige bemüht sich also um zweierlei: Einmal erweckt er den Drang nach dem Licht, zum anderen beseitigt er durch Belehrung und direkte Einwirkung die Unwissenheit. Seine bloße Anwesenheit hilft bereits. Man sagt zu Recht, daß Schweigen machtvoller sei als Worte.

Der Heilige und die selbst-verwirklichte Seele

F. Worin liegt der Unterschied zwischen einem Selbst-Verwirklichten und einem Heiligen?

P. Ein Heiliger ist immer ein Selbst-Verwirklichter, aber ein Selbst-Verwirklichter muß nicht immer ein Heiliger sein. Um das zu verstehen, müssen wir ins Detail gehen. Der Selbst-Verwirklichte hat die Wirklichkeit des *atman* erfahren. Er betrachtet das Universum einschließlich seines Körpers als Illusion und bleibt allem weltlichen Treiben fern. Dieses hat für ihn den Charakter eines Traums; er mißt ihm keine Bedeutung mehr zu und verwirft es. Damit entfällt jedes Wirken in der Welt.

Der Heilige dagegen sieht die Welt nicht als Illusion an, sondern als Manifestation Gottes. Daher liebt er alle und alles als Teile dieses göttlichen Körpers. Er möchte den Menschen dienen und ihnen zur Gotteserkenntnis verhelfen.

F. Kann ein Selbst-Verwirklichter, der kein Heiliger ist, Schüler haben?

P. Da die Welt für ihn eine Illusion ist, kann es auch keine Schüler für ihn geben.

F. Arbeitet er für die Wohlfahrt der Menschheit?

P. Es gibt für ihn keine Menschheit – nur reinen, stillen Geist. Er glaubt nicht an Gegenwart, Vergangenheit und Zukunft und nicht an Formen und Bewegung.

F. Erlangt ein solcher Mensch völlige Befreiung?

P. Wer zu seiner Identität mit dem *atman* gefunden hat, ist befreit.

F. Was gewinnt man durch Selbst-Verwirklichung?

P. Die Vorstellung, der Körper zu sein, verschwindet. Du erfährst, daß du glückseliges, unsterbliches *Brahman* bist und daß nichts außer diesem existiert.

F. Auch ein Selbst-Verwirklichter muß Nahrung zu sich nehmen.

P. Denke an Träume. Auch im Traum wird gegessen. Ähnlich ist es mit der Nahrungsaufnahme eines solchen Menschen.

Heilige können Wunder wirken

F. Ich habe in einem Buch Paramhansa Yoganandas gelesen, daß ein Heiliger einen Toten lebendig machte, indem er ihm sieben Tropfen Öl in den Mund träufelte. Wie läßt sich das erklären?

P. Heilige können Wunder wirken. Es ist daher besser, sich direkt an sie zu wenden, anstatt sie zu bitten, für uns bei Gott Fürsprache einzulegen. Dazu ein Beispiel:

Der einzige Sohn einer Frau war gestorben. Sie lief von Haus zu Haus in der Hoffnung, jemand zu finden, der ihn ins Leben zurückrufen könnte. Ein Nachbar riet ihr, sich an einen *sadhu* zu wenden, der in einem nahegelegenen Dorf wohnte. Die Frau begab sich zu dem *sadhu* und redete ihn an: «Mein einziges Kind liegt tot zu Hause. Ich bitte dich, zu Gott zu beten, damit Er es ins Leben zurückruft! Bitte hilf mir!» Der *sadhu* kam zu dem Haus, wo der Leichnam lag, und betete: «O Gott, laß dieses Kind wieder lebendig werden!» Nichts geschah. Er wiederholte die Bitte dreimal, doch der Tote rührte sich nicht. Schließlich redete ihn der *sadhu* an: «Ich befehle dir: steh auf!» Der Junge gehorchte – er war lebendig geworden.

Heiligen ist die Macht verliehen, Tote lebendig zu machen. Wir wissen von den Erweckungen, die Jesus vollbrachte. Heilige sind von Gott nicht verschieden. Von ihrer äußeren Erscheinung, in der sie sich nicht von gewöhnlichen Menschen unterscheiden, darfst du dich nicht täuschen lassen.

In seinem Buch *Im Angesicht Gottes* hat Ramdas von einem außerordentlichen Ereignis berichtet, das sich während der Krankheit eines Schülers in Ernakulam abspielte. In der Nacht – die Situation des Kranken war kritisch geworden – sah dessen fromme Frau Ramdas am Krankenbett sitzen. Die Erscheinung währte einige Minuten. Der Zustand des Mannes besserte sich rasch; in wenigen Tagen war er wieder gesund. Ramdas befand sich während dieser Zeit im Ashram; ihm war von dem Geschehen nichts bekannt.

Ramdas' Jubiläumsschrift enthält das Kapitel: Mit Papa in Paris und Ramnagar. Der Schreiber berichtet in allen Einzelheiten von einer Begegnung mit Ramdas in Paris. Ramdas wußte davon nichts. Er hielt sich die ganze Zeit über im Ashram auf. Wie geschehen solche Dinge? Gottes Wege sind geheimnisvoll.

Öffne dich der Gnade, wenn du bei Heiligen bist!

P. Das innere Erwachen vollzieht sich in der Gegenwart von Heiligen. Dazu mußt du dich ihrem Einfluß öffnen, damit sie dich umwandeln können. Das heißt: keine vorgefaßten Meinungen und ablenkenden Gedanken, aber ein offenes Herz und ein zur Hingabe bereites Gemüt. Wenn du so vor einem Heiligen sitzt, wirst du in den höchsten Bewußtseinszustand erhoben werden. Menschen mit einer solchen Haltung sind selten. Unter Tausenden, die einen Heiligen aufsuchen, befindet sich vielleicht einer, der sich dessen Einfluß öffnet und somit eine innere Wandlung erfährt. Wünsche, Stolz und die Unfähigkeit, sich von bestimmten Denkformen, Menschen und Dingen zu lösen, schaffen eine Trennwand zwischen dir und dem Heiligen.

Und das wird benötigt, wenn du zu einem Heiligen gehst: Demut, ein offener Geist und der brennende Wunsch, das Selbst zu verwirklichen. Deine Liebe zu Gott muß größer sein als die Liebe zu den Dingen der Welt. Heilige sind wie Kalpataru, der Baum, der alle Wünsche erfüllt. Doch nur intensive Wünsche setzen sich durch, nur sie bewirken das Notwendige: die Sammlung des Geistes.

Der Geist bleibt ruhelos, solange er noch von Ängsten, Sorgen und Zweifeln geplagt wird. Ein Mensch mit einem ruhelosen Geist kann niemals etwas Bedeutendes zustande bringen. Große Führer, Lehrer und Meister zeichnen sich durch höchste Konzentrationsfähigkeit aus. Darum wirst du gebeten, den Namen Gottes zu wiederholen und auf seinen Klang zu lauschen. Auf diese Weise wächst die Fähigkeit zur inneren Sammlung. Wenn du dann deinen Geist auf Gott richtest, wirst du das höchste Ziel des Lebens erreichen.

8. Kapitel

Gnade

Gnade ist mächtig

P. Viele Menschen glauben, aus eigener Kraft alles tun zu können, was sie wollen. Das ist völlig falsch. Gottes Gnade und Sein Wille allein bestimmen unser Tun. Weil wir das nicht wissen und weil wir uns für selbständig Handelnde halten, sind alle unsere Handlungen, Gedanken und Gefühle verfälscht. Erst nach dem Erlöschen des Egos, wenn Gottes Licht uns erleuchtet, wird uns bewußt: die göttliche Macht bestimmt unser Leben.

Gottes Gnade allein läßt unseren Geist sich Ihm zuwenden. Viele Jahre mögen wir nicht an Ihn denken, und dann kommt der Tag, wo wir sehnsüchtig nach Ihm verlangen. Manche sagen, das sei die Frucht früherer Handlungen. Doch Ramdas weiß: nur die göttliche Gnade kann das bewirken. Ein Strebender drückte es richtig aus: «O Gott, ich kann mich Deiner erinnern, weil Du Dich an mich erinnert hast.»

Bereits der erste Anflug des Wunsches, Gott zu finden, wird von der Gnade bewirkt. Um deren Wirken zu verstärken, müssen wir einen Heiligen aufsuchen und uns seiner Führung unterstellen. Er lehrt uns, daß Gott der allein Handelnde ist.

Als Ramdas zu seiner ersten Pilgerreise aufbrach, war er ein Gotttrunkener. Die Leute fragten, was ihn zu dieser abenteuerlichen Wanderschaft veranlaßt habe. Ramdas konnte nur antworten: «Es war Gottes Wille.» Wenn dir diese Wahrheit bewußt geworden ist, hat sich die Gnade in dir ausgebreitet. Hingabe kommt dann von selbst. Du fühlst: «Ich bin nichts, und Gott ist alles.» So, wie Dunkelheit weicht, wenn es hell wird, so schwindet das Ego, wenn die Gnadensonne zu leuchten beginnt und du dir ihrer mehr und mehr bewußt wirst. Du empfängst Gnade von innen und von außen, doch das Göttliche in dir und der Guru außerhalb von dir sind wesensgleich. Der Gnadenstrom zerstört alle Dunkelheit und alles Nichtwissen und verwandelt dich ganz und gar.

Ohne Gnade gibt es keine Erlösung. Gnade ist so stark, daß sie in jedem Menschen zu wirken vermag, sei er nun vorbereitet oder nicht. Sie kennt keine Hindernisse. Begib dich in die Gesellschaft eines Heiligen, und laß seine Gnade auf dich wirken, dann wird Gott dich aufnehmen, wie eine Mutter ihr Baby aufnimmt. Du brauchst nur zu rufen: «O Gott, führe mich zu Dir, und laß mich immer bei Dir bleiben!» Wenn du so bittest, wirst du Seiner Gnade teilhaftig werden.

Ohne Gottes Gnade kein geistiger Fortschritt

P. Ramdas erinnert sich an eine Geschichte, die Swami Turiyananda erzählt hat. In Kalkutta begegnete dieser einem jungen *sannyasin,* an dessen leuchtenden Augen man erkennen konnte, daß er eine gewisse geistige Stufe erreicht hatte. Er war sehr stolz darauf, weil er annahm, seinen Fortschritt den eigenen Bemühungen zu verdanken. Der Swami mahnte zur Bescheidenheit mit dem Hinweis, die Gnade Gottes habe alles bewirkt, doch der junge Mann beachtete den Einwand nicht. Einige Zeit später teilte er dem Swami mit, er beabsichtige, ein Krankenhaus zu bauen und sei dabei, das notwendige Geld zu sammeln. Der Swami warnte ihn: «Du solltest zuerst Gott verwirklichen, dann kannst du dein Vorhaben ausführen.» Der *sannyasin* hörte nicht auf den Rat. Dank seiner Ausstrahlung gelang es ihm, viel Geld zusammenzubringen. Bei dieser Tätigkeit lernte er eine reiche Frau kennen, die sich in ihn verliebte. Sie lockte ihn: «Ich werde dir einen hohen Betrag überlassen, wenn du mich heiratest.» Der Mann konnte der Versuchung nicht widerstehen und willigte ein. Das Paar ließ sich in Benares nieder; aus dem *sannyasin* wurde ein Haushalter. Nach einigen Jahren traf ihn der Swami auf der Straße. Der Mann fiel ihm zu Füßen und rief aus: «Ich bin zum Sklaven einer Frau geworden. Hätte ich nur auf deinen Rat gehört!» Es ist sehr schwer, das Leben eines *sannyasin* zu führen. Man muß von allem unberührt bleiben und sich ganz dem Göttlichen überantworten.

Gnade ist alles

F. Gott ist Gnade, und Er gewährt sie ohne Grund und Bedingung. Wozu dann noch *sadhana?*

P. Wenn du das wirklich erkannt hast, bist du aufgewacht. Ramdas wurde von dieser Gnade berührt; dann erst konnte er mit ihrer Hilfe ein ernsthaftes *sadhana* beginnen. *Sadhana* bereitet unendliche Freude, wenn auch andere glauben, daß man dabei leidet.

F. Ist das nicht ein Teufelskreis: Wir bedürfen der Gnade, um *sadhana* aufnehmen zu können, und wir müssen *sadhana* tun, um der Gnade teilhaftig zu werden?

P. Nein, es ist kein Teufelskreis. Mit *sadhana* kannst du dir keine Gnade verschaffen. Sie wird dir auf geheimnisvolle Weise geschenkt, wenn du noch vom weltlichen Leben in Anspruch genommen bist. Zuerst gibt sie dir Kraft zur Entsagung, dann bemühst du dich, mit ihrer Hilfe Gott zu verwirklichen. Wenn die Gnade dich sehend gemacht hat, wirst du den Weg leicht gehen können. Du leidest nicht, wenn du dein Leben Gott widmest, obwohl das anderen so scheinen mag. Eine Mutter sitzt die ganze Nacht bei ihrem kranken Kind. Man fragt: «War das nicht eine große Belastung für dich?» Sie verneint, denn sie hat ihre Aufgabe mit Freude wahrgenommen. Hätte man eine Fremde, die dem Kind nicht liebevoll zugetan ist, damit beauftragt, wäre es für sie zur anstrengenden Tätigkeit geworden. Wenn die Gnade die Liebe zu Gott in dir erweckt hat, wirst du dein *sadhana* frohen Mutes verrichten. An Gott denken gibt Freude und Stärke. Der Apostel Paulus sagt: «Wahre Liebe klagt niemals, sie schuldigt niemanden an, sie sieht keinen Fehler im Geliebten. Wahre Liebe ist immer zufrieden; sie ist immer willig, alles zu opfern und alles zu vergeben.»

Selbst der schwerste Dienst für einen geliebten Menschen bedeutet keine Last. Kann dann dein Dienst für Gott, der für dich Vater und Mutter ist, Leiden verursachen? Hast du einmal von Ramdas ein Wort der Klage gehört oder gelesen? Dazu ist seine Liebe zu Gott viel zu groß. Und wenn man hundert Leben Seinem Dienste widmete – das ist nichts im Hinblick auf das große Ziel: die Verwirklichung Gottes. Aber viele Menschen wollen nicht einmal auf das Geringste verzichten. Sie klagen: «Es ist so schwer, Opfer zu bringen. Oh, wie sehr muß ich leiden!»

F. Christus sagt: «Klopfet an, und euch wird aufgetan; suchet und ihr werdet finden!»

P. Wenn du ohne die Gnade Gottes anklopfst, klopfst du an der falschen Tür. Er ist es, der dich dazu veranlaßt anzuklopfen. Wenn Seine Gnade dich erweckt, bist du gesegnet.

Bis zu seinem 38. Lebensjahr lebte Ramdas wie jeder andere. Dann erwachte plötzlich und unerwartet die Sehnsucht nach Gott in seinem Herzen; sie brannte wie Feuer, und das Feuer brannte so lange, bis er Gott erreicht hatte. Gott hat seinem Leben eine andere Richtung gegeben. Ramdas wußte, daß er das nicht verdiente. Gewiß, er war in Bedrängnis und in Konflikte geraten, haben aber nicht andere noch größeres Leid zu tragen, ohne daß sie sich Gott zuwenden? Seine Gnade allein bewirkte die Umkehr.

Gnade und *sadhana*

F. Was hältst du von geistiger Bemühung?

P. Der Drang, sich zu bemühen, wird von Gott veranlaßt. Wir nennen das Gnade. Unsere Gemüter wenden sich Gott erst dann zu, wenn sie von einer inneren Kraft zu Ihm hingezogen werden.

F. Wenn aber jeglicher Antrieb fehlt?

P. Gott weckt diesen Antrieb, den du als Sehnsucht empfindest und der ohne Seine Kraft unwirksam bleibt. Diese Sehnsucht erhebt sich plötzlich, ohne daß wir uns darum bemüht haben. Dann bist du auf dem Weg und wirst von Ihm geführt. Du fühlst, daß nicht du, sondern Er handelt, wenn du erkennst, daß Gott diese Sehnsucht in dir erweckt hat. Dann sagst du: «Gottes Wille geschieht. Ich bin nichts.» Du handelst fortan in Seinem Auftrag.

F. Was hat *karma* mit Gnade zu tun?

P. *Karma* verliert seine Bedeutung, wenn die Gnade sich auszuwirken beginnt. *Karma* ist für die, die noch vom Ego beherrscht werden. Wer das Walten der Gnade erfahren hat, weiß, daß alles Geschehen von Gott ausgeht. Er wird zum Werkzeug in Seinen Händen. Durch Seine Kraft wirkt er in dieser Welt. Es macht ihn nicht unglücklich, daß sich *prarabdha karma* auf seinen Körper auswirkt. Nur der Unwissende leidet darunter, da er sich für den Körper hält. Wer im göttlichen Bewußtsein lebt, wird von Lob und Tadel, Erfolg und Mißerfolg, Gewinn und Verlust nicht berührt. Er kennt keine Sorgen und Beschwerden, weil er kein Ego mehr hat.

F. Wie können wir das Körperbewußtsein überwinden?

P. Indem wir Gott verwirklichen. Du mußt so lange meditieren, bis du erfährst, daß du *atman* bist. Wähle dir zur Meditation einen

Namen oder eine Form Gottes; dieser Name oder diese Form wird dich über alle *gunas* hinausführen. Man wird zu dem, an was man denkt. Darum denke unablässig an Gott, dann wirst du Ihm gleich werden!

F. Wir stecken noch voller Wünsche und alter Gewohnheiten.

P. Sie werden durch die Erinnerung an Gott und durch Seine Gnade vergehen. Du mußt nach der Wahrheit hungern! Wenn man einen Menschen zwei Tage hungern läßt, denkt er nur noch an Essen. Alles andere verliert seine Anziehungskraft. Selbst Geld bedeutet ihm nichts: «Ich kann kein Geld essen.» So groß muß dein Hunger nach Gott werden! Dein Herz muß vor Sehnsucht brennen, Tag und Nacht, dann verschwinden alle anderen Gedanken. Das nennt man wahre Hingabe.

F. Nicht jeder ist so hingabefähig.

P. Man muß ernsthaft danach streben. Denkst du unablässig an Gott, werden andere Interessen verfliegen. Wenn du von der Gnade berührt wirst, kannst du nicht mehr anders: du mußt auf dem Weg vorwärtsschreiten.

F. Welche Tätigkeit eignet sich am besten für den, der nach Gott strebt?

P. Du mußt dich Gott mit Leib und Seele anvertrauen! Er wird durch dich wirken und dich den richtigen Weg führen. Du wirst dann erfahren, welche Tätigkeit du ausüben sollst.

F. Wenn ich hier sitze, denke ich: das alles ist leicht. Bin ich dann wieder zu Hause, habe ich es wieder vergessen.

P. Du mußt dich bemühen, nicht zu vergessen! Wenn du ernsthaft darum bittest, wird Er dir zeigen, welche Tätigkeit für dich die beste ist. In ihr wirst du echtes und dauerhaftes Glück finden. Dazu mußt du dich Gott hingeben und Ihn durch dich wirken lassen! Dabei löst sich das Ego-Gefühl auf.

Nehmen wir an, einem Heiligen werden 10 000 Rupien geschenkt. Er wird sie für das Wohl der Menschheit verwenden, denn Gottes Geld dient Gott, und Gott und die Menschheit sind eins. Gott in Gestalt der Reichen gibt ihm Geld, und er schenkt es Ihm, der jetzt in Gestalt der Armen auftritt, zurück.

F. Wenn wir die Dinge im rechten Licht sehen, ist alles sehr einfach. Doch dann vergessen wir es wieder. Sind daran die *samskaras* schuld?

P. Gib nicht den *samskaras* die Schuld! Es liegt daran, daß du nicht wirklich willst. Weltliche Aufgaben bewältigst du entschlossen und zielbewußt, doch wenn du aufgefordert wirst, auf die richtige Art zu leben, berufst du dich auf Gott, der dir erst einen Anstoß geben muß, oder auf die *samskaras,* die dich behindern. Wo ein Wille ist, ist auch ein Weg.

F. Manchmal scheint sich alles gegen unsere Absicht, *sadhana* auszuüben, verschworen zu haben.

P. Das liegt nur an dir. Obwohl dir die Botschaft von deiner göttlichen Natur immer wieder verkündigt wird, bist du nicht bereit zu tun, was verlangt wird und läufst dazu noch Sinnesfreuden nach. Dein Geist ist daher ständig aufgewühlt.

F. Wie sollen wir meditieren? Ich habe bisher nur kurzzeitig meditieren können.

P. Es ist dir nicht viel geholfen, wenn du eine oder zwei Stunden meditierst, die übrige Zeit aber weltlichen Interessen nachgehst. Ramdas wünscht, daß du vierundzwanzig Stunden täglich an Gott denkst. Wenn du vorwärtskommen willst, mußt du die Freude an den üblichen Vergnügungen verlieren und dein *sadhana* sehr ernst nehmen. Folgende Gebote sind einzuhalten: bei der Wahrheit bleiben; keine Gewalt anwenden; enthaltsam leben; nicht stehlen; hilfsbereit sein. Nur dann wird der Geist allmählich ruhig. Dazu muß regelmäßiges *sadhana* kommen. Bloßes Bücherlesen genügt nicht. Du sollst, in geeigneter Sitzhaltung, versuchen, den Geist gedankenfrei zu machen, das heißt, ihm seine Existenzgrundlage zu entziehen. Dann erst kannst du *atman* verwirklichen.

Für dein *sadhana* bedarf es der Gnade; sie fließt dir durch Heilige zu. Darum gehört *sat sang* an den Anfang des Weges. Doch auch im Einflußbereich der Heiligen machen dir deine *vasanas* zu schaffen. Tiefverwurzelte Wünsche und Neigungen stehen im Weg; es kostet Mühe, sich von ihnen zu befreien. Du mußt dich von der menschlichen auf die göttliche Ebene erheben. Der Geist ist der Sitz aller Wünsche, die dich an das Niedere fesseln. Zunächst gilt es daher, seine *sattva*-Natur wiederherzustellen; dann mußt du auch über diesen Zustand hinausgelangen. Mit Hilfe der Gnade, die dir durch Gott oder durch Heilige zuteil wird, kannst du dich aus den Fesseln deiner Wünsche und Neigungen befreien; aus eigener Kraft ist das nicht möglich.

Angenommen, ein Mann ist Trinker, und seine Familie hat

darunter zu leiden. Er bedauert das und wünscht, von dem Laster loszukommen. Trotzdem wird er täglich rückfällig. Er ist zu schwach, sich aus eigener Kraft davon zu befreien. Es bleibt ihm nur übrig, eine höhere Kraft zu Hilfe zu rufen. In dieser Notlage erinnert er sich an Gott. Er macht den göttlichen Namen zum Mittelpunkt seines Lebens und gewinnt so die Kraft, seine Schwäche zu überwinden.

Du siehst: mit Einsicht und gutem Willen allein ist wenig getan. Du mußt dich an die göttliche Kraft wenden! Sei kein Sklave des Gemüts, sondern ein Sklave Gottes! Dann wirst du fähig, dich über deine Wünsche zu erheben. Der Weg zu Gott ist für Helden bestimmt, nicht für Feiglinge.

Du willst Herr deines Geistes werden. Dazu ist es nötig, am Gedanken an Gott so lange festzuhalten, bis alle anderen Gedanken versiegt sind. Dann wird auch dieser Gedanke enden – du hast den Zustand der höchsten Wirklichkeit erreicht.

Auf dem Weg zu Gott darf man nicht herumtändeln. Du spielst mit deinem Geist, befleckst dich durch niedere Gedanken und nennst dich dennoch einen Gottsucher. Lies die Lebensbeschreibungen von Heiligen! Sie haben sich mit Leib und Seele der Wahrheit verschrieben. Schlaf, Essen, Komfort jeglicher Art: das alles zählt nicht mehr. Sie fühlen sich unsäglich elend, wenn ihnen Gott auch nur einen Augenblick aus dem Sinn kommt. Auf diesem Weg gibt es keine Trödelei, keinen Kompromiß. Wie kann man sich den Vergnügungen des Lebens hingeben und zur gleichen Zeit nach Gott dürsten? Er erwartet von dir vollkommene, bedingungslose Hingabe. Wer beides haben will, Gott und den Mammon, wird gar nichts bekommen.

«Du bist mein Vater, meine Mutter, mein Verwandter, mein Wissen, mein Reichtum. Du bist alles, o mein Gott!» Darin liegt, wenn es wirklich aus dem Herzen kommt, echte Hingabe. Papageienhaftes Nachplappern hilft nichts. Werde dir bewußt, daß du nichts bist und Gott alles ist! Sieh Ihn in jedem, und diene Ihm in jedem!

F. Kann jemand, der in Familienangelegenheiten verwickelt ist, überhaupt meditieren?

P. Du weißt aus eigener Erfahrung, wie weit man in der Meditation kommt, wenn der Geist mit vielerlei beschäftigt ist. Solange man nicht über dem Geschehen steht, wird Meditation nicht erfolgreich sein.

Der Mensch verbringt viele Leben in dem Bemühen, Gott zu erreichen. Wenn er früh mit der Suche beginnt, heißt das, daß er bereits in vergangenen Leben auf dem Weg war. Es kann sein, daß ein Teil dieses Lebens ungenutzt verstreicht. Und dann plötzlich beginnt sich das *sadhana* der vorigen Leben auszuwirken: Die Anziehungskraft der Welt läßt mehr und mehr nach, und der geistige Weg wird erneut aufgenommen. Erreicht er das Ziel in diesem Leben nicht, geht die Bemühung im nächsten weiter. Doch ist es möglich, schon jetzt Gott zu verwirklichen. Wenn deine Sehnsucht nach Ihm so groß geworden ist, daß du darüber das weltliche Streben vergißt, und wenn dir bewußt wird, daß die Gnade des Guru auf dir ruht, wird es gelingen. Die *samskaras* bilden kein ernsthaftes Hindernis mehr – sie verbrennen im Feuer der Gnade.

Die Sonne scheint ununterbrochen. Wenn du deine Augen schließt und dann sagst, es sei dunkel, ist das deine eigene Schuld. Auch der Guru verströmt seine Gnade ohne Unterlaß. Er kann dich in den höchsten Zustand erheben, wenn du nur ernsthaft danach strebst.

Wie war es mit Swami Vivekananda? Sri Ramakrishna erkannte seine Reife, die Berührung genügte zur geistigen Erweckung. Als Ramdas in einem ähnlichen Zustand nach Tiruvannamalai kam, reichte ein kurzes Zusammensein mit Ramana Maharshi aus, ihm die Erleuchtung zu geben. Später hat man Ramdas darauf angesprochen: «Du bist zu Maharshi gegangen und hast Erleuchtung erfahren. Jetzt könntest du uns, die wir zu dir gekommen sind, auch dazu verhelfen.» Ramdas antwortete: «Wenn ihr in der gleichen Geistesverfassung hierherkommt, in der Ramdas vor den Maharshi getreten ist, werdet auch ihr erleuchtet werden.» Vivekananda ging in dieser Verfassung zu Ramakrishna. Als er aufgefordert wurde, um Reichtum und andere Dinge zu bitten, trat er vor Mutter Kali und bat allein um Hingabe. Vivekananda war kein gewöhnlicher Mensch – er war einzig in seiner Art.

Des Gurus Gnade kann Menschen verändern. Selbst solche, die nur kommen, um sich über ihn lustig zu machen, werden schließlich gläubig. Der Gedanke an Gott vertieft sich mehr und mehr, bis er schließlich den ganzen Menschen durchdringt. Dann werden alle Handlungen nur noch Gott zuliebe verrichtet. Du lebst weiter in der Welt wie bisher, doch dein ganzes Wesen hat sich gewandelt.

Reinheit ist nötig, um der Gnade bewußt zu werden

F. Muß *sattva* zum beständigen Zustand geworden sein, bevor man über die drei *gunas* hinausgelangen kann?

P. *Sattva* kommt und verschwindet wieder; dieser Zustand ist nicht beständig. Du mußt dich bemühen, nicht in *rajas* oder *tamas* zurückzufallen. Wenn du über die drei *gunas* hinausgelangst, gibt es keinen Rückfall mehr.

Der Weg führt von *tamas* über *rajas* zu *sattva*. Im *sattva*-Zustand wird der Geist rein. Das kommt durch Hingabe an Gott und selbstloses Dienen zustande. Reinheit des Geistes allein genügt nicht; die Gnade des Guru muß hinzukommen. Der reine Geist ist für die Gnade empfänglich; jetzt fallen die Worte des Guru auf fruchtbaren Boden. Du hörst sie, denkst darüber nach und behältst sie ständig im Sinn. So wird die Unwissenheit beseitigt, und du erkennst, wer du in Wirklichkeit bist.

Sehr oft kann die Gnade des Guru nicht wirken, weil der oder die Betreffende nicht vorbereitet ist: der Geist ist noch nicht geläutert.

Reinheit des Geistes heißt frei sein von Gier, Habsucht und Zorn. Ein Wutanfall ist eine teuflische Angelegenheit. Dazu ein Beispiel aus Ramdas' Leben. Wenige Tage vor seiner endgültigen Weltentsagung war Ramdas in seinem Zimmer mit der Wiederholung des Namens Gottes beschäftigt. Da kam seine Frau herein und begann, ihm Vorwürfe zu machen: er würde seine religiösen Bemühungen übertreiben; er müßte sich daher umstellen und sein altes Leben wieder aufnehmen. Ein volles Jahr lang hatte er sich ähnliche Vorhaltungen angehört und war ruhig geblieben, aber jetzt verlor er seine Beherrschung. Die Wut stieg in ihm hoch, und er fühlte sich von ihr überwältigt. Wortlos brach er zusammen, wälzte sich auf dem Boden und schrie auf in höchstem Seelenschmerz. Dann wurde er plötzlich still. Der teuflische Zorn hatte ihn verlassen und kehrte nie mehr zurück.

Was ihn in Zukunft an Spott, Hohn oder Tadel traf, prallte an ihm ab, als ob es nicht für ihn bestimmt gewesen wäre. Ramdas denkt hier an Buddha, der einen Mann auf dessen beleidigende Worte hin ruhig lächelnd fragte: «Angenommen, du bietest mir eine Mango an, aber ich nehme sie nicht. Wo bleibt dann die Mango?» «Ich behalte sie», antwortete der Mann. «Dann habe ich deine Beleidigung nicht angenommen», sagte Buddha. Der Mann verstand, fiel Buddha zu Füßen und bat ihn um Verzeihung. Gier, Habsucht und Zorn zu überwinden, das ist wahres Heldentum.

Atmans Gnade und Gurus Gnade

P. Bevor die Gnade des Guru wirken kann, muß die Gnade *atmans* da sein. Brennende Sehnsucht nach Gott schafft Abstand zu den Dingen der Welt. Nun kommt die Entwicklung mit Hilfe der Gnade des Guru schnell voran. Sogar *sadhana* wird dann freudig ausgeführt. Man möchte nur noch an Gott denken. Das könnt ihr aus dem Leben von Ramdas ersehen. Eines Abends empfing er die göttliche Weisung, vom nächsten Tag an keine Nahrung mehr zu sich zu nehmen. Wie lange das dauern sollte, wußte er nicht. Ramdas kündigte seinen Freunden das Fasten an, als handele es sich um eine Festlichkeit. Frohgemut kam er dem Befehl nach, und frohgemut war er die ganze Zeit über. Auch als sein Körper schwächer wurde, blieb er vollkommen heiter und gelassen. Heiterkeit war nicht nur das charakteristische Merkmal jener Tage – sie ist es bis heute geblieben.

F. Vermag uns der Guru zu sagen, ob wir Fortschritte erzielen oder nicht?

P. Er kann es, aber er tut es nicht. Wenn er dem Schüler sagt, er sei fortgeschritten, wird dieser stolz, sagt er ihm, er sei nicht weitergekommen, ist der Schüler niedergeschlagen. Beides behindert den Fortschritt. Vor allem wird der Guru ihn niemals loben; das würde sich sicherlich zum Schaden des Schülers auswirken. Seine Aufgabe ist es, diesen immer wieder zu korrigieren und zu ermuntern.

F. Kannst du uns das System der Meditation aufzeigen?

P. Ramdas kennt kein Meditationssystem. Er folgte dem Weg des Ramnam und gelangte so zur Erfahrung Gottes. Die Kraft des

Mantra ließ das Ego hinwegschmelzen. Einer Meditation im engeren Sinne bedurfte es nicht.

F. Kann uns Papa die Kraft geben, damit wir den Namen intensiv und unablässig wiederholen können?

P. Die Leute möchten immer, daß alles für sie getan wird. Darum kommen sie nicht vorwärts. Eigenbemühung ist nötig, dann hilft der Guru weiter. Ramakrishna war völlig in der Betrachtung des Bildnisses der Göttin Kali aufgegangen; sein Geist hatte sich nach innen gewandt. Das brachte ihm die Gottverwirklichung. Von außen kannst du nur wenig Hilfe für dein Ringen erwarten. Die Heiligen lehren: «Gott ist in dir. Richte deine Aufmerksamkeit nach innen und finde Ihn dort!»

Die Sammlung auf den Guru in seiner körperlichen Gestalt soll, ebenso wie die Sammlung auf das Mantra, helfen, die Aufmerksamkeit von den Dingen der Welt abzuziehen und den Geist nach und nach im Unpersönlichen aufgehen zu lassen. Doch sollte man nicht auf die Dauer an der äußeren Form des Guru festhalten. Allerdings: solange das Dualitätsdenken anhält, ist die Verehrung von Formen sinnvoll. Wenn du von der Illusion der Dualität frei bist, verschwinden alle Formen, und der Weg ist frei zur Verwirklichung des *atman*.

F. Wir wissen, daß Gott in uns wohnt; trotzdem vergessen wir immer wieder, das Mantra zu wiederholen.

P. Wiederhole den Namen ohne Unterlaß, und bleibe unberührt vom weltlichen Treiben! Wenn du deinem Geist erlaubst, sich nach außen zu wenden, beginnt er umherzuschweifen und sich in vielerlei zu verstricken. Dann wirst du den Namen nur noch mechanisch wiederholen können. Doch läßt sich der Geist leicht wieder nach innen richten, wenn du Gott in allem siehst oder dir Seiner ständigen Gegenwart bewußt bleibst.

9. Kapitel

Sadhana

Über Körper und Geist hinausgelangen

F. Gestern morgen hast du über Gott als dynamischen und statischen Beobachter gesprochen. Ich versuche den ganzen Tag über Beobachter des Geschehens zu sein. Handle ich damit richtig?

P. Löse deine Bindungen zu allem, was geschieht, und beschränke dich darauf, es zu beobachten, dann wirst du diese Rolle als die dir gemäße erkennen und erfahren, daß du nicht der Körper bist. Dein Körperbewußtsein wandelt sich zum Beobachterbewußtsein. Am leichtesten läßt sich das bei der Meditation praktizieren; im alltäglichen Leben ist es schwierig, dieses Bewußtsein beizubehalten. Sitze ruhig und beobachte das Wirken des Geistes! Der Beobachter ist dein wahres Ich – das unsterbliche Selbst.

Wenn der Geist Schwierigkeiten hat, sagst du: «Ich habe Schwierigkeiten». Du identifizierst dich also mit ihm. Durch unablässige Beobachtung der geistigen Vorgänge gewinnst du Abstand, und schließlich löst sich der Geist auf. Jetzt erhebst du dich über das Körperbewußtsein und gelangst in einen Zustand der Glückseligkeit, der unabhängig von äußeren Bedingungen und Veränderungen für immer anhält. Es gibt niedere Stufen, auf denen der Geist verschwunden zu sein scheint. Er lebt jedoch im Unterbewußtsein weiter und taucht irgendwann wieder auf. Dann hat man die wahre Erkenntnis noch nicht erreicht. Auch über diesen Zwischenzustand, in dem noch *gunas* vorhanden sind, muß man hinausgelangen.

Die universelle Kraft wirkt in dir

F. Wenn ich Gott und meine geistigen Ziele vergessen habe, kommt es mir vor, als ob alles, was ich spreche oder tue, ganz mechanisch vor sich ginge. Nur wenn ich an Gott denke, habe ich das Gefühl zu sprechen und zu handeln. Ich weiß nicht, ob ich mich verständlich ausdrücke.

P. Solange du dich an Gott erinnerst, ist das Ego abwesend, und trotzdem gehen die Handlungen weiter. Wenn du nach dem Handelnden suchst, wirst du ihn nicht finden; die universelle Kraft wirkt in dir. In diesem Zustand fühlst du dich erhoben.

Ramdas erinnert sich an ein Erlebnis, das viele Jahre zurückliegt. Er ging durch die Straßen, hatte jedoch das Gefühl, daß sich nur sein Körper bewege, er selbst aber seinen Standort nicht wechsele. Er empfand, daß er alles durchdringe, daß er unveränderlich, namen- und formlos sei. Das war eine seltsame Erfahrung. Bis dahin glaubte er in seiner Unwissenheit, er sei der Handelnde, doch jetzt war ihm klargeworden, daß das Göttliche in ihm und durch ihn wirkt. Er hatte auch erkannt, daß in jedem einzelnen auf dieser Welt die gleiche Kraft am Werk ist. Dieses Wissen macht ihn glücklich. Solange das Ego noch vorhanden ist, bist du niemals sicher, daß du richtig handelst. Manches findest du gut und manches schlecht. Was dagegen im egolosen Zustand geschieht, ist immer gut. Deshalb fordert man von dir, dich ganz in Seine Hände zu geben, damit Er in dir und durch dich wirken kann. Als Sein Werkzeug wirst du dann Licht, Frieden und Liebe ausstrahlen – zum Segen aller.

Vom richtigen Beten

F. Sollte man zu Gott beten, damit Er uns die täglichen Sünden vergibt?

P. Es gibt Geschäftsleute, die den ganzen Tag über Lügen erzählen und dann am Abend einen Paisa für Tirupati Venkataramana spenden, damit ihnen ihre Sünden vergeben werden. Am nächsten Tag fahren sie fort zu lügen. Was soll das für einen Wert haben? Auch ein Gebet um Vergebung ist nur dann sinnvoll, wenn wir danach nicht mehr sündigen.

F. Vielleicht tun wir manchmal Unrecht, ohne es zu wissen?

P. Nein. Wir sind keine Kinder und wissen genau, wann wir recht oder unrecht tun. Zu diesem Zweck wurde uns das Unterscheidungsvermögen gegeben. Sollten wir trotzdem einmal unwissentlich unrecht handeln, wird Gott uns vergeben. Aber unser Gewissen warnt uns vorher. Beachten wir die Warnung nicht, müssen wir die Folgen tragen.

F. Sollen wir Gott bitten, unsere Wünsche zu erfüllen?

P. Bitte um nichts, außer um Liebe zu Ihm. Wer Gott verehrt, steht immer unter Seinem Schutz. Du brauchst nicht um das zu bitten, was du nötig hast. Gott kennt unsere Bedürfnisse und sorgt für uns; deshalb wird Er auch Vorsehung genannt.

F. Wenn man Gott um etwas bittet, steht man noch auf dem Boden der Dualität.

P. Indem man über die Dualität hinausgelangt, kommt man in den höchsten Zustand. Gib dich Gott ganz hin, mache Ihn zu deinem ein und alles! Bitte Ihn nicht um dies oder das! Denke bei allem Handeln daran, daß du Seinen Willen vollziehst! Wenn die Vorstellung, von Gott getrennt zu sein, gewichen ist, wird alles, was du tust, gut. Du führst ein makelloses Leben, weil Er in dir und durch dich wirkt. Falsches Handeln entspringt der Vorstellung des Getrenntseins von Gott.

Ein selbstsüchtiges Leben ist ein sündhaftes Leben. Wenn es so etwas wie Sünde gibt, dann nur infolge des Egos. Laß das Beispiel von Heiligen, die auch Familienväter sind, auf dich wirken! Sie führen ein makelloses, einfaches Leben und bleiben dabei ständig in Gott versunken. Er sorgt für sie.

Wie verhalten wir uns? Nicht selten kommt es vor, daß wir dem Mitmenschen den Brocken aus dem Mund nehmen, um ihn selber zu essen. Wir sollen ehrlich und aufrichtig sein und unseren Lebensunterhalt auf einwandfreie Weise verdienen. Warum können wir uns nicht mit dem zufriedengeben, was wir mit lauterem Herzen erworben haben, auch dann, wenn es nur wenig sein sollte? Doch die Habsucht läßt uns nicht ruhen, wir wollen mehr. Der Mensch gibt sich mit einfachen Dingen in der Regel nicht zufrieden.

Ramnam schenkt uns Frieden, wenn wir es wiederholen, ohne daß Wünsche dabei mitschwingen. Doch viele gebrauchen Ramnam, um zu Reichtum, Kindern oder Annehmlichkeiten aller Art zu kommen. Soviel sie auch besitzen mögen, sie bleiben doch unzufrieden. Viele bitten Ramdas um seinen Segen, und er spendet ihn, ganz gleich, für was sie ihn wünschen. Ein Schüler bat ihn einmal um seinen Segen für irgendein Unternehmen. Dreimal schrieb er in derselben Angelegenheit, und dreimal erteilte ihm Ramdas seinen Segen. Dann schrieb er noch einen vierten, sehr knappen Brief: «Papa, Segen, Segen, Segen – und doch hat sich nichts getan.»

F. Am besten ist es wohl, in Ruhe abzuwarten, was kommt.

P. Ja. Wisse: alles, was Gott für dich tut, geschieht zu deinem Besten. Bleibe still – ohne zu bitten! Dann bist du in Seiner Obhut und hast nichts zu fürchten. Er wird dafür sorgen, daß dir alles zukommt, was du benötigst.

Bewußtwerdung durch Erinnerung Gottes

F. Laß uns deine Gegenwart empfinden, wann immer wir an dich denken!

P. Wenn du weißt, daß Er stets gegenwärtig ist, fühlst du Seine Gegenwart im selben Moment, in dem du dich Seiner entsinnst. Erinnerung, *darshan,* Hingabe bedeuten dasselbe. Wichtig ist, daß du Seiner mit Liebe und Ehrfurcht gedenkst.

Ist das Ego verschwunden, gibt es nur noch Gott für dich, nichts als Gott. Die höchste geistige Erfahrung wird dir zuteil, und du bist erfüllt von reiner Glückseligkeit.

Rückkehr zum Körperbewußtsein bedeutet Trennung vom Geliebten; denn du kannst Seine Gegenwart nur spüren, wenn du über das Körperbewußtsein hinausgelangst. Gott ist immer mit dir, doch du bist dir dessen nicht bewußt. Dieses Bewußtwerden kommt durch das Denken an Ihn zustande; es entwickelt sich weiter zum Einswerden mit Ihm. Am Ende erkennst du, daß du dein eigenes Selbst gesucht hast. Zuerst mußt du jedoch die Vorstellung aufgeben, du wärst der vergängliche Körper. Als Ramdas die Erfahrung der Ewigkeit geschenkt worden war, fühlte er, daß auch die Hingabe von tausend Leben kein nennenswertes Opfer ist, wenn es um die Erlangung dieser Erfahrung geht.

Es heißt, man solle auf etwas, was einem besonders lieb ist, verzichten, wenn man eine heilige Stätte besucht. Ramdas fragte einen Pilger: «Was hast du aufgegeben, als du in Kashi warst?» Seine Antwort: «Ich habe es aufgegeben, Kokosmilch zu trinken. Das werde ich nie mehr tun.» Kann man das Entsagung nennen?

F. Ohne die Gnade des Guru sind wir nicht fähig zu entsagen.

P. Es hat keinen Sinn, auf die Gnade des Guru zu warten. Sie ist immer da. Doch um das zu erfahren, mußt du dich bemühen. Spanne dein Ego vor den Pflug, laß es schuften, bis es müde wird und sagt: «O Gott, ich bin nichts, Du bist alles.» Wenn du einsiehst, daß du hilflos bist, ist der Helfer nahe.

F. Man sagt, es sei nicht gut, mit gefalteten Händen dazusitzen, ohne etwas zu tun.

P. Ja, das nennt man Faulheit. Wer jedoch in Gott versunken dasitzt, bleibt im höchsten Grade aktiv. Er ist hellwach und aufmerksam. Im gedankenfreien Zustand wirst du zu einer mächtigen Kraftquelle. Obwohl du äußerlich gesehen untätig bist, gehen Wellen des Friedens von dir aus und verbreiten sich über die ganze Welt. Und doch hält man solche Menschen häufig für eine Belastung der Gesellschaft! Unsere Rishis waren alles andere als Müßiggänger; sie verfügten über gewaltige Kräfte. Wenn aber jemand bloß dasitzt und in seinem Geist herrscht ein wildes Durcheinander, dann darf man ihn allerdings einen Nichtstuer nennen.

Bleibe in Gott versunken, und achte auf die Kraft, die sich in dir entwickelt! Feine Wellen gehen von dir aus; sie können die Herzen von Menschen wandeln, die tausend Meilen von hier entfernt leben. Zum Beispiel: Ein Mann mit hitzigem Temperament wird von einer solchen Welle erreicht. Sie macht ihn sanft und ruhig. Niemand weiß, wie das geschehen konnte. Es handelt sich dabei um spirituelle Wellen; sie sind viel feiner als Radiowellen.

Als Vinobaji hier war, führten wir ihn in den Raum, wo die vielen Bücher und Hefte lagern, die mit Ramnam vollgeschrieben sind. Er freute sich sehr, sie sehen zu dürfen, und bemerkte: «Sie sind stärker als Atombomben.» Die ganze Herrlichkeit *atmans* ist in dir; sie offenbart sich durch das Singen von Ramnam.

Verehre Gott innerlich!

F. Wann sollen wir damit aufhören, Gott außerhalb von uns zu verehren?

P. Ein Freund beklagte sich bei Ramdas: «Obwohl ich seit dreißig Jahren Gott mit *puja* und anderen Verrichtungen diene, ist mein Geist noch nicht frei von *vasanas*.» Ramdas riet ihm: «Höre mit der äußeren *puja* auf und beginne, Gott innerlich zu verehren!» Für den Freund kam dieser Hinweis zur rechten Zeit; er befolgte den Rat. Schon viel früher hatte ihn Ramdas aufgefordert, Ramnam zu wiederholen, aber es fehlte ihm noch an Vertrauen. Die Welt hatte für ihn bereits ihre Anziehungskraft verloren; lediglich seine *puja* verband ihn noch mit ihr. Als er auch das aufgab, fand er zum Frieden.

Ramakrishnas Gottesdienst bestand anfänglich in der Verehrung Kalis. Erst später beschritt er den Weg nach innen. Es ist für jedermann besser, Gott im eigenen Herzen zu verehren statt in Bildern, Statuen oder anderen Symbolen.

Doch auch *puja* hat seine Bedeutung. Du verehrst dabei im Symbol den dir innewohnenden *atman*. Wenn dir das klar wird, gibst du die äußere Verehrung auf und richtest deine gesammelte Aufmerksamkeit dorthin, wo Er dir am nächsten ist: ins Innere.

Kabir gehört zu denen, die Gott von Anfang an in ihrem Inneren verehrten. Eines Tages kam ein *sadhu* zu ihm, der *manasa puja* praktizierte. Das ist eine *puja,* bei der alle äußeren Verrichtungen innerlich vollzogen werden. Man kann dabei zum Beispiel die Gottheit in prächtige Kleider hüllen und mit kostbarem Schmuck überhäufen. Der *sadhu* wollte in seiner Versenkung der Gottheit eine aus wertvollen Steinen zusammengesetzte Halskette anlegen, indem er sie ihr über den Kopf zu ziehen versuchte. Das gelang ihm nicht, weil die Kette nicht groß genug war. Kabir sah, wie er sich vergebens mühte, und riet ihm: «Warum öffnest du nicht den Verschluß und legst die Kette um den Hals?» Der *sadhu,* der den Verschluß nicht gesehen hatte, war dankbar für den Hinweis. Eine solche innerlich vollzogene *puja* ist der äußeren überlegen, doch schließlich muß auch sie aufgegeben werden. Das Ziel muß sein, *atman* zu verwirklichen. Je eher du damit beginnst, um so besser.

Ananda (Seligkeit)

P. Die Wiederholung des Namens Gottes sollte nicht allein Sache des Geistes oder einzelner Körperteile sein. Jede Zelle deines Körpers muß daran teilhaben und vor freudiger Erregung vibrieren. Ramnam ist ein Heilmittel, das uns *ananda* bereitet hat. Es durchdringt den ganzen Körper und wandelt ihn um in eine Verkörperung *anandas.* Was hat Ramnam aus Ramdas gemacht! Gott hat ihn fünf oder sechs Jahre lang einen strengen Weg geführt, der in *ananda* mündete, dem Meer der Glückseligkeit. Ramdas wurde zum Gott-Besessenen. An den Tagen, an denen er sich daran erinnert, kann jeder von ihm haben, was er wünscht. Wenn Ramdas sagt «Nimm es», dann wird es der Bittende bekommen. Ein Mißerfolg ist ausgeschlossen.

F. Ich habe einen solchen Wunsch: Papa soll wieder vollständig gesund werden!

P. Was soll denn geschehen? Er ist doch in Ordnung. Schmerz stellt nur eine Form von *ananda* dar. Nenne es Schmerz, Fieber, Leberkrankheit – alles sind Formen des Göttlichen. Gibt es da noch die Frage nach Gesundheit oder Krankheit oder nach irgend etwas anderem?

Lebe in der Gegenwart!

F. Könntest du bitte erklären, was *karma* bedeutet?

P. Um *karma* brauchen wir uns nicht zu kümmern. Laß uns Vergangenheit und Zukunft vergessen und allein in der Gegenwart im Gedenken an Gott leben! Alles andere besteht nur in unserer Einbildung. Vergangenheit und Zukunft haben niemals existiert, und es wird sie in alle Ewigkeit nicht geben. Wir müssen über Begriffe wie Zeit und Raum hinauswachsen und dürfen uns nicht an ihnen aufhalten. Sie verwirren uns nur. Die Verwirklichung des Selbst ist das einzige Ziel des Lebens.

F. Man sagt, Gott zeige sich in mancherlei Formen, wenn sich das Herzzentrum öffnet.

P. Einigen werden solche Erfahrungen zuteil, während andere das formlose Selbst erleben und dann die Welt als dessen Manifestation erschauen.

F. Ich spüre eine Vibration. Es ist, als ob leichte Stromstöße meinen Körper träfen oder als ob ein starker Luftzug ihn umwehte.

P. Wann geschieht das?

F. Manchmal beim Beten und manchmal ohne erkennbaren Anlaß.

P. Ist das Empfinden angenehm oder unangenehm?

F. Es ist sehr stark, aber nicht unangenehm. Ich fühle mich dabei völlig hilflos.

P. Wann ist es zum erstenmal aufgetreten?

F. Vor knapp zwei Jahren.

P. Wichtig ist nur, daß du dadurch geläutert wirst. Sonst handelt es sich um nervöse Spannungen, die zu einem Nervenzusammenbruch führen können, wie es bei *pranayama*-Übungen oft vorkommt. Die Nerven werden erregt statt entspannt. Bei der Meditation muß man aufrecht sitzen und doch entspannt bleiben. Dann wirst du ruhiger und gelassener.

F. Kann man innerlich den Klang des göttlichen Namens hören?

P. Man spricht vom inneren Gebet. Das Denken an Gott geht dabei wie von selbst vor sich und reißt nicht mehr ab. Diese Fähigkeit wird nur nach langer Übung erreicht. Doch auch normales Beten bereitet dir Freude. Der Geist wird ganz davon in Anspruch genommen und möchte nicht mehr abschweifen. Er nimmt die Süße des Namens in sich auf und wird völlig von ihm absorbiert. Singe den Namen, und erlebe, wie glückselig du wirst!

F. Wenn ich im Büro sitze, fühle ich mich manchmal veranlaßt, auch wenn die Arbeit noch so drängt, die Augen zu schließen und mich in den göttlichen Namen zu versenken.

P. Deine Arbeit wird dadurch nicht gestört. Im Gegenteil. Ein friedvoller, gesammelter Geist ist überaus hilfreich. Das Denken an das Göttliche sollte auch während der Tätigkeit andauern. Wenn das Gewahrsein des Selbst erst einmal fest begründet ist, wirst du zur gleichen Zeit aktiv und still sein können.

Reinheit des Geistes

F. Wie läutert man den Geist?

P. Indem man den Namen singt. Wessen Name? Deinen eigenen, denn du bist Gott! Diese Tatsache muß dir bewußt werden! Übrigens: Unreinheit ist Unwissenheit. Sie wird durch Wiederholung des Namens beseitigt.

F. Was geschieht, wenn der Geist rein geworden ist?

P. Tukaram sagt: «Wenn dein Geist rein ist, wird dir dein Feind zum Freund.» Dann erkennst du, daß du das Selbst bist und machst keine Unterschiede mehr.

F. Selbst im reinen *sattva*-Zustand steigen manchmal noch unreine Gedanken auf.

P. Ja, wenn du dich dem *rajas*-Zustand näherst.

F. Auch wenn man sein *sadhana* verrichtet, kommen hin und wieder üble Gedanken.

P. Das hängt von der Nahrung oder der Umgebung ab, meistens aber von den Menschen, mit denen du verkehrst. Wenn du mit Heiligen zusammen bist, bleibt dein Geist ruhig, in schlechter Gesellschaft dagegen wird dein Friede gestört. Deshalb bemühen wir uns, Kinder von schlechten Menschen fernzuhalten. Da gibt es die Geschichte von den zwei Papageien. Der eine gehörte einem Heiligen, der andere einem Räuber. Während der erstere jeden Besucher mit «Herein, herein!» begrüßte, schrie der andere bei der gleichen Gelegenheit: «Schlag ihn tot! Schlag ihn tot!»

Aber auch im Geiste kannst du die Gesellschaft reiner Seelen wie Buddha, Christus oder Krishna aufsuchen. Sofort wird dein Gemüt ruhig. Schon viele Leute haben gesagt, daß sie sich in einer elenden Stimmung nur an das lächelnde Gesicht von Ramdas zu erinnern brauchen, um wieder zum Frieden zu finden. Ramdas hat sich zu Beginn seines Weges in ähnlichen Situationen das Antlitz Buddhas vor Augen geführt und wurde dann augenblicklich frei von schlechten Gedanken.

F. Wo kamen die schlechten Gedanken bei Papa her?

P. Er befand sich in vielerlei Gesellschaft. Zwar wiederholte er den Namen unablässig, doch schon ein geringes Nachlassen der Aufmerksamkeit genügt, um den Geist unruhig zu machen. Das geschah allerdings selten. Ramdas begab sich dann in die Einsamkeit und meditierte über Buddha oder Christus, worauf alle schlechten Gedanken im Nu verschwanden.

F. Woran erkennen wir Leute, die unseren Geistesfrieden stören?

P. Durch Erfahrung. Beim Zusammentreffen mit bestimmten Menschen gerät der Geist, obwohl er sich in friedvollem Zustand befindet, plötzlich aus dem Gleichgewicht. Dann weißt du, mit wem du es zu tun hast. Es ist sehr schwer für Menschen, die im täglichen Leben stehen, Reinheit des Geistes zu bewahren. Beten und Denken an Gott wird ihnen jedoch dabei helfen. Sie müssen Gott vertrauen und sich Ihm hingeben! Dann wird Er sich um sie kümmern, wie eine Mutter sich um ihre Kinder kümmert. Rufe nach Gott, und öffne Ihm dein Herz! Gouranga schlug mit dem Kopf gegen den Boden, weil er es nicht ertragen konnte, wenn er schlechte Gedanken hatte. Gott erbarmte sich seiner und gab ihm die Ruhe zurück.

Wenn du über die *gunas* hinausgelangt bist, ist die Gefahr eines Rückfalls ausgeschlossen. Dann bist du eine vollkommene Seele, ein *siddha*. Der Gärtner schützt die kleine Pflanze durch eine Umzäunung davor, von den Rindern gefressen zu werden. Wenn aus ihr ein großer Baum geworden ist, suchen die Rinder in seinem Schatten Schutz vor der Sonne. Ähnlich ist es bei dir. Wenn du *atman* verwirklicht hast, kann dir niemand mehr schaden. Wer zu dir kommt, um zu spotten, bleibt, um zu beten.

Pilgerschaft

F. Viele Leute besuchen als Pilger heilige Stätten. Was hält Papa davon?

P. Zwei gutbefreundete Männer unternahmen gemeinsam eine Pilgerfahrt. Als sie zurückkehrten, waren sie zu bitteren Feinden geworden. In einem anderen Fall wurde ein Pilger von einem Bahnbediensteten um fünf Rupien betrogen. Er erregte sich sehr und fluchte über den Schaffner. Auch nach seiner Heimkehr fuhr er fort, auf ihn zu schimpfen. Vor der Pilgerreise war der Mann nicht so verbittert wie nachher. Das war das Ergebnis. Solche Fälle sind nicht selten.

Der Geist des Pilgers wird dann geläutert, wenn ihm Heilige ihr *darshan* gewähren. Es kommt auch darauf an, wie man reist. Früher ging man zu Fuß und nahm Mühen und Entbehrungen auf sich. Das wirkte sich sehr segensreich aus.

F. Es kommt wohl darauf an, in welchem Geist man auf Pilgerfahrt geht.

P. Manche brechen mit guten Absichten auf und kehren in schlechter Gemütsverfassung zurück. Sie alle wollen etwas erreichen, etwas gewinnen. Wer will wirklich Gott? Du wirst unter einer Million Menschen kaum einen finden, der ernsthaft nach Ihm sucht.

Entwicklungsstufen

F. Läßt sich beim geistigen Wachstum von verschiedenen Stadien sprechen?

P. Man sagt, es gebe sieben Stufen. Ramdas konnte sich nicht damit befassen. Schnell und unaufhaltsam stürmte er dem Ziel entgegen. Er dachte nur an Gott und war besessen von Seinem Namen. Darüber blieb ihm keine Zeit, die Stadien seines Fortschritts zu beobachten.

Die vier Lebensabschnitte *(asramas)*

F. Kannst du mir sagen, in welchem der vier Lebensabschnitte man am besten zu Gotteserkenntnis gelangt?

P. Wenn das Verlangen danach stark genug ist, wirst du in jedem der vier Stadien – als *brahmachari* (junger Mensch im ersten Lebensabschnitt), als *grihastha* (Familienvater oder -mutter), als *vanaprastha* (Einsiedler nach Erledigung der familiären Pflichten) oder als *sannyasin* – dein Ziel erreichen.

F. Man braucht sich also nicht in die Wälder zurückzuziehen?

P. Gott ist überall: im Dschungel, im Dorf, in der Stadt, im Geschäft und im Haus. Er ist mit uns und in uns. Wir sind Er.

F. Manche entsagen der Welt und leben als *sannyasins*.

P. Damit setzen sie sich vielen Risiken und Gefahren aus. Im Familienleben führst du den Kampf wie von einer Festung aus, als *sannyasin* mußt du die Schlacht im offenen Feld schlagen. Familienleben ist kein Hindernis auf dem Weg. Es gibt jedoch Menschen wie Swami Vivekananda, die eine besondere Mission zu erfüllen haben. Sie werden *sannyasins*, um die Menschen besser lehren zu können. Das gilt jedoch nicht für alle. Was jedermann braucht, ist das ernsthafte Verlangen nach Gott. Krishna zog *karma*-Yoga dem *sannyasa* vor. Dabei werden alle Handlungen Gott zugeeignet.

F. Was ist darunter genau zu verstehen?

P. Du fühlst, daß du aus eigener Kraft nichts bewirkst, daß du Sein Werkzeug bist. Alles geschieht nach Seinem Willen und durch Seine Kraft. Eknath Maharaj war Familienvater und überantwortete alles Gott: seine Frau, seinen Sohn, sein Haus. Schließlich sah er in allem nur noch Ihn. Er lebte inmitten der Welt und blieb doch unberührt von ihrem Treiben.

Das Wichtigste ist die innere Entsagung. Obwohl du mit vielen verkehrst, weißt du: es gibt nur Einen. Ein Wort Emersons, des berühmten Philosophen, lautet: «Groß ist, wer sich inmitten der Menge der Einsamkeit erfreut.» Sri Aurobindo sagt: «Man kann aus dem, was ein Mensch sagt oder tut, nicht erkennen, ob er Gott verwirklicht hat. Dazu muß man sein ganzes Sein ins Auge fassen.»

F. Nur *jnanis* können *jnanis* erkennen.

P. Selbst ihnen ist es nicht immer möglich, weil es für sie keine Dualität gibt und sie daher nicht differenzieren. Wie willst du vom Aussehen eines *jnani* auf seinen inneren Zustand schließen? Du wirst ihn niemals kennen. Ein Spruch lautet: «Einer, der über alles Persönliche hinausgewachsen ist – wie sollen wir ihn erkennen?»

Starkes Verlangen

F. Was ist deine Meinung von J. Krishnamurti?

P. Ramdas hält sich nicht für befugt, über Heilige zu urteilen. Er mag sich nur vor ihnen verneigen.

F. Was lehrt Krishnamurti?

P. Er meinte, man brauche keinen Guru. Viele Gottsucher werden seiner Ansicht nach in ihrer geistigen Entwicklung gehemmt, weil sie sich an einen Guru hängen.

F. Aber er selbst tritt doch auch als Guru auf.

P. Nein, er hat niemals gesagt, er sei ein Guru. Es kümmert ihn nicht, ob die Zuhörer seinen Lehren zustimmen oder ob sie sie verwerfen. Wenn ihr ein paar Tage seinen Vorträgen lauscht, ist euer Glaube in den Guru erschüttert.

Eine Frau fuhr nach Pandharpur, um einen berühmten Heiligen zu hören. Im Verlauf seines Vortrags sagte dieser: «Ramnam ist nutzlos, ihr müßt den Namen Vithoba in den Mittelpunkt eures *sadhana* stellen!» Diese Äußerung brachte die Frau völlig durcheinander. In größter Verwirrung kam sie hierher und jammerte: «Ich kann weder essen noch schlafen, weil ich kein Vertrauen mehr in Ramnam habe.» Ramdas sagte zu ihr: «Ramnam ist gut. Verliere nicht den Glauben daran, sonst gerätst du in Schwierigkeiten! Wir wissen nicht, in welchem Zusammenhang der Heilige so gesprochen hat.» Nach einigen Tagen verließ uns die Frau; es ist uns nicht bekannt, wie es ihr weiter ergangen ist.

Das hat man davon, wenn man auf viele hört. Der eine gibt dir Vertrauen, der andere macht es wieder zunichte. Das muß dich verwirren. Jeder sollte daher *den* Weg wählen, der für ihn geeignet ist, und ihn dann nicht mehr verlassen.

Ramdas ist manchmal sehr streng. Er rügt euch, weil ihr euren Weg zu leicht nehmt. Ihr flattert umher wie Schmetterlinge.

F. Allen, die hier sind, ist es ernst mit der Gott-Verwirklichung.

P. Dann solltet ihr ernst nehmen, was Ramdas lehrt. Warum kommt ihr sonst zu diesem Ashram? Ihr sagt «Papa, Papa» und hängt euch an seine Person. Er ist in euch. Darum müßt ihr nach innen blicken! Das wurde auch Mataji geraten. Sie hatte sich von der Welt abgewandt; ihr Geist streifte nicht mehr umher. «Bleibe nicht an der Person hängen!» mahnte Ramdas. Sie befolgte diesen Rat sofort und wandte sich entschlossen nach innen.

Ihr aber kommt hierher und fahrt fort, an die Welt zu denken. Ihr plant und plant und plant. Wie wollt ihr da meditieren? Einige von euch sind schon viele Jahre hier, das heißt, ihre Körper sind hier, doch ihre Gemüter sind draußen geblieben. Meditieren verlangt die ganze Aufmerksamkeit. Wie könnt ihr euch sammeln, wenn der Geist woanders weilt oder an Ramdas' Körper hängt? Nur Einzieligkeit führt zur Wahrheit. Diese Bedingung ist unerläßlich.

Ihr dürft nur ein Ziel haben: Gott-Verwirklichung. Alles Trödeln und Tändeln ist von Übel. Viele Leute fassen den geistigen Weg als bloßes Hobby auf. Wenn es dir wirklich ernst ist, darfst du keine Minute vergeuden. Wieviel Zeit geht allein durch unnütze Gespräche verloren! Auch Lesen genügt nicht. Ihr lest die Bibel oder die Gita. Gut. Aber wenn sie euch den Weg gewiesen haben, müßt ihr die Bücher zur Seite legen und nur noch meditieren oder auf andere Art Gott im Sinn behalten, damit euer Geist nicht umherwandert.

F. Papas Methode ist die Wiederholung des Namens.

P. Wiederholung um des Erinnerns willen. Sich ständig an Gott erinnern, das ist die Hauptsache. Ramdas ging diesen Weg bis zum Ziel. Jetzt rät er anderen, es genauso zu machen. Wem dieser Weg nicht paßt, der sollte zu denen gehen, die andere Methoden lehren.

F. Einer Frau ist es nicht möglich, als *sannyasini* außerhalb eines Ashrams zu leben. Die Frage der Verpflegung allein wäre schon schwierig zu lösen.

P. Ram wird für dich sorgen. Viele Leute sehen es als Privileg an, *sadhus* zu speisen. Doch wer dir auch zu essen gibt – es ist stets Gott, der dich versorgt. Es gibt viele Frauen, die allein und auf sich gestellt ein Leben der Entsagung führen. Ramdas traf eine *sannyasini,* die an einem düsteren Ort ihr *sadhana* verrichtete. Sie war furchtlos, weil sie sich voll und ganz auf Gott verließ. Ohne diese Einstellung wirst du niemals zu Ihm kommen. Auch im Ashram mußt du ein solches Vertrauen aufbringen. Gewöhnst du dich hier an das Behütetsein, wirst du in Schwierigkeiten geraten, wenn du den Ashram verläßt.

Du kannst selbst aus deinem Heim einen Ashram machen und dort ungestört leben. Doch gilt auch hier die Forderung: auf Gott allein vertrauen! Es ist ebenfalls falsch zu denken, du seist in jeder

Hinsicht behütet, wenn ein Mann die Verantwortung für den Haushalt trägt. Mataji hatte die richtige Einstellung. Wenn Ramdas sie bat, ein bestimmtes *sadhana* aufzunehmen, tat sie das. Zunächst war sie auf Ramdas fixiert, den sie als Gott betrachtete. Das mag für den Anfang richtig gewesen sein. Doch dann befreite Ramdas sie vom Anhangen an seinen Körper. Sie meditierte täglich drei oder vier Stunden, ohne sich dabei ihres Körpers bewußt zu sein. Ramdas lebte damals im Haus von Mukund Rao. Mataji hielt sich von vier bis sechs Uhr morgens in dem umliegenden Hügelgelände auf, wo sie ungestört meditieren konnte. Dann kehrte sie zurück, um das Bad für Ramdas vorzubereiten und seine Kleider zu waschen.

Denke an Ramakrishna! Zwölf Jahre lang unterzog er sich einem strengen *sadhana*. Dann erst löste er sich von der Dualitätsvorstellung und wurde zum wahren Kind Gottes.

Aus diesem Grund wollte Ramdas seinen Gefährten Ramcharandas nicht zu lange bei sich haben. Dieser pflegte zu sagen: «Solange ich bei dir bin, habe ich kein *sadhana* nötig.» Ramdas' Antwort: «Du glaubst, du brauchtest diesen Gefährten, um einen reinen Geist und beseligende Erlebnisse zu haben. Was wird aber aus dir, wenn Ramdas seinen Körper verläßt? Deine Erfahrungen müssen Früchte deines *sadhana* sein, dann werden sie immer bei dir bleiben.»

Geistige Erfahrung

P. Alle Gedanken sind letztlich dummes Zeug. Wirf sie weg, mach den Geist völlig leer und sitz still! Dann wirst du zu Erfahrungen gelangen, die über das Denken hinausführen. Oder bleibe bei Ramnam! Es ist ein höchst wirkungsvolles Mittel, die Gedanken zu vertreiben.

Lesen, Diskutieren und Fragen befriedigen nicht. Nur durch *sadhana* kann man zur Erfahrung kommen. Solange du Ramnam wiederholst, herrscht der Gedanke an Gott in dir vor. Hast du dein Einssein mit Ihm erfahren, wird auch dieser Gedanke verschwinden.

Schon beim Lauschen auf den Klang des Namens können keine Gedanken mehr aufsteigen. Ramdas praktizierte das und gelangte zu wundervollen Ergebnissen. Sein Geist beruhigte sich, lauschte dem Klang und berauschte sich an ihm. Doch nur dann wird sich deinen Ohren der Name in seiner ganzen Süße erschließen, wenn du ihn mit aller Liebe und Hingabe wiederholst.

Man wird zu dem, was man denkt. Solange du an die Welt und an den Körper denkst, verbleibst du in einem Zustand der Verwirrtheit, der Unruhe, des Unglücklichseins. Bringst du dagegen deinen Geist in Übereinstimmung mit Gott, der Frieden, Seligkeit und Weisheit ist, dann wirst du zur Verkörperung des Göttlichen. Die Dunkelheit weicht dem Licht, und alle göttlichen Tugenden werden sich in dir offenbaren. Du wirst Frieden und Freude ausstrahlen.

Hast du erst einmal zur göttlichen Schau gefunden, wird alles Üble in deinem Geist verschwinden, und du wirst auch in anderen keine Fehler mehr sehen. Darum bitte Gott, sich in deinem Herzen zu offenbaren!

F. Was versteht man unter *sakshatkar?*

P. Die Verwirklichung des *atman.* Wenn du erkannt hast, daß du *atman* bist und nicht der Körper, nennt man das *atma sakshatkar.*

Sarvadhi sashibhutam, das beobachtende Bewußtsein, das dem Intellekt zugrunde liegt, ist wesensgleich mit *atman, sat-chit-ananda,* Sadguru. Und dieser *atman* bist du selber.

Hungere nach Gott!

F. Ich befolge deinen Rat und wiederhole Ramnam, doch mache ich keine Fortschritte.

P. Wenn dein Verlangen nach Gott groß genug ist, wirst du gewiß vorwärtskommen. Ramdas hungerte nach der Wahrheit; er suchte Heilige auf, und sein Hunger wurde gestillt. Hätte er dieses Verlangen nicht gehabt, wäre ihm nichts gegeben worden. Sie können dir nichts geben, wenn du nicht empfänglich dafür bist. Du mußt danach hungern und dürsten! Du warst bei vielen Heiligen. Wie kommt es, daß dir keiner helfen konnte?

F. Ein Heiliger kann alles. Du mußt mir zu diesem Hunger verhelfen!

P. Er versucht sein Bestes, alle aufzuwecken, aber niemand geht auf ihn ein. Wenn jeder die richtige Einstellung hätte, könnte Ramdas in einer Sekunde die ganze Welt verwandeln. Wiederhole

Ramnam im festen Vertrauen auf Ramdas' Worte, dann wirst du zu gegebener Zeit alles bekommen!

F. Papa soll es uns geben. Er hat die Macht dazu.

P. Ramdas gibt ständig, aber niemand kann es aufnehmen. Ihr seid so angefüllt mit Habgier, Ehrgeiz und Wünschen aller Art, daß kein Platz mehr in euch ist. Ihr müßt vom Ego lassen und euch dem Guru hingeben! In Ramnam ist alles enthalten. Je mehr ihr es mit Liebe und Vertrauen wiederholt, um so eher werdet ihr euch der Gnade des Guru öffnen.

F. Wir dürsten nach Gott, doch haben wir keine Zeit, Ramnam zu wiederholen.

P. Was ist das für ein Durst, wenn er euch nicht beim Namen halten kann? Jede verfügbare Minute sollte für Ramnam genutzt werden! Wieviel Zeit verschwendet ihr allein mit unnötigem Reden!

F. Häusliche Schwierigkeiten hindern uns daran, unser *sadhana* auszuüben. Wir haben keine Möglichkeit zur inneren Sammlung.

P. Sammlung hin, Sammlung her: ihr sollt Ramnam wiederholen! Wenn euer Durst nach weltlichen Dingen nicht größer wäre als euer Durst nach Gott, würdet ihr beim Namen bleiben, und alle Schwierigkeiten verschwänden.

F. Aber wenn Schwierigkeiten da sind, wie sollen wir dann Ramnam wiederholen?

P. Gäbe es keine Schwierigkeiten, brauchte man kein Ramnam. Mit seiner Hilfe werden die Schwierigkeiten beseitigt. Bloßes Diskutieren hilft nicht weiter. Der Intellekt führt euch weg von Gott. Nur mit dem Herzen kann man zu Ihm gelangen. Richtet euch nach den Worten der Heiligen! Ruft Gott an in liebender Hingabe, und Er wird sich euch im gleichen Augenblick schenken!

F. Wir wiederholen Ramnam in der Hoffnung auf Befreiung. Sollten wir aber vorher sterben – was haben wir dann davon gehabt?

P. Keine Spekulationen! Anstatt für die Zukunft zu sorgen und über die Vergangenheit nachzudenken, sollte die Gegenwart zur Wiederholung von Ramnam genutzt werden. Die Vergangenheit liegt hinter uns, und die Zukunft liegt in Gottes Hand. Du gibst dich mit den Ängsten der Vergangenheit und den Erwartungen für die Zukunft ab. Dabei verpaßt du die Freuden der Gegenwart. *Darshan, samadhi, moksha* – alles ist in Ramnam enthalten. Vertraut darauf und wiederholt immerfort Ramnam! Ramdas hat niemals an Vergangenheit oder Zukunft gedacht, er wollte auch nicht Rams *darshan*. Der Name allein schenkte ihm Frieden und Seligkeit.

F. Bitte erkläre uns, wie wir Ramnam wiederholen sollen!

P. Ihr wollt von den Sorgen und Bürden frei werden, die euch bedrücken. Das wird durch Ramnam bewirkt. Wiederholt es daher so oft wie möglich! Laßt euch nicht ablenken! Bemüht euch ständig, beim Namen zu bleiben, an Gott zu denken! Dann werdet ihr den Frieden finden, den ihr erstrebt. Heilige weisen den Weg. Folgt ihnen!

Wenn es euch noch zum Lesen drängt, wählt ein Buch, das euch weiterhilft, etwa die Gita! Sollte es allerdings beim Lesen bleiben, seid ihr in der Lage des Hungrigen, der zwar immer wieder das Kochrezept studiert, jedoch keine Anstalten macht, die gewünschte Mahlzeit zuzubereiten. Ihr müßt nach den Anweisungen handeln, die darin stehen!

Nur mit reinem Herzen kann man zu Gott kommen. Um diese Bedingung zu erfüllen, müßt ihr euch Seiner erinnern, das heißt, ihr müßt im Laufe des Tages so oft wie möglich Seinen Namen denken, sprechen oder singen! Gott mit Seinem Namen zu rufen, kann doch nicht schwer sein. Ruft das Kind nach seiner Mutter, wird sie herbeikommen, wenn auch vielleicht nicht sofort. Das Kind muß immer wieder rufen, damit sie nicht denkt, es brauche sie nicht mehr. Auch wenn ihr die Göttliche Mutter sehen wollt, müßt ihr unentwegt nach Ihr rufen, zu Ihr beten! Dann wird Sie sich in euren Herzen offenbaren.

F. Was hilft uns mehr: den Namen zu singen oder zu schreiben?

P. Ihr habt die Wahl. Es gibt Menschen, die das Schreiben bevorzugen, weil hierbei Hand, Auge und Gemüt harmonisch zusammenwirken. Andere singen lieber und erfreuen sich am Klang des Namens. Wichtig ist, daß die Wiederholung mit Liebe geschieht. Dann wird euch der Name unermeßliche Freude bringen.

Ununterbrochenes Erinnern

F. Papa sagt, wir müßten unablässig an Gott denken. Was sollen wir tun, wenn uns das nicht gelingt? Sollen wir unser Ungenügen bereuen, oder sollen wir darin den Willen Rams sehen?

P. Ihr müßt bereuen! Das Ziel ist beständiges Erinnern. Wenn es unterbrochen wird, muß es euch leid tun. Der Fehler liegt nicht bei Gott, sondern bei euch. Nehmt ihr die Unterbrechung als gottgewollt, so erlaubt ihr, daß sie stattfindet. Bereut ihr aber eure Schwächen, wird euer *sadhana* beständiger.

Unterbrechung des Gedenkens Gottes bedeutet Unterbrechung eures Seelenfriedens. Ihr wollt nicht, daß sich das wiederholt und bittet Gott: «Oh Gott, laß uns immerzu an Dich denken!» Das Gedenken läßt so wenig Raum für Sorgen wie das Licht für Dunkelheit. Gott vergessen bedeutet: Das Licht geht aus, und ihr seid im Finstern.

Die ständige Besinnung auf Ihn führt zum Gottes-Bewußtsein und zur Verwirklichung der Einheit mit Ihm. Sie ist daher unverzichtbar. Wie kann man sie erlangen? Betet zu Gott, unterwerft euch Seinem Willen, begebt euch in die Gesellschaft von Heiligen!

Über den Geist hinauswachsen

F. Wie sollen wir mit unseren Wünschen verfahren?

P. Solange Wünsche vorhanden sind, fügt ihr euch und anderen Leid zu. Deshalb sollt ihr über euren Geist hinauswachsen. Er ist jedoch so mächtig, daß die eigene Kraft dazu nicht ausreicht. Gott wird euch zu Hilfe kommen, wenn ihr euer Leben auf Ihn ausrichtet. Wie kann das geschehen? Durch die Wiederholung Seines Namens. Damit wird der Geist, der uns wie ein Vorhang von Gott trennt, ruhiger. Schließlich hebt sich der Vorhang, und ihr erkennt, daß ihr eins seid mit Ihm.

In der Welt herrschen Verwirrung und Chaos, weil die Menschen von so vielen Wünschen besessen sind. Ihr seid *mano-dasas* (Sklaven des Geistes) anstatt Rama-*dasas* (Sklaven Rams). Für diese Knechtschaft ist der Geist verantwortlich. Solange man noch Wünsche hat, kann man Gott nicht haben. Deshalb muß man über den Geist hinausgelangen.

Die Bhagavad Gita nennt die Mittel dazu: Abwendung von der Welt, innere Sammlung und Meditation. Sammlung kommt durch Wiederholung des Namens zustande und geht in Meditation über. In der Meditation löst du dich vom Körperbewußtsein und entsinkst in Gott.

Ihr irrt durchs Leben, anstatt euch von Gott führen zu lassen. Er ist die Weisheit, und ihr braucht, wenn ihr euch Ihm überantwortet, die Köpfe nicht anzustrengen, um eine Lösung zu finden. Die nötigen Worte kommen dann von selbst, und mit den Handlungen ist es ebenso. Dann ist keine Spur von Egoismus mehr vorhanden. Die universelle Macht wirkt durch euch zum Besten aller.

Stellt euch eine Flöte vor! Wenn sie von Schmutz verstopft ist, wird sie keine harmonischen Töne hervorbringen. Sie muß erst gereinigt werden. So ist es auch mit dem Menschen. Erst wenn er von allen Wünschen befreit ist, kann Gott sich in ihm offenbaren und Weltfrieden und Weltharmonie herbeiführen.

Werdet zu brauchbaren Instrumenten in den Händen des Herrn, dann werdet ihr der Welt mehr nützen als alles andere. «Ich bin nichts, o Gott, Du bist alles!» Wenn ihr das fühlt, wird Gott in eure Herzen einziehen; denn je demütiger ihr werdet, um so näher seid ihr Ihm.

Strebende

F. Wie sollen sich die nach Gott Strebenden im Alltag verhalten?

P. Der Strebende muß sorgfältig auf seinen Umgang achten. Während er in schlechter Gesellschaft abgelenkt wird, bestärkt ihn das Zusammensein mit Heiligen im Streben nach der Wahrheit und ist damit eine unmittelbare Hilfe für seine geistige Entwicklung. Nach der Verwirklichung darf man sich in jeder Gesellschaft bewegen, ohne schlechte Einflüsse befürchten zu müssen.

Zuerst muß – nach Überwindung der zwei niederen *gunas* – der *sattva*-Zustand erreicht werden. Dann ist es notwendig, auch über diesen hinauszugelangen. Jetzt erst kann man *Brahman* verwirklichen und sich so ganz von der Herrschaft der *gunas* befreien.

Durch uneigennützige Hilfe für Bedürftige wird der Geist geläutert. Die Mutter begibt sich, indem sie ihrem Kind dient, auf dessen Stufe und fühlt sich wohl dabei. Erst wenn man sich der Gleichheit mit allen bewußt wird, empfindet man die Seligkeit des Dienens. Bis dahin erwartet man für jede Leistung eine Gegenleistung.

Man sollte nur solche Nahrung zu sich nehmen, die das Gemüt nicht unruhig macht. Wer dem zuwiderhandelt, wird es schwer haben, sich zu sammeln.

Der nach Gott Strebende sollte also drei Dinge im Auge behalten: rechten Umgang, rechtes Handeln, rechtes Essen. Wer mit vielerlei Menschen zu tun hat, muß ganz besonders darauf achten, daß er sein *sadhana* intensiv und regelmäßig ausübt. Bedeutungsvoll sind auch Tagesbeginn und -ausklang. Morgens dient die Meditation dazu, sich auf den Tag einzustimmen, und abends, vor dem Schlafengehen, soll sie den Geist auf die Nacht vorbereiten, während der er naturgemäß nicht unter Kontrolle gehalten werden kann.

Als Ramdas sein *sadhana* verrichtete, zog es ihn unablässig in die Einsamkeit. Er suchte aber auch Orte auf, wo er Heiligen begegnete. Gott gewährte ihm die ganze Zeit über die Gesellschaft von *sadhus*. Ramnam war sein Panzer, den kein Angriff von außen durchdringen konnte.

Wer Ramnam ständig auf den Lippen hat, ist gegen äußere Einflüsse gefeit, auch wenn er seinen weltlichen Pflichten nachgeht. Und doch sollte man auf der Hut sein, denn es gibt mächtige Kräfte aus den Bereichen von *tamas* und *rajas*, die ihn trotzdem niederziehen können. Daher die Warnung vor schlechter Gesellschaft. Hast du deinen Frieden verloren, gerätst du in einen Zustand der Verzweiflung und Ohnmacht. Man nennt das «die dunkle Nacht der Seele». In diesem Zustand ist es dir nicht mehr möglich, an Gott zu denken. Wenn du den sengenden Strahlen der Sonne ausgesetzt bist, suchst du Zuflucht unter einem Baum, der Schatten spendet. So mußt du jetzt, wenn dein Inneres vor Wünschen und Begierden brennt und du dich allein nicht mehr zu beherrschen vermagst, einen Heiligen aufsuchen. In seiner Gegenwart wirst du Erleichterung erfahren und zum Frieden zurückfinden.

Ramdas suchte sein Heil in Ramnam, im Zusammensein mit Heiligen und im Verweilen in der Einsamkeit. Dadurch wurde der Geist vollkommen rein; er hörte auf zu existieren. Ramakrishna sagt: «Ein reiner Geist und *atman* sind nicht verschieden voneinander.»

Der ist der größte Held, der über seinen Geist hinausgelangt ist. Kein Wunsch erhebt sich mehr in ihm, denn alle Sinnesobjekte haben ihre Anziehung verloren. Um so weit zu kommen, muß man ein diszipliniertes Leben führen. Die Regeln dazu hat jeder für sich selbst zu finden; sie können nicht für alle gelten.

Ramdas' *sadhana*

F. Was war dein *sadhana?* Bitte sprich mit uns darüber!

P. Ramdas tat nichts Besonderes. Gott veranlaßte ihn, Seinen Namen zu singen und sich von den Dingen der Welt abzuwenden. Solange diese ihre Anziehungskraft behalten, wird der Geist unruhig sein. Ramdas hatte damit keine Schwierigkeiten. Er blieb ruhig, und seine Sinne regten sich nicht, weil keine Wünsche mehr aufstiegen. Im ersten Jahr seiner Pilgerschaft waren seine Augen nur halb geöffnet. Was er auch sah, hörte, befühlte, schmeckte, roch – nichts berührte ihn wirklich, denn sein Geist blieb ständig nach innen gerichtet. Ramdas las nur selten und dann lediglich die Lehren der großen Meister. Immerzu wiederholte er den Namen Gottes. Er glaubte, daß ihm die Zunge nur zum Singen des Namens gegeben sei und handelte danach.

Seid vorsichtig!

P. Ihr werdet gebeten, den Geist zu beobachten. Daraus ergibt sich, daß ihr nicht der Geist seid, sondern etwas anderes. Was ist es nun, das ihn überwacht und das feststellt, was er tut und warum er sich ablenken läßt? Es muß einen Beobachter in euch geben. Indem ihr den Geist im Auge behaltet, löst ihr die enge Bindung zu ihm und werdet zu seinem Betrachter. Das ist eine sehr gute Übung. Allerdings fällt das nicht leicht, und am Anfang werdet ihr euch immer wieder mit dem Geist identifizieren und dann versuchen, ihn zu vervollkommnen, indem ihr unerwünschte Gedanken unterdrückt. Doch Unterdrückung und Verdrängung sind nicht die richtigen Mittel. Der Geist wird erst dann verschwinden, wenn ihr euch völlig von ihm gelöst habt.

Wenn ihr auf diese Weise praktiziert, wird euer Geist friedvoll und harmonisch sein. Das nennt man den *sattva*-Zustand, in dem ihr wie durch einen Schleier einen Schimmer der Ewigkeit wahrnehmt. Doch besteht jederzeit die Gefahr, in den *tamas*- oder *rajas*-Zustand zurückzufallen, wenn ihr in eurem *sadhana* nachlässig werdet oder die Regeln für Ernährung, Schlaf usw. nicht genügend beachtet. Daher müßt ihr solange vorsichtig sein, bis ihr das kosmische Bewußtsein erlangt habt. Dann erst können euch die *gunas* nichts mehr anhaben.

Es gibt Strebende, die, nachdem sie im *sattva*-Zustand ein Aufleuchten der Wirklichkeit erlebt haben, glauben, sie hätten das Ziel erreicht und daraufhin ihr *sadhana* einstellen. Ein schwerer Rückschlag ist die unvermeidliche Folge. Um den *sattva*-Zustand wiederherzustellen, müssen sie sich aufs äußerste anstrengen. Am besten suchen sie einen Heiligen auf, um bei ihm und mit seiner Hilfe zum Frieden zurückzufinden.

Manche Strebende können nicht warten, bis sie am Ziel sind. Sie beginnen schon vorher, andere zu belehren. Das ist, als ob Blinde andere Blinde führten. Die Mitmenschen belehren zu wollen, ist heute modern geworden. Man liest Bücher von Swami Vivekananda, Rama Tirtha oder Ramakrishna, lernt einige Abschnitte daraus auswendig und zieht dann umher, um über höchste spirituelle Wahrheiten zu predigen. Natürlich wird man dadurch zu Fall kommen. Deshalb ist es dem Strebenden untersagt, vor Erreichen des Zieles andere zu beurteilen, zu kritisieren und zu belehren. Man sollte vor der eigenen Tür kehren und sich selber belehren, kritisieren und prüfen!

Eine wichtige Rolle im Leben des Gottsuchenden spielt sein Umgang. Am besten ist es, mit Menschen zu verkehren, die den gleichen Weg gehen. Man sollte auch mit ihnen möglichst nur über Gott sprechen. Erst wenn du die Wahrheit verwirklicht hast, können dich andere nicht mehr behindern und stören. Bis dahin mußt du vorsichtig sein!

Auf dem Weg zu Gott

F. Wirkt es sich ungünstig aus, wenn ein nach Gott Strebender die Gefühle anderer verletzt, weil er sich ihren weltlichen Bestrebungen gegenüber gleichgültig verhält?

P. Wer sich dadurch verletzt fühlt, versteht nicht, um was es geht. Du beabsichtigst ja nicht, jemanden zu kränken. Tatsächlich hast du mit nichts und mit niemand etwas zu tun, weil du lediglich ein Ziel verfolgst: die Gott-Verwirklichung. Im Streben danach findest du nicht nur Freude für dich – du gibst auch anderen Freude. Ramdas' Familie litt sehr, als er sich auf den Weg zu Gott machte; sie fühlte sich von ihm vernachlässigt. Doch als sie später mit ihm zusammenlebte, waren alle glücklich. Sie sahen ein, daß sie ihn am Anfang nicht verstanden hatten.

Es ist ganz natürlich, daß die Leute dich nicht verstehen und daß sie gekränkt sind, wenn du nicht mehr so freundlich und vertraulich mit ihnen verkehrst wie vorher. Wenn du aber den höchsten Zustand erreicht hast, fühlen sie sich wohl in deiner Gesellschaft, in dem Licht, das von dir ausgeht. Du hast das Ungöttliche abgestreift und dafür das Göttliche erworben. Früher war deine Liebe selbstbezogen, jetzt ist sie vollkommen selbstlos. Eine solche Liebe beglückt den, der sie verströmt und den, der sie empfängt. Liebe, wie man sie gewöhnlich kennt, erwartet Gegenliebe; in der göttlichen Liebe gibt es diese Erwartung nicht. Du wirst selbst den lieben, der dich haßt. Deine Familie sollte sich glücklich preisen, wenn du dich bemühst, solch ein Liebender zu werden.

Als Jesus Christus gefangengenommen wurde, zog ein Jünger das Schwert und hieb einem der Schergen ein Ohr ab. Jesus wollte das nicht; er rührte das Ohr an und heilte es. Schau auf das Herz von Jesus! Seine Liebe war so groß, daß Er das Böse gar nicht wahrnahm, das man Ihm antat. Das ist göttliche Liebe!

Meditation

F. Wie wird man zum Beobachter des Geistes?

P. Du bist bereits der ewige Beobachter, das unveränderliche *Brahman*. Wenn du den Geist in der Meditation ständig betrachtest, wird er schließlich verschwinden; der Betrachter – *Brahman* – bleibt übrig. Vergißt du nur einen Augenblick, daß du der Schauende bist und nicht der Geist, gerätst du in Verwirrung.

Wenn du sagst «meine Uhr», kannst du nicht selber diese Uhr sein. So bist du auch nicht mit dem Geist identisch, da du ja von «deinem Geist» sprichst. Du bist etwas anderes als er, so wie du auch etwas anderes bist als deine Sinne und dein Körper.

Es gibt vier Möglichkeiten, um zu meditieren:

1. Wiederhole laut den Namen Gottes und lausche auf seinen Klang!
2. Wiederhole das Guru-Mantra und empfinde dabei die Gegenwart des Gurus in deinem Herzen!
3. Erkenne Gott in allem, was du denkst, hörst, siehst, berührst, riechst und schmeckst!
4. Sei Beobachter des Geistes!

Dein Geist ist an allem Elend schuld, denn er veranlaßt dich, den Körper mit dir selber zu verwechseln. Deshalb ist es wichtig, dir bewußtzumachen, daß du der Beobachter allen Geschehens bist. Wenn man in der Meditation versucht, sein Einssein mit *Brahman* zu erkennen und der Geist bereits in Auflösung begriffen ist, kann es möglich sein, daß man einschläft. Hier muß man sehr wachsam sein, mit gesammelter Aufmerksamkeit das Selbst wahrzunehmen suchen und gleichzeitig den Geist solange beobachten, bis er verschwunden ist.

Mache den Geist gefügig, indem du Ramnam wiederholst! Befreie ihn von Wünschen! Alle *sadhanas* dienen nur einem Zweck: über den Geist, der einen Schleier zwischen dir und Gott bildet, hinauszugelangen. Der Geist ist der Sitz aller Unwissenheit. Wenn er verschwunden ist, gibt es keine Unwissenheit mehr und nichts, was dich von Gott trennt. Dann wirst du deine wahre Natur erkennen!

Was brauchen wir, um Gott schauen zu können?

P. Wer sich vom Anhangen an Vergängliches und von der Idee des Getrenntseins von Gott befreien will, bedarf dazu folgender Fähigkeiten: *titiksha, udaseenata* und *namaskar.*

Titiksha ist die Fähigkeit, alles zu ertragen, was dir beschieden ist. Wenn du beginnst, auf diese Weise zu leben, wird man dich mißverstehen und sich über dich lustig machen. Du muß festbleiben! Jesus sagte: «Selig, die Verfolgung leiden um Meines Namens willen!» Du kannst Anfeindungen nicht entgehen. Man wird dich als Verrückten betrachten und behandeln, doch mußt du alle Schmähungen und Beleidigungen geduldig hinnehmen! Nichts darf dich einschüchtern und vom Pfad abbringen! Das nennt man Heldentum im Erdulden.

Unter *udaseenata* versteht man die Gelassenheit des Weisen, die aus seiner Unterscheidungsfähigkeit erwächst. Es ist die Gleichgültigkeit gegenüber weltlichen Dingen. Du bewegst dich mitten unter ihnen, doch sie berühren dich nicht; du hängst nicht an ihnen, du bist nicht wirklich interessiert daran, denn du weißt, daß sie alle vergänglich sind.

Namaskar kommt von *namas* und bedeutet, sich vor jemandem verneigen oder niederwerfen. Wenn man sich auf diese Weise grüßt, heißt das, man grüßt Gott im andern. Du gehst zu einem Heiligen und erweist ihm *namaskar;* das ist nicht nur eine Geste der Achtung, sondern auch der Hingabe. Grüßt du in diesem Sinne jeden, der dir begegnet, bist du auf dem rechten Weg. Man kann auch auf Gebärden verzichten und *namaskar* im Herzen vollführen. So hat es Ramdas gehalten. Doch wenn sich jemand vor ihm niederwarf, tat er dasselbe vor dem oder der Betreffenden, denn Gott wohnt in allen.

Grüßt du jemanden mit dieser Einstellung, heißt das nicht, daß du ihm oder ihr besondere Zuneigung entgegenbringen sollst. Jedes Anhangen an irgend jemand oder irgend etwas ist sehr schlecht für den, der nach Gott strebt. Besonders schwer fällt es Familienvätern und -müttern, sich von der Anhänglichkeit an die Familie zu befreien. Es gibt kaum jemand, der innerhalb seiner Familie lebt und sich innerlich von ihr zu lösen vermag. Diese wenigen fanden zur Loslösung gewöhnlich erst in der Einsamkeit, wohin sie sich während ihrer *sadhana*-Zeit zurückgezogen hatten.

Verneigst du dich vor einem Heiligen, so verneigst du dich vor dem ganzen Universum, denn er ist dessen Verkörperung. Du wirst zur Schau Gottes gelangen, wenn du dich vor jedem verneigst in der Erkenntnis, daß er eine Manifestation Gottes ist. Im Siddharudha Ashram lebte ein Mann namens Vandana Bhakta. Er warf sich vor allen, denen er begegnete, auf den Boden und überwand auf diese Weise nach und nach sein Ego. Jedesmal, wenn du dich vor einem Menschen oder auch vor einem Tier demütig verneigst, wird dein Ego schwächer, und es wird dir immer leichter fallen, in allem Gott zu sehen.

P. Es ist schwer, das Ego zu überwinden. Viele Methoden sind zu diesem Zweck entwickelt worden. Der *bhakta* soll vor allem demütig sein und den Weg der Hingabe gehen. «Selig sind die Sanftmütigen, denn sie werden das Erdreich besitzen.»

Als das göttliche Licht über Ramdas kam, nahm er fortan allen gegenüber eine demütige Haltung ein. Er urteilte über niemanden und verneigte sich achtungsvoll vor jedem, ohne danach zu fragen, ob der Betreffende das auch verdiene.

Wenn du andere verdammst oder kritisierst, stärkst du damit das Verdammenswerte in dir. Siehst du in anderen Schlechtes, nimmt auch in dir das Schlechte zu und das Gottes-Bewußtsein rückt in weite Ferne. Andererseits wird das Gute in dir gestärkt, wenn du Gutes in deinen Mitmenschen siehst. Ein Mann bat Jesus, Sein Jünger werden zu dürfen. Jesus entgegnete: «Hast du noch einen Feind in der Welt, so gehe hin und versöhne dich mit ihm; dann werde Ich dich annehmen!» Solange man auch nur einen Menschen haßt, bleibt der Geist unrein.

P. Als Ramdas sich in der Kadrihöhle bei Mangalore aufhielt, kam ein Freund zu ihm und begann, sein Mißfallen über einen Bekannten zu äußern. Ramdas, der den Kritisierten auch kannte, blieb ruhig. Am Ende seiner Kritik fragte der Freund: «Bist du auch meiner Meinung?» «Ja», erwiderte Ramdas. Das war ihm in einem Moment der Unachtsamkeit entfahren, obwohl er mit dem Gesagten nicht übereinstimmte. Da hörte er eine innere Stimme: «Von jetzt an sollst du schweigen!» Allen Besuchern zeigte er ein Papier, auf das er geschrieben hatte: «Ram hat mir befohlen zu schweigen.» Und wenn sie fragten: «Wie lange?», schrieb er: «Nicht bekannt.» So verstrichen sechs Tage. Am siebten Tag ließ Ram ihn wissen: «Du darfst wieder sprechen!» Hieraus hat Ramdas gelernt. Wenn später jemand in seiner Gegenwart von anderen schlecht sprach, erwies Ramdas ihm *namaskar* und veranlaßte ihn so, damit aufzuhören.

P. Wenn Ramdas heute gefragt wird, weist er auf die Fehler und Schwächen des Betreffenden hin, doch in der alleinigen Absicht, sie zu korrigieren. Aber dem, der noch nicht die höchste geistige Erfahrung gemacht hat, steht keinesfalls das Recht zu, Fehler bei anderen zu suchen und ihnen zu raten, wie sie sich verhalten sollen. Früher achtete Ramdas überhaupt nicht auf die Fehler anderer; er verneigte sich vor jedem, der zu ihm kam.

Elizabeth Sharpe aus Limbdi hegte eine große Liebe für Ramdas: sie betrachtete ihn als ihr Kind. Aus irgendeinem Grund setzte sich der Gedanke in ihr fest, Ramdas sei mit einem Makel behaftet. Diese Idee bedrängte sie Tag und Nacht aufs ärgste. Schließlich offenbarte sie sich Ramdas. Er meinte dazu: «Das ist alles nur ein Spiel deiner Gedanken.» «Dann bin ich erleichtert», entgegnete sie, «zwei Tage war ich von dieser Vorstellung besessen und vermochte weder zu essen noch zu ruhen, aber heute werde ich wieder gut schlafen können.» Es ist äußerst bedrükkend, in jemand, den man sehr liebt, einen schweren Makel zu sehen.

Wenn gegen niemand mehr Haß, Abneigung oder Mißgunst besteht, herrscht im Herzen himmlischer Friede. Im andern Falle kommt es dir vor, als wenn dein Herz von Skorpionen gestochen würde. Es ist nützlich, die beiden Zustände, wenn du sie erfahren hast, miteinander zu vergleichen!

Man sollte gegen niemand Groll oder Abneigung hegen! Achte keinen Mitmenschen für geringer als dich selbst! Sei zu allen freundlich und gütig! Sei geduldig! Hänge dich an nichts, denn Anhangen führt zu Zu- und Abneigung! Wenn du in allen nur Gutes siehst, wird dein Herz rein und friedvoll.

Menschliche Schwächen behindern dein Streben nach wahrem Frieden. Es ist schwer, sich von ihnen zu befreien und die vielen anderen Hürden zu überwinden, die im Weg stehen. Doch wenn du dich unverzagt bemühst, dein Herz zu läutern und alles wegzuräumen, was dich hindert, zu Ihm zu gelangen, wirst du dein Ziel erreichen!

Ein großes Hindernis ist der Körper. Du mußt ihm gegenüber gleichgültig werden! Gib ihm die nötige Nahrung, reinige ihn und verschaffe ihm die Ruhe, deren er bedarf – doch verzärtele und verwöhne ihn nicht! Sonst bleibst du auf der Stufe des Körperbewußtseins stehen und kannst dich nicht zum göttlichen Bewußtsein erheben.

Gott ist in allen. Daher solltest du dich vor allen verbeugen. Auch wenn die äußeren Eigenschaften eines Menschen dagegen zu sprechen scheinen, darf dich das nicht daran hindern. Deine Gottesschau bezieht sich zunächst keineswegs auf das Äußere. Erst später wirst du auch dieses als göttlich betrachten. Dein Geist ist dann so rein geworden, daß du in keinem mehr Fehler siehst. Du bist in Frieden mit allen Menschen in der Welt, sogar mit denen, die dich schlecht behandeln oder gar verfolgen.

P. Ein Maharashtra Heiliger betete: «O Gott, gib mir einen Nachbarn, der mich schmäht und verunglimpft!» Warum? «Weil ich durch ihn meine Fehler kennenlerne und Gott bitten kann, sie zu beseitigen. Meine Freunde begnügen sich damit, meine Vorzüge zu preisen. Daher ist der, der mich schmäht, mein wahrer Freund.»

Gewöhnlich brausen die Menschen auf, wenn schlecht von ihnen gesprochen wird. Der Heilige dagegen nimmt jede Kritik gelassen hin. Wenn du in dich schaust, wirst du mehr Fehler finden als andere, die dich nur nach deinen äußeren Handlungen beurteilen. In der Bescheidenheit liegt Tugend verborgen, im Stolz Untugend. Bescheidenheit und Demut sind Stufen auf dem Weg zu Gott.

Als Ramdas nach einjähriger Pilgerreise im *sannyasin*-Gewand nach Mangalore zurückkehrte, begegnete ihm dort ein Mann, der auf ihn deutete und rief: «Da geht ein Ravana-*sannyasin.*» Damit bezeichnet man einen Mann, der das orangefarbene Kleid nur deshalb angelegt hat, um sich Frauen leichter nähern zu können. Ramdas lächelte und wandte sich an Ram: «O Gott, Du wolltest, daß ich dieses Gewand anlege. Laß mich nicht zum Ravana-*sannyasin* werden!» Er betrachtete den Vorfall nicht als beleidigend, sondern als Warnung und fühlte sich dem Rufer zu Dank verpflichtet.

P. Auf seiner Reise durch westliche Länder wurde Ramdas wiederholt die Frage gestellt: «Was ist Schönheit?» Er antwortete, wahre Schönheit sei nicht im Äußeren, sondern im Herzen zu finden. Wäre das nicht so, müßte man äußere Schönheit hochschätzen und äußere Häßlichkeit ablehnen. Der Geist würde gespalten. Wir müssen aber über Zu- und Abneigungen hinauswachsen. Das kann uns nur gelingen, wenn wir Gott in allen Geschöpfen sehen. Natürlich kann man nicht alle gleich behandeln, doch sollte man in seinem Herzen keine Unterschiede machen.

Du mußt allen Menschen verzeihen, die dich quälen, betrügen, mißverstehen oder dir sonstwie Schaden zufügen. Das ist der erste Schritt auf deinem Weg. Wenn du das Ziel erreicht hast, gibt es nichts mehr zu vergeben, dann ist das, was dir angetan wird, kein Übel mehr. Du siehst nur noch Gott, und Er fügt niemand Leid zu. Da alles, was geschieht, auf Gottes Willen gründet, ist alles gut.

P. Wenn du dich ständig an Gott erinnerst, indem du an Seinem Namen festhältst, wird der Geist hinwegschmelzen. Du wirst die unpersönliche Wirklichkeit, das Selbst, verwirklichen und erkennen, daß sie identisch ist mit dem Universum in all seiner Vielfalt.

Es wird gesagt, man solle die Gestalt Gottes im Herzen bewahren und Seinen Namen auf den Lippen führen. Man darf dazu jede Form wählen, die man als Ausdruck des Göttlichen verehrt. Einmal kam eine Frau zu Ramdas: «Papa, ich fühle mich so glücklich!

Ich habe das Geheimnis entdeckt, wie man zur Vereinigung mit Gott und zur ewigen Seligkeit gelangt.» «Was ist das?» fragte Ramdas. Sie fuhr fort: «Ich bewahre in meinem Herzen deine Gestalt und wiederhole dein Mantra. Das macht mich selig. Die Freude wird noch größer, wenn ich mir dein lächelndes Gesicht vorstelle. Das ist die einfachste Methode, die ich kenne. Ich möchte keine andere.»

F. Mitgefühl und Bereitschaft zur Vergebung sind Tugenden, die wir gerne vertiefen möchten. Was sollen wir da tun?

P. Wenn euer Herz erfüllt ist von Liebe zu Gott, wird es euch daran nicht mangeln.

F. Gibt es ein besonderes *sadhana* dafür?

P. Ramnam ist dieses *sadhana*. Es erweckt Liebe in euren Herzen, und ihr werdet zu allen Lebewesen gütig und barmherzig sein. «Gott offenbart sich in dem Herzen, das voll ist mit Erbarmen, Vergebung und Frieden.» Ramnam verhilft euch zu diesen drei Eigenschaften; dann wird Gott sich in eurem Herzen offenbaren, denn Er ist Erbarmen, Vergebung und Friede.

Ramdas hat erlebt, wie sich Menschen veränderten, die ihre Zuflucht zu Ramnam nahmen. Hartherzige wurden mild, Geizige großzügig, Ungeduldige geduldig, Schwache stark und Reizbare langmütig. Am schwierigsten ist es, sinnliches Verlangen zu überwinden. Auch das gelingt denen, die sich dem Namen Gottes anvertrauen. Denn Gott und Sein Name sind nicht verschieden voneinander. Wer sich dem Namen verbunden hat, hat sich Gott verbunden.

F. Was muß ich tun, um den Namen unablässig wiederholen zu können?

P. Bitte Gott, daß Er dich dazu befähigt! Er wird deine Bitte erfüllen.

F. Wird Er das bald tun?

P. Wenn du nicht warten willst, mußt du mit ganzer Kraft, mit ganzer Seele zu Ihm flehen! Ein solches Gebet wird sofort erhört. Es hängt immer davon ab, wie man betet.

F. Kann mir Gott nicht helfen, so inbrünstig zu Ihm zu beten?

P. Gott soll alles für dich machen, und du brauchst gar nichts zu tun. Anderes kannst du selbst erledigen, aber dies soll Gott für dich tun. Damit beleidigst du Ihn. Mit Halbherzigkeit kommst du nicht voran. Wenn es auf diese Weise nicht geht, rät Ramdas dir zu vollkommener Hingabe. Überlasse alles Gott! Dann wird Er dir auch beim Wiederholen Seines Namens helfen.

Man sollte nicht oberflächlich beten! Das Gebet muß aus den Tiefen deines Herzens kommen. Das ist nur möglich, wenn du nach Gott schmachtest wie Fische auf dem Trockenen nach Wasser. Dein Herz muß erfüllt sein von einer brennenden Sehnsucht nach Gott und Gott allein. Du mußt das Gefühl haben, ohne Ihn nicht leben zu können.

F. Papa hatte diese starke Sehnsucht nach Gott.

P. Ja, Ramdas dürstete nach Gott. Daneben fand kein anderer Wunsch Platz. Das Feld muß gepflügt werden, bevor man sät, und Wasser muß hinzukommen, sonst kann die Saat nicht aufgehen. Ramdas' Abwendung von der Welt entsprach dem Pflügen des Feldes. Der Guru brachte die Saat in Form von Ramnam in die so vorbereitete Erde und ließ dann seinen Gnadenregen folgen. Die Ernte war überreich.

Vertraue dem Guru und wiederhole den Namen, den er dir gegeben hat! Der Guru ist mächtig und wird dir immer zur Seite stehen. Ramdas hatte niemand außer dem Guru. Er lebte nicht mit diesem zusammen, doch fühlte er unablässig seine Gegenwart. Der Guru sorgte für ihn wie eine Mutter.

Wenn du den Namen fortwährend zwei oder drei Jahre lang wiederholt hast, bereitet dir das Meditieren keine Schwierigkeiten mehr. So war es bei Ramdas. Als er sich nach zwei Jahren zur Meditation niedersetzte, verlor er augenblicklich jegliches Körperbewußtsein und verblieb einige Stunden in einem Zustand der Glückseligkeit.

Stille des Geistes

P. Das Singen oder Sprechen des Namens soll den Geist von allen Gedanken befreien und ihn still machen. In dieser Stille kannst du Gott erkennen und verwirklichen.

F. Wie sollen wir ohne Vorbereitung so weit kommen?

P. Wie viele Jahre hast du schon mit Vorbereitungen verbracht? Damit solltest du nicht das ganze Leben fortfahren! Einmal muß man das Ziel erreichen. Es genügt nicht, den Pfeil anzusetzen und den Bogen zu spannen und zu spannen. Um ins Schwarze zu treffen, mußt du den Pfeil fliegen lassen! Natürlich sollst du eine gewisse Zeit den Namen wiederholen. Aber wenn der Geist vollkommen still geworden ist, hat die Wiederholung ein Ende. In der Stille ist man über die Dualität hinausgelangt, und Wiederholer und Name, Gottsucher und Gott sind eins geworden.

«Sei still und wisse, daß Ich Gott bin!» Dieses Wort findest du in der Bibel, doch haben Weise, Heilige und Gott-Verwirklichte inner- und außerhalb Indiens immer wieder das gleiche gesagt. Nur mit einem stillen Geist kann man vollkommenen Frieden und vollkommene Seligkeit erfahren. Man sollte daher nach jedem *bhajan* wenigstens zehn oder fünfzehn Minuten sitzen bleiben und den Geist beobachten. Du wirst entdecken: dein Geist ist still und klar geworden.

Als Ramdas auf seiner Weltreise den englischen Weisen H. T. Hamblin besuchte, schlug dieser nach dem Gespräch vor, nicht sofort aufzubrechen, sondern noch eine Weile schweigend beieinanderzubleiben. Wir saßen fünf Minuten zusammen, und er sagte danach, er habe während dieser kurzen Zeit ein wunderbares Erlebnis gehabt. Einem französischen Abt wurde der gleiche Wunsch erfüllt, und auch er hatte ein außerordentliches Erlebnis. Auf Ramdas' Bitte gab er darüber Auskunft: «Viele Jahre habe ich mich danach gesehnt, Christus zu schauen. Heute ist mein Wunsch erfüllt worden. Er stand vor mir in all Seiner Pracht.» Aus der Stille erheben sich mächtige Kräfte, und Wunder werden vollbracht.

P. Die Reinigung des Geistes vollzieht sich in zwei Abschnitten:

1. Beseitigung von Unreinheiten in Form von hartnäckigen Wünschen;
2. Beseitigung der Ruhelosigkeit des Geistes.

Und was verhilft uns zu dieser Reinigung?

1. Selbstloses Dienen;
2. Methoden, die der Sammlung des Geistes dienen.

Es gibt viele Methoden zur Förderung der Konzentration. Die einfachste, leichteste und beste ist das Singen oder Sprechen des Namens Gottes. Du kannst dein Gesicht nur in einer unbewegten Wasseroberfläche sehen. So muß auch der Geist still sein, wenn du das Göttliche in dir erschauen willst. Die Wiederholung des Namens verhilft zu dieser Stille.

Solange du dich für den vergänglichen Körper hältst, hast du Angst vor dem Tod. Erst wenn du über Namen, Formen und

Dualität hinausgelangt bist, erwacht in dir das Bewußtsein des Selbst, und du bist befreit von den Fesseln der Angst, der Wünsche, des Unwissens, der Bindungen, des Kummers und der Sorgen. Du hast dein Ziel erreicht.

Verliere dieses Ziel nicht aus den Augen! Du mußt dich bemühen zu erkennen, daß du der Friede und die Glückseligkeit bist, die alles durchdringen und die unwandelbar und unsterblich sind. Diese große Wahrheit wird in Sanskrit *sat-chit-ananda* genannt. Sein, Bewußtsein und Seligkeit sind praktisch dasselbe. Wo sich eines davon befindet, sind auch die beiden andern. Gott ist in dir, und Er ist außerhalb von dir. In beiden Fällen ist Er Seligkeit, reine Seligkeit. Das zu erfahren bedeutet, Raum, Zeit und Ursächlichkeit zu transzendieren und im gesegneten Zustand unbegrenzter Glückseligkeit zu verbleiben.

P. Wenn du zum göttlichen Namen Zuflucht nimmst, dich ihm ganz hingibst und ihn zu deinem ein und alles machst, wird er dich zum Höhepunkt der Gottes-Erfahrung führen. Tatsächlich ist der Name Gott. Alle Wege sind in dem einen Weg enthalten – im Singen des Namens Gottes. Ramdas ging keinen anderen Weg, und auch dir wird er zur Erfahrung des *atman* verhelfen.

Du erkennst dann, daß der Gott in deinem Inneren nicht nur Ruhe und Stille ist, sondern zur gleichen Zeit auch höchste Aktivität. Man nennt das *purusha* und *prakriti* oder *Brahman* und *maya* oder *Siva* und *sakti*. Unmanifestierte und manifestierte Wirklichkeit sind identisch.

P. Die Welt steckt voller Ideale, doch verglichen mit dem höchsten Ideal erweisen sie sich als dürftig und wenig nützlich. Welch großartige Chance hat uns Gott eingeräumt, indem er uns mit dem unschätzbaren Körper beschenkte! Dieser ist das Mittel, mit dem wir das höchste Ziel erreichen können. Und welch schlechten Gebrauch machen wir von ihm! Wie armselig ist das, was wir mit seiner Hilfe zu erlangen suchen, im Vergleich mit dem einzig Erstrebenswerten: Gott!

P. Wenn du dich vierundzwanzig Stunden täglich an Gott erinnerst, wirst du seelisch und körperlich so geläutert, daß Er sich in dir manifestiert und dich ganz mit Seinem Licht, Seiner Macht, Seiner Weisheit, Seiner Liebe und Seiner Freude durchdringt. Diese Hingabe verursacht jene große Verwandlung, bei der du von der menschlichen Ebene, auf der tierisches Bewußtsein gemischt mit ein bißchen höherer Intellektualität vorherrscht, zur göttlichen Ebene erhoben wirst. Voraussetzung für diese Umwandlung ist absolute Reinheit in Gedanken, Worten und Taten. Und wie gelangt man zu dieser Reinheit? Durch die Wiederholung des göttlichen Namens.

Es gibt Strebende, die jeden Morgen und jeden Abend eine Stunde lang *japa* üben und die darauf stolz sind, obwohl sie ihrem Geist den Rest des Tages umherzuwandern erlauben. Das sind keine wahren *bhaktas*. Ein *bhakta,* der diesen Namen verdient, ist Tag und Nacht mit Gott im Einklang, indem er beim göttlichen Namen bleibt. Das verlangt Er von dir, und davon können keine Abstriche gemacht werden. Dein ganzes, noch von der niederen Natur beherrschtes Wesen muß vergöttlicht werden.

Hingabe bedeutet, in Gott zu leben. Und so verhält sich der wahre Gottsucher: er denkt an Gott, er spricht von Ihm, und er tut alles in Seinem Namen. Narada bezeichnet *bhakti* in seinen «*Bhakti*-Sutras» als *Param Prem;* das heißt, man muß Gott mehr lieben als alles andere.

Sehnsucht nach Gott

P. Du mußt dich nach Gott sehnen, wie das Kind sich nach der Mutter sehnt! Wird es von ihr getrennt, beginnt es zu schreien. Wenn das Verlangen nach Gott so stark geworden ist, bleibt Sein Name ohne Unterbrechung auf deinen Lippen, und es wird zur Vereinigung mit Ihm kommen. Der Name kann mit einer Brücke verglichen werden, die *bhakti* und *jnana* miteinander verbindet.

F. Worin liegt der Unterschied zwischen einem Yogi und einem *bhakta?*

P. Yoga nennt man einen Weg, der zur Vereinigung mit Gott führt. Man spricht auch von *bhakti*-Yoga. Der bhakta sehnt sich nach Gott und ruft nach Ihm. Schließlich stürmt er die Festung Gottes und wird eins mit Ihm. Es gibt verschiedene Yogaarten, etwa *patanjali*-Yoga oder *raja*-Yoga. Näheres über Yoga steht im 6. Kapitel der Bhagavad Gita.

Mira war eine große *bhakta*. Sie sang Krishnas Namen so inbrünstig und ausdauernd, daß dieser in einer Vision vor ihr erschien. Mit Hilfe ihres Gurus kam sie schließlich in den

Zustand, in dem sie Krishna als universelles Wesen in allen Geschöpfen und Dingen erkennen konnte.

Ohne brennende Sehnsucht nach Gott kannst du nicht zu Ihm kommen. Dann hilft es dir auch nicht, wenn du jahrelang mit Heiligen zusammen bist. Nur inbrünstiges Verlangen nach Ihm befähigt dich zur Gott-Verwirklichung.

F. Stehen weichherzige Menschen Gott näher als hartherzige?

P. Hätte Gott kein mitfühlendes Herz, gäbe es für den Menschen keine Hoffnung. Wenn du zu Ihm kommen willst, muß dein Herz die gleiche Qualität besitzen. Schau auf Mataji, unser leuchtendes Vorbild! Sie predigt nicht, sie redet nicht viel, aber sie führt ein göttliches Leben. Auch Ramdas kann nicht Schritt mit ihr halten. Er war nur das Werkzeug, das ihr diesen Ashram schuf, wo sie jedermann mit der gleichen Liebe dient. Sie hält sich bescheiden im Hintergrund und schreibt alle Verdienste Ramdas zu; doch das Licht, das sie ausstrahlt, leuchtet aus ihr selbst.

Läutere deinen Geist!

P. Die Leute sagen, sie meditierten. Ramdas wundert sich darüber, weil er weiß, daß ihre Gemüter unruhig sind. Was geschieht mit dem Geist bei einer solchen «Meditation»? Das sollte man herausfinden, indem man sich hinsetzt, die Augen schließt und den Geist beobachtet.

Der Gedanke an Gott vertreibt alle anderen Gedanken und Gefühle. Wenn er vorherrscht, wird der Geist rein. Diese Reinheit führt zur Selbst-Verwirklichung. Reinheit wird erreicht durch das Singen des Namens Gottes.

F. Ich habe gehört, es gäbe neun Arten von *bhakti;* die Wiederholung des göttlichen Namens sei eine davon. Ist diese Methode ein vollwertiges *sadhana?*

P. In der Wiederholung des Namens ist alles enthalten. Viele Heilige haben diesen Weg gewählt und das Ziel erreicht. Gib alles andere auf und suche allein beim Namen Zuflucht! Schon mancher hat sich in vielerlei Praktiken versucht und ist nicht weitergekommen. Sein Geist ist so unrein geblieben wie vorher.

F. Wir sind Familienväter und -mütter. Zeige uns bitte den Weg zum Frieden!

P. Ihr werdet keinen Frieden finden, wenn ihr nicht nach Gott hungert, nach Ihm allein! Solange ihr das übliche Leben führt und euch nur an den Dingen der Welt erfreuen wollt, kommt ihr nicht weiter. Doch auch, um euren Wünschen zu entsagen, braucht ihr Gottes Gnade.

F. Wie erlangen wir diese Gnade?

P. Betet zu Gott, und haltet euch an Seinen Namen! Ihr dürft die Kraft, die euch dadurch zufließt, nicht verwenden, um weltliche Wünsche zu erfüllen, sonst geht sie wieder verloren. Frieden findet man nicht auf der Straße. Ihr müßt euch Gott hingeben und auf alles andere verzichten!

Valmiki vertraute Narada an: «Ich bin ein Räuber; nur so kann ich meine Familie ernähren.» Aber die Familienangehörigen waren nicht bereit, die Folgen dieses sündhaften Tuns auf sich zu nehmen. Das war für Valmiki der Anstoß zur Umkehr. Er ließ sich in Ramnam einweihen und befreite seinen Geist in jahrelangen Bemühungen von allen Unreinheiten. Durch die Macht des Namens wurde er schließlich eine erleuchtete Seele, ein Maharshi.

F. Kann der Guru den Schüler ohne weiteres vom Ego befreien?

P. Er kann, aber er wird es nur tun, wenn der Schüler seinen Weisungen folgt. Auch Ramdas mußte hart ringen, bis seine Wünsche erstorben waren. Dann erst konnte er Gott verwirklichen. Du willst Gott auf ähnliche Weise in Besitz nehmen, wie du eine Mangofrucht vom Baum pflückst. Das ist nicht möglich. Du mußt den Weg gehen, den dir der Guru gezeigt hat!

Wohin der Geist sich wendet – überall ist Gott

F. Könntest du heute abend über die Bewußtseinserweiterung sprechen, die der Schüler beim Zusammensein mit Heiligen erfährt?

P. Es werden keine besonderen Bemühungen verlangt. Sitzt beim Heiligen mit demütigen Herzen und öffnet euch seinem Einfluß! Es bedarf keiner Worte des Segens; selbst Gespräche sind überflüssig. In seiner Gegenwart beantworten sich alle Fragen und lösen sich alle Zweifel, Sorgen und Ängste verschwinden. Euer Inneres wird auf geheimnisvolle Weise verwandelt, und ihr werdet auf eine höhere Bewußtseinsstufe erhoben.

Ramdas hat viele Heilige aufgesucht. Er stellte keine Fragen, sondern saß schweigend zu ihren Füßen. Nach einer gewissen Zeit verabschiedete er sich ehrerbietig und setzte seine Wanderung fort. Er fühlte sich nach jedem dieser Besuche in eine Sphäre versetzt, in der vollkommener Friede und vollkommene Freude herrschen.

Durch Ramnam wurde Ramdas offen für die Einflüsse der Heiligen. Gott, dem er sich ganz anvertraut hatte, führte ihn nur zu Plätzen, von denen heilige Schwingungen ausgingen. Er befand sich niemals in weltlicher Gesellschaft, sondern war immer von *sadhus* begleitet. Seinem göttlichen Meister überließ er es, ihn zu führen und zu beschützen. Gott war sein ein und alles geworden. Ramdas sah nur Ihn und sonst nichts.

F. Wie sollen wir den Geist unter Kontrolle halten?

P. Den Geist beherrschen heißt, ihn still machen. Das ist keine Kleinigkeit, doch Gott oder Guru sind jederzeit bereit, euch zu helfen.

Auf seiner Wanderschaft tat Ramdas alles, um den Geist zu bezwingen: er betete, er wiederholte Ramnam, er war bemüht, sich Gott mit Leib und Seele hinzugeben, er suchte viele Heilige auf. Dann nahm er an, der Geist sei verschwunden, und er habe zum Frieden gefunden. Doch auf einmal war der Geist wieder da, und der Kampf entbrannte von neuem. Das wiederholte sich einige Male. Dieses Ringen bleibt keinem Gottsucher erspart. Ramdas wandte sich schließlich an Ihn: «Warum läßt Du zu, daß all das immer wieder in meinem Geist aufsteigt?» Gott erwiderte: «Warum siehst du diese Dinge als verschieden von Mir an? Betrachte sie als Teil von Mir, dann werden sie dir anders begegnen! Du kannst sie nicht zerstören, sondern nur umwandeln!» Das überzeugte Ramdas, und er konnte sprechen: «Du bist dies. Du bist das. Du bist alles.» Darauf verschwanden alle diese Dinge, und eine Freude erwachte in ihm, die nie mehr vergehen sollte. Ramdas war völlig verwandelt. Hört daher auf seinen Rat:

«Wißt, daß jeder Gedanke von Gott stammt! Gebt dem Geist die Zügel frei! Versucht nicht, ihn anzuketten! Denn wohin er sich auch wendet: er bleibt immer in Gott. Alle Gedanken, alle Gefühle, alle Impulse: alles ist Er.»

10. Kapitel

Der Name Gottes

Wunderbarer Name

P. Kein Wort übt eine so wunderbare Macht aus, keines wirkt auf so geheimnisvolle Weise für das vollkommen Gute wie der Name Gottes. Der Name des Herrn ist Er selbst in Gestalt eines mystischen Lautes. Den Geist mit dem süßen Klang des Namens in Übereinstimmung zu bringen heißt, dein Leben dem Ewigen Leben anzugleichen. Die Melodie des Namens bewirkt die Vereinigung der individuellen mit der universellen Seele. Wenn die Seele sich in den erhabenen Schauern verliert, die der Name hervorruft, kommt sie in einen Zustand unaussprechlicher Ekstase, in dem alle Wesen als Manifestationen der einen höchsten Wahrheit erkannt werden. Der Name erweitert den engen Horizont des Individuums und ermöglicht ihm die Schau unendlicher Pracht und Größe.

Die Seele, die von der nektargleichen, zauberhaften Süße des Namens gekostet hat, erhebt sich aus der niederen Welt der unzulänglichen und begrenzten Gedanken und Handlungen in das grenzenlose Reich der Freiheit und Vollkommenheit. Im Glanz dieses verwandelten Lebens offenbart sich die Pracht der allem zugrundeliegenden Wirklichkeit, von der es selbst nur ein Abbild ist. Durch die Macht des Namens werden dem, der in ihm sein ein und alles erkannt hat, die inneren Gesetze offenbart, die die äußeren Erscheinungen und Veränderungen des Universums auslösen.

Wenn der Name zur Hauptstütze und zur einzigen Zuflucht des nach Gott Strebenden geworden ist, wird dieser sich nicht nur mit schnellen Schritten, sondern auch mit einem mutigen und fröhlichen Herzen dem höchsten Ziel nähern. Wahrlich – gesegnet ist die Seele, in der ein unerschütterlicher Glaube an die Größe des göttlichen Namens lebt!

Es wird zu Recht gesagt, daß es leichter sei, die Herrschaft über ein Königreich zu gewinnen, ja sich die ganze Welt untertan zu machen, als Herr des eigenen Geistes zu werden. Wer sein Gemüt beherrscht, ist der wahre Held. Das kann nur erreicht werden, wenn die göttliche Energie im Herzen des Menschen geweckt wird und an Stelle des schwachen individuellen Willens zu wirken beginnt. Hierbei erweist sich der Name als unschätzbares Hilfsmittel. Das ständige Singen oder Sprechen des Namens läßt den rastlosen Geist ruhig und in hohem Grad gesammelt werden. Dann wird es möglich, alle körperlichen und mentalen Kräfte aufzubieten, um den Schleier zu entfernen, der über der Wahrheit liegt, die identisch ist mit unendlicher Kraft und Freude, unendlichem Frieden und unendlichem Licht. Mit einem Wort: Der Name ist der Schlüssel, der die Tore des Herzens öffnet, die Zugänge zu unsterblicher Liebe, Weisheit und Kraft sind. Mit seiner Hilfe geht die Seele auf im ewigen und glückseligen Sein.

In Ramnam ist alles enthalten

F. Ist es nötig, daß ich mich auf die von mir verehrte göttliche Gestalt sammele, während ich den Namen Gottes singe?

P. Auch diese Gestalt ist im Namen enthalten. Formen müssen immer wieder aufs neue gezeigt werden, während der Name stets zugänglich bleibt.

F. Aber der Geist macht sich noch bestimmte Vorstellungen. Mentale Bilder steigen auf.

P. Warum? Wenn du den Namen wiederholst, wirst du von seinem Klang berauscht. Hältst du dich voll Vertrauen an den Namen, wird er dir alles geben, was du benötigst. Er ist der Erlöser.

F. Wir hören den Namen mit unseren Ohren. Aber was ist mit dem Sehen, mit unseren Augen?

P. Was sollen die Augen noch sehen, wenn der Geist im Klang des Namens aufgegangen ist? Warum sich dann noch um Formen oder Figuren kümmern, die im Geist erscheinen? Warum überhaupt solche mentalen Bilder? Sie verschwinden wieder, der Klang des Namens bleibt dir zu jeder Zeit.

F. Man kann den Klang aber nur hören, wenn man den Namen singt.

P. Du kannst ihn ja singen. Wesentlich ist, daß deine Aufmerksamkeit ständig auf den Namen gerichtet bleibt. Wenn du beim Namen bist, ist Gott bei dir. Später wird sich dann Gottes-Bewußtsein in dir entwickeln, und du verwirklichst die Wahrheit, für die der Name steht. Du siehst, was wir im Ashram tun: wir singen den Namen, oder wir schreiben ihn. Kein Gottesdienst, keine Bildnisse von Gott.

F. Die Verkörperung Gottes sitzt hier vor uns.

P. Ihr alle seid Verkörperungen, Manifestationen Gottes: lebende, sich bewegende Gottheiten. Und doch verehrt ihr steinerne Bildnisse und haßt eure Mitmenschen.

Im Kasaragod Ashram wohnte ein *sadhu,* der eine ganze Anzahl solcher Statuen verehrte. Als Ramdas hörte, daß dieser sich schlecht gegen einen sogenannten Unberührbaren benommen hatte, warf er alle Statuen in einen Graben. Wer Ramnam ausübt, braucht kein anderes *sadhana.* Die Schwierigkeit liegt darin, die Wiederholung des Namens zur festen Gewohnheit werden zu lassen. Du mußt dein Leben so gestalten, daß du dich immer an Gott erinnern kannst. Dein *sadhana* wird alle Zerstreutheit des Geistes beseitigen; auch über die drei *gunas* wirst du leicht hinausgelangen. Du selbst wirst dich in Freude verwandeln, in Glückseligkeit. Daher verweisen alle Religionen auf die überragende Bedeutung des Namens Gottes. Der Weise Narada sagte: «Haris Name allein ist mein Leben. Im Zeitalter des *Kali Yuga* findet man nur im Namen Gottes Zuflucht.»

Nama japa

F. Gab es eine Zeit im Leben Papas, wo er der Religion ablehnend gegenüberstand?

P. Tatsächlich gab es eine Zeit, wo er den Glauben an Gott verloren hatte. Die Lehren Ramakrishnas, Vivekanandas und Rama Tirthas überzeugten ihn aufs neue. Er begann in Mangalore mit ernsthaftem *sadhana.* Bis dahin hatte er Garn gesponnen; jetzt fing er an, Ramnam zu spinnen.

F. Macht *nama japa* den Geist von selbst still?

P. Wenn du ernsthaft nach Gott verlangst, geht dein Geist ganz im Namen auf. Andernfalls wird *japa* zu einer mechanischen Übung – du wiederholst zwar den Namen, doch der Geist bleibt ruhelos. Geist und Name müssen miteinander in Einklang gebracht werden. Dann ist der Geist gesammelt, und du wirst dich an der Süße des Namens erfreuen. Schon beim bloßen Lauschen auf seinen Klang empfindest du viel Frieden und Freude. Aber der Geist will das nicht; er zieht es vor umherzuschweifen. Daher ist es erforderlich, sich von den Dingen der Welt zu lösen. Ohne diese Loslösung kann es keine erfolgreiche geistige Bemühung geben. Liebe zu Gott und Gelassenheit der Welt gegenüber – beides ist notwendig. Ein Geizhals denkt fortwährend an Geld; um des Geldes willen würde er alles andere aufgeben. Ähnlich ist es mit der Bindung an Gott; im gleichen Augenblick, in dem du dich an Seinen Namen wendest, wirst du von dessen Süße kosten.

F. Wann wird der Geist still werden?

P. Die Stille kündigt die Auflösung des Geistes an. Tatsächlich bedeutet ein vollkommen stiller oder reiner Geist schon die Verwirklichung des *atman*. Im Hindi gibt es ein Sprichwort: «Wer von der Süße des Namens gekostet hat, ist einem *jivanmukta* gleich.»

Wenn du wahre Gottesliebe empfindest, werden *vairagya* und *jnana* folgen. Ohne diese Liebe, ohne *bhakti*, bleibt der Geist ruhelos; weder *vairagya* noch *jnana* können dir zuteil werden.

F. Gehört *nama japa* zu den Praktiken des *advaita?*

P. Alles ist *advaita*. Es kommt nur darauf an, das zu erkennen. Solange man ein *sadhana* ausübt, befindet man sich noch auf der Ebene der Zweiheit. Erst wenn dein Geist von der *advaita*-Idee völlig durchdrungen ist, kannst du *atman* verwirklichen. «Ich suchte Gott und erkannte, daß ich Er bin.» Der Name Gottes ist der Name deines *atman*, ist der Name des Selbst, ist Ram.

F. Auch bei den Sufis wird der Name Gottes hochgeschätzt.

P. Ja. «Allah Hu» ist das Mantra der Sufis.

Das Mantra

F. In unserer Zeit findet der Atheismus einen guten Nährboden. Warum ist das so?

P. Ein Suchender sollte sich um solche Fragen nicht kümmern. Dein Ziel ist die Verwirklichung des Selbst. Bleibe auf dem Pfad, der dich zu Gott führt, nach dem du dich sehnst! Was du wissen willst, hat mit deiner Suche nichts zu tun. Es ist eine theoretische Frage. Du kannst eine wissenschaftliche Arbeit darüber schreiben und sie bei einer Universität einreichen. Vielleicht erhältst du dafür einen Doktortitel. Einem anderen Zweck dienen solche

Erörterungen nicht. Du solltest deshalb nur nach dem fragen, was dir bei deiner geistigen Entwicklung helfen kann.

F. Was bedeutet OM am Ende des Mantra?

P. Das OM am Ende ist schon der Anfang eines neuen Mantra. Beim Singen wird es gewöhnlich ans Ende gesetzt. Doch ist es nicht wichtig, ob OM am Anfang oder am Ende steht; wichtig ist nur, daß du das Mantra singst.

F. Ich wollte nur wissen, welche Bedeutung OM hat.

P. Deine Aufgabe ist es, das Mantra, daß du bekommen hast, ständig zu wiederholen. Warum kümmerst du dich um andere Dinge?

F. Als ich das Mantra hier singen hörte, erwachte in mir der Wunsch, seinen Sinn zu erfahren.

P. Der Guru gab Ramdas das Mantra: «Sri Ram Jai Ram Jai Jai Ram». Ram veranlaßte ihn, es durch OM zu ergänzen. Weißt du, was sein Guru sagte? Er mahnte: «Wiederhole das Mantra ohne Unterlaß, und du wirst unendlichen Frieden und unendliche Glückseligkeit erlangen!» Ramdas wiederholte es jeden Tag vierundzwanzig Stunden lang. Er hat keine Fragen gestellt. Er hat seine erste Lektion gelernt; es zeigte sich, daß es auch die letzte war.

Ramnam ist süßer als Nektar

F. Papa sagt: «Ramnam ist süßer als Nektar.» Was bedeutet das?

P. Nehmen wir an, ein Bekannter von dir hat einen Pudding gegessen und lobt ihn wegen seines süßen Geschmacks. Wenn du dir diesen Genuß ebenfalls verschaffen willst, mußt du den gleichen Pudding essen.

Ramdas sagt: «Ramnam ist süßer als Nektar, süßer als alles, was du bisher an Süßem gekostet hast.» Im Vergleich dazu schmeckt alles andere fade. Du mußt diese Erfahrung selbst machen, Ramdas kann sie dir nicht geben. Und nur dann erlebst du die Süße, wenn alle *vasanas* beseitigt sind. Dazu bedarf es der Gnade von Heiligen. Um sie zu erlangen, muß man unbeirrbar an die Macht der Heiligen glauben. Dieser Glaube, dieses Vertrauen erwächst aus der Sehnsucht nach Gott. Schicksalsschläge, Mißgeschick und Leid sind nötig, damit diese Sehnsucht in dir erwacht. Irgendwann wirst du des Lebens, das du führst, überdrüssig und beschließt, dich aus all seinen Verwicklungen zu befreien. Du beginnst, nach dem wahren Frieden zu suchen. Er ist nur in Gott zu finden. Aus dieser Erkenntnis erwachsen das Verlangen nach Ihm und der Glaube an die Macht der Heiligen. Jetzt erst vermag sich deren Gnade auszuwirken, deine *vasanas* werden zerstört. Nun bist du vorbereitet und kannst von der Süße des Namens kosten.

Während seiner Wanderjahre wurde Ramdas von dem Erlebnis der Süße des Namens übermannt. Von da an richtete sich sein Sinn nicht mehr auf Äußerliches. Er war so sehr von innerer Freude erfüllt, daß ihm weltliche Vergnügungen nichts mehr bedeuteten.

Die Zunge singt den Namen und schmeckt seine Süße. Geist und Sinne werden trunken vor Freude.

F. Sollen wir bei einem Mantra bleiben?

P. Das ist am besten. Nimm an, alle Mantras seien in dem einen enthalten.

F. Ich bin vor fünf Jahren in ein Mantra eingeweiht worden; jetzt habe ich Ramnam kennengelernt. Zur Zeit wiederhole ich beide.

P. Wähle eines davon! Du solltest allerdings andere Mantras nicht geringachten. Alle Namen Gottes sind gleich mächtig, doch ist es am besten, bei einem zu bleiben. Das macht dich fähiger, dich zu sammeln.

F. Seit meiner Jugend habe ich mich an ein bestimmtes Mantra gehalten. Doch jetzt ziehe ich Ramnam vor.

P. Du kannst bei Ramnam bleiben. Doch solltest du dabei nicht vergessen, daß das andere Mantra in ihm enthalten ist. Es darf keine Unsicherheit aufkommen.

F. Am Anfang ist das bei mir der Fall gewesen.

P. Hast du da noch das erste Mantra wiederholt?

F. Nein.

P. Dann ist der Wechsel für dich leicht. Verhalte dich so, als ob die Person, die dir das erste Mantra anvertraut hat, dich in anderer Verkörperung auch in das zweite eingeweiht hätte. Dann gibt es keine verschiedenen Gurus mehr. Gott ist im Mantra, Gott ist das Mantra.

F. Wer sich immer an diese Wahrheit erinnert, wird den Ozean von *samsara* sicher überqueren. Das ist die Urbedeutung des Wortes «Mantra».

P. Deshalb spricht man von ihm als Taraka Mantra – das, was dich aus den Fesseln befreit.

F. Besteht ein Unterschied zwischen *dvaita* Mantra und *advaita* Mantra?

P. Das *advaita* Mantra bewirkt, daß du dich als *Brahman* fühlst, während dich das *dvaita* Mantra zur Hingabe führt. Beide haben das gleiche Ziel.

F. Womit kann ich dem Guru am besten dienen?

P. Wiederhole jederzeit das Mantra, das er dir gegeben hat! Das ist der beste Dienst, den du dem Guru erweisen kannst. Noch einmal: Das Mantra muß ständig auf deinen Lippen und in deinem Geist bleiben. Dann kommt dein Leben in Einklang mit dem Mantra, und dir wird alles gegeben, was du für deinen Weg brauchst. Das ist die erste und die letzte Lehre, die dir dein Guru erteilt. Das Mantra des Guru ist der Guru selbst, so wie der Name Gottes Gott selbst ist. Solange du beim Mantra bleibst, wirst du die geistige Gegenwart des Guru als Wahrheit, als Wirklichkeit spüren.

Das Mantra ist wie ein Panzer, der dich vor allem Übel schützt. Habe Vertrauen, dann wirst du dich in Windeseile Gott nähern. Deine Gedanken, deine Worte, deine Handlungen müssen rein sein. Das bewirkt die Wiederholung des Mantra. Dadurch wird der Geist geläutert. Dann bist du voll der Freude, die spontan deinem Herzen entströmt.

Wenn du diesen glückseligen Zustand erreicht hast, wird sich der Guru herzlich freuen. Etwas anderes verlangt er nicht von dir. Er wünscht nur deinen geistigen Fortschritt. In der Tat öffnet das Mantra des Guru die Tore zur unendlichen Glückseligkeit, die sich in dir befindet. Das Mantra ist der Schlüssel. Es ist mit göttlicher Kraft erfüllt, weil es von dem kommt, der die Wahrheit mit seiner Hilfe verwirklicht hat. Du kannst das Mantra nicht vergessen. Es wird von dir Besitz ergreifen, indem es tief in dich einsinkt und dort Wurzeln schlägt. Natürlich muß man es bewußt wiederholen. Du erfährst unendliche Freude, wenn es nach und nach dein ganzes Wesen durchdringt. Dann wird es dich – innerlich und äußerlich – vollkommen verwandeln.

Ramdas ist sehr glücklich, wenn jemand sagt: «Ich habe Ramnam ohne Unterbrechung acht Stunden wiederholt.» Zu diesem Zweck kommen Freunde zeitweise oder für immer in den Ashram. Sie wollen sich mehr und mehr Gott zuwenden. Diese Praxis befreit den Geist von allem Schmutz. Im reinen Geist kann sich Gott manifestieren. Dann werden für immer Freude, Friede und Glückseligkeit herrschen.

F. Es ist bewegend zu erleben, wie Papa Neuankömmlinge in das Mantra einweiht.

P. Je mehr du das Mantra wiederholst, um so mehr Kraft wird dir zufließen. Das wirst du spüren. Der Guru bedenkt jeden, der zu ihm kommt, mit dieser Kraft.

F. Wir werden durch weltliche Handlungen gestört.

P. Was sind weltliche Handlungen? Alles geschieht nach dem Willen Gottes. Wenn dir das bewußt wird, ist alles in Ordnung. Hinter dem, was du tust, steht die Macht Gottes. Daher sind deine Handlungen letztlich göttlicher Natur. Wo ist dann noch ein Unterschied zwischen weltlicher und göttlicher Aktivität? Alles ist eins. Wenn du etwas tust, sollst du dich immer daran erinnern, daß dein Tun Gottes Tun ist. Dann wird die Arbeit zum Gottesdienst. Verfährst du so, dann erhebt sich keine Frage mehr nach dem Ego. Tatsächlich existiert dieses überhaupt nicht. Es gibt nur Gott, und Seine Kraft wirkt überall. Sobald du das vergißt und denkst, du seist der Handelnde, bist du im Netz von *maya* gefangen.

Solange du die Welt als Welt siehst, gibst du dich einer Täuschung hin. Erst wenn du erkennst, daß sie identisch mit Gott ist, bist du frei von Illusionen.

Der Name ist Gott

F. Hat Papa an die Bedeutung von Ramnam gedacht, während er es wiederholte?

P. Wenn du «Milch» sagst, denkst du an die Eigenschaften von Milch. Der Name Gottes steht für *sat-chit-ananda,* Sein-Bewußtsein-Seligkeit, ja, er ist Gott selbst. Das kam Ramdas nicht aus dem Sinn, während er den Namen Gottes wiederholte. Bring deinen Geist mit dem Namen in Einklang, und du wirst höchste Seligkeit erfahren!

Auch Ramdas hat auf diese Weise die Süße des Namens gekostet. Sein Geist war nicht auf weltliche Dinge gerichtet; keine anderen Gedanken stiegen in ihm auf. Ramdas' Weltentsagung war vollkommen. Er geriet in eine seltsame Ekstase, die sein ganzes Wesen erfaßte. Unendliche Freude, die in ihm geschlummert hatte, wurde durch die Macht des Namens geweckt.

11. Kapitel

Gottesverehrung

Höhepunkt von *bhakti*

P. *Bhakti* bedeutet: den Herrn des Universums höher schätzen als alles andere. Wenn unsere Verehrung ausschließlich Ihm gilt, bleibt der Geist stets auf Ihn gerichtet. Der Gedanke an Gott beschäftigt Seinen Verehrer so stark, daß auch die attraktivsten Dinge der Welt ihre Anziehungskraft verlieren. Seine Gottbesessenheit drückt sich in allem aus: in seinem Reden, seinem Lachen, seinem Weinen. Sinnesfreuden bedeuten ihm nichts mehr. Seine einzige Leidenschaft ist es, Gott zu schauen, Gott zu kennen und ganz in Gott aufzugehen.

Vairagya ist die Frucht intensiver Gottesverehrung. Ist die Hinwendung nicht stark und dauerhaft, kann auch *vairagya* nicht vollkommen sein. Sehr oft beklagen sich Strebende, daß es ihnen auch bei bestem Willen nicht möglich sei, ihre Gedanken ständig auf Gott zu richten. Der Grund dafür: sie verehren und lieben Ihn nicht intensiv genug.

Man unterscheidet bei der Verehrung Gottes zwei Stufen. Auf der unteren Stufe vertraut sich der Gottesverehrer der Führung eines Heiligen an. Er bemüht sich, seine psychischen und physischen Kräfte so zu lenken, daß er möglichst frei von Wünschen bleibt. Neben *sat sang* wird er nach Möglichkeit das Alleinsein bevorzugen. Außerdem hält er eine Diät ein, die Körper und Geist nicht belastet.

Wie kann der Sucher seinen Geist mit dem Göttlichen in fortdauernde Übereinstimmung bringen? Wenn wir uns an etwas erinnern, beschäftigen wir uns innerlich mit den Eigenschaften der betreffenden Person oder des Objekts. Je länger dieser Vorgang währt, desto fester prägen sich die Eigenschaften des Erinnerten dem Gedächtnis ein. Der Geist wird von den göttlichen Eigenschaften gänzlich durchdrungen, wenn man unablässig beim Namen bleibt.

Über *tamas* und *rajas* hinaus erreicht der Strebende die höhere Stufe, den *sattva*-Zustand. Das bedeutet: er hat sich über das Animalische der menschlichen Natur hinaus in ein höheres, mit Ruhe, Gleichmut, Licht und Reinheit erfülltes Bewußtsein erhoben. Durch die Gnade des Herrn oder eines Heiligen gelangt er auch über diesen Zustand hinaus und erlebt sein wahres Wesen im unsterblichen *atman*. Diese Erkenntnis nennt man *jnana* oder *moksha*. Sie befreit die Seele aus dem Kreislauf von Geburt und Tod und gewährt ihr ewigen Frieden und ewige Seligkeit. Der Befreite wird zum *parabhakta* und hat damit den höchsten Gipfel der Gott-Verwirklichung erreicht. Jetzt sieht er im Universum das Abbild seines geliebten Herrn; auch in allen Geschöpfen kann er Ihn erkennen. Das Gefühl der Zweiheit ist völlig erloschen, die Einheit allen Seins wird richtungweisend für sein Leben. Dieser höchste Zustand bringt unermeßliche, nie endende Seligkeit, er bedeutet das Eintauchen ins unendliche Meer der Freude.

Bhakti, *jnana* und *parabhakti*

F. Sollte man nicht mit Bilderverehrung, Riten und Zeremonien aller Art aufhören?

P. Du kannst ja aufhören, doch werden die meisten damit fortfahren. Sie glauben, dadurch Gott näherzukommen. Das ist jedoch kein Thema für Diskussionen; es ist nicht Ramdas' Sache, dazu Stellung zu nehmen. Sicher wird der eine oder andere aus solchen Formen der Verehrung Nutzen ziehen. Schließlich befinden sich nicht alle auf der gleichen Entwicklungsstufe, was erklärt, warum verschiedene Praktiken angewandt werden.

F. Man sagt, allein Unterscheidungsfähigkeit könne einen Menschen geistig weiterbringen.

P. Das stimmt nicht; auch mit dem Gefühl kann das bewirkt werden. Viele haben aus reiner Liebe und Hingabe ihr Herz zu Gott erhoben; Sabari ist ein leuchtendes Beispiel. Den Weg der Unterscheidung wird vor allem der Intellektuelle gehen.

F. Also führen beide Methoden zum Ziel.

P. So ist es. Die einen bevorzugen die intellektuelle Annäherung und verwirklichen so *atman*, andere wählen den Weg der liebenden Hingabe und kommen zum gleichen Ziel.

F. Vivekananda erwähnte, daß bei Mohammed Intellekt und Herz nicht übereinstimmten.

P. Mohammed hat die verschiedenen kriegerischen Stämme im

Namen Allahs zu einen vermocht und so seine Mission erfüllt. Er sagte: «Wenn du wahren Frieden und wahre Seligkeit suchst, mußt du zu Allah beten und die Einheit mit Ihm erstreben!» Die Leute hielten das für den einzigen Weg und glaubten, alle anderen Religionen seien falsch; sie wurden zu Fanatikern. Im Koran jedoch steht ganz deutlich, daß man keinen Glauben ablehnen dürfe. Das zeigt, daß nicht Mohammed für den Fanatismus und seine Auswirkungen verantwortlich ist, sondern seine Nachfolger. Die wahrhaft Großen haben niemals so gedacht. Wenn sie «Ich» sagen, meinen sie das kosmische Ich. Krishna gebot: «Gib alle Pflichten auf; suche bei Mir allein Zuflucht!» «Mir» bedeutet hier das kosmische Mir. Aber die Leute nehmen diese Begriffe wörtlich. Die Folge ist, daß sie sich befeinden und bekriegen. Das gibt es auch in unserem Land. Kämpfen ist immer ein Zeichen von Unwissenheit. Kabir sagte: «Laß die Welt ihre Schlachten schlagen! Bleibe du bei Ramnam!» Allerdings: Wo es nicht zu Auseinandersetzungen kommt, gibt es keine Welt. Betrachte den Kampf als Spiel Gottes! Deine Aufgabe jedoch ist es nicht, zwischen «recht» und «unrecht» zu unterscheiden.

F. Gestern abend diskutierten P. und K. über *jnana* und *parabhakti*. K. behauptete, *parabhakti* käme erst nach *jnana*, während P. keinen Unterschied zwischen beiden sehen konnte.

P. Der Weg führt von *bhakti* über *jnana* zu *parabhakti*. «Para» bedeutet «höher als». Das heißt hier: höher als *jnana*. Im *jnana* wird alles als Illusion betrachtet. Vivekananda hat dieses Thema in seinem Buch *Bhakti-Yoga* ausführlich behandelt.

F. In den Schriften des Vedanta heißt es: Die Welt als Welt ist Illusion, die Welt als *Brahman* ist wirklich. Das sagt auch Sankara.

P. In reinem *jnana* findet sich keinerlei Manifestation; es gibt weder Namen noch Formen.

F. So ist es im *nirvikalpa samadhi*. Danach erst kommt der Zustand, den Sankara als *jnana* bezeichnet.

P. Das bedeutet: alle Manifestation ist *Brahman*. Wenn du die Welt als *Brahman* siehst, muß es den Sehenden und das Gesehene geben. Damit sind wir wieder bei *bhakti*, und zwar einer Form von *bhakti*, bei der du alles als Manifestation deines geliebten Gottes ansiehst und allem die gleiche Liebe entgegenbringst. Zwar besteht ein Gefühl des Getrenntseins, doch auch dieses entspringt dem Gefühl des Einsseins mit allem. Das erklärt manche

Handlungsweise der Großen. Krishna, der als Gott verehrt wurde, diente Arjuna als Wagenlenker und wusch Sudanas Füße. Auch Jesus wusch die Füße Seiner Jünger. Das nennt man *parabhakti*. Es ist jene wunderbare Liebe, die jenseits der Schwelle der Weisheit *(jnana)* aufleuchtet. Narada hat in seinen *Bhakti Sutras* in vorzüglicher Weise darüber geschrieben.

Um Gott zu verwirklichen, bedarf es der steten Erinnerung an Ihn sowie des Dienstes für den Guru. Dem Guru dienst du, indem du den Armen und Leidenden dienst. Du sollst sie als Verkörperungen deines Guru betrachten. Frage Mataji, wem sie dient! Alle Armen und Bedürftigen, denen sie hilft, sind für sie Papa in verschiedenen Körpern. Sie begehrt dafür nichts, auch keine Anerkennung.

F. «Sri Ram Jai Ram Jai Jai Ram Om» bedeutet soviel wie «Dein Wille geschehe!» Welchen Sinn hat «Hari Om»?

P. Jedes Mantra ist ein Symbol, das dich an dein Selbst erinnert. In Bengalen lebte ein Mann, der fest entschlossen war, Gott zu verwirklichen. Er suchte einen Mahatma auf und bat um ein Mantra. Der Mahatma unterhielt sich gerade über Stößel bestimmter Mörser und sagte unvermittelt: «Du kannst das Wort ‹Stößel› wiederholen!» Der Mann kam der Aufforderung vertrauensvoll nach und wiederholte das Wort Tag und Nacht. Als Ergebnis dieser Bemühung erschien schließlich ein goldener Stößel vor seinen Augen, der ihn auf eine höhere Bewußtseinsebene erhob. Wir lernen daraus, daß jeder Name dich zu Gott führt, wenn er in dem festen Glauben wiederholt wird, für das Göttliche in dir zu stehen. Die Rose duftet lieblich, auch dann noch, wenn man ihr einen anderen Namen gibt.

F. Du sagst, du habest deine geistige Kraft Ramana Maharshi zu verdanken.

P. Er hat mir diese Kraft vermittelt, indem er mich anschaute. Ein Blick aus diesen Augen voller Liebe und Mitgefühl läßt alles Ungöttliche in uns verschwinden. Schon bloßes Anschauen genügte, um denen zu helfen, die zu ihm kamen. Ramana Maharshi war ein großer *jnani*. *Jnana* macht das Herz sanft und mild. Er vergoß Tränen, wenn ihm Menschen begegneten, die leiden mußten.

Bhakti ist die Mutter; sie gebärt *jnana*. Beides gehört zusammen. Man sagt auch, *bhakti* sei die Wurzel, *vairagya* der Baum, *jnana* die Blüte und *parabhakti* die Frucht. Der Genuß dieser Frucht bedeutet höchste Seligkeit. Das Fundament der Seligkeit ist *jnana,* das Gebäude *karma* und die Kuppel *parabhakti.* Diese drei bilden den Tempel Gottes.

F. Ist *jnana-samadhi* notwendig?

P. Das Selbst muß verwirklicht werden. Du solltest das aber nicht *samadhi* nennen, da es vielerlei *samadhis* gibt.

F. Ist *jnana* allein genug?

P. Ja. Warum noch das Wort «*samadhi*» hinzufügen? Man gebraucht es heutzutage viel zu oft. Besser spricht man von der Erkenntnis des Selbst. Erwache innerlich, sei dir deines Selbst bewußt und lebe in diesem Bewußtsein! Der Geist verschwindet schließlich, und du wirst das Selbst verwirklichen. Das kann ganz plötzlich eintreten, ohne irgendwelche Zwischenstufen. Es gibt viele, denen es so ergangen ist; sie fallen nicht mehr in ihren alten Zustand zurück.

F. Was soll Meditation bewirken?

P. Sie macht den Geist ruhig. Ramdas hat niemals meditiert. Er wiederholte Ramnam, mit dem Ergebnis, daß kein «ich» mehr übrigblieb.

F. Wiederholt Papa auch heute noch Ramnam?

P. Derjenige, der früher Ramnam wiederholte, ist nicht mehr da. Wer sollte es dann heute tun?

Gottbesessenheit

F. Ist es besser, Gott in einem Bildnis zu verehren oder in einem menschlichen Wesen?

P. Man sollte den lebenden Gott verehren, ihn lieben und ihm dienen. Bilder oder Statuen können nicht sprechen und sich nicht bewegen. Dieses menschliche Wesen muß aber eine gottverwirklichte Seele sein.

F. Was hält Papa davon, wenn junge, unverheiratete Frauen ihr Leben der Gottverwirklichung widmen wollen? Was hat er ihnen zu sagen?

P. Sie müssen sein wie Mira, dann sind sie auf dem richtigen Weg. Wenn sie die Gottbesessenheit dieser Frau besitzen, gelten für sie keine Gesetze und Regeln mehr; sie sind aller weltlichen Pflichten enthoben.

Mira hatte sich über das *dharma* erhoben. Sie sah in Gott ihr ein und alles. Ihr Geist war ständig auf Ihn gerichtet. Eines Tages beschwerte sich ihr Gatte: «Kannst du nicht auch mir, deinem Mann, etwas Beachtung schenken? Wenn du mir wenigstens einen Teil deiner Liebe zukommen ließest!» Sie antwortete: «Krishna hat mein Herz geraubt. Für dich ist nichts übriggeblieben. Selbst wenn ich dich lieben wollte – woher sollte ich die Liebe nehmen?»

Auch unverheiratete Frauen können ihr Leben Gott widmen, sie sollten jedoch von der gleichen Liebe durchdrungen sein wie Mira. Auch müssen sie ein sehr hartes Leben in Kauf nehmen. Mira hatte viel von ihren Verwandten zu erdulden. Sie wurde aufs schimpflichste behandelt, ja, man versuchte sogar, sie umzubringen.

Mira dachte Tag und Nacht nur an Gott. Das war die erste Phase ihrer totalen Hingabe. Solche Menschen wollen keine Ratschläge. Sie stürmen vorwärts, ohne nach rechts und links zu schauen. Das Feuer einer solchen Liebe kann nur von Gott entfacht werden; eigene Bemühung vermag das nicht. Was können wir schwachen Geschöpfe schon aus eigener Kraft tun?

Sita beklagte sich bei Hanuman: «Ich denke so viel an Ram, daß ich eines Tages Ram sein werde. Dann hat aber Ram keine Sita mehr.» Hanuman antwortete: «Ram denkt immer an dich und wird daher schließlich zu Sita werden. Dann können beide fortbestehen: Ram und Sita.» Diese Hingabe sollten wir haben. Man kann das als Besessenheit, als Verrücktheit betrachten. Auch Ramdas hat man für verrückt gehalten, als er durchs Land zog, beherrscht von einem einzigen Gedanken: Gott.

Hingabe

F. Würdest du bitte erklären, was man unter *kundalini sakti* versteht?

P. Es gibt nur eine *sakti*. Darum kann man *kundalini sakti* als Mutter des Universums betrachten.

F. Ich habe gelesen, daß die *kundalini* erweckt würde, wenn man *pranayama* praktiziert.

P. In den Büchern steht so vieles, doch ist Buchwissen letztlich wertlos. Hast du *pranayama* ausgeübt?

F. Nein.

P. Warum kümmerst du dich dann darum? Man spricht so viel von *kundalini*-Yoga. Unter Yoga verstehen wir die Vereinigung mit Gott, die durch Liebe und Hingabe erreicht werden kann. Warum verwenden wir Begriffe wie *kundalini*-Yoga, *raja*-Yoga oder *patanjali*-Yoga, anstatt uns mit dieser schlichten Erklärung zufriedenzugeben? Wir wollen keine einfachen, sondern komplizierte Methoden. Dabei ist der Weg der Liebe, der ständigen Erinnerung Gottes, der vollkommenen Hingabe doch am leichtesten zu gehen. Da gibt es keine Spannungen, Überlastungen, Verrenkungen. Schenke dein Herz Gott – Er schenkt sich dir!

F. Aber der Geist steht im Wege.

P. Sage ihm, er solle beiseitetreten und den Weg zu Gott frei machen. Wenn er auch dann noch nicht ruhig bleibt, laß ihn Ramnam wiederholen! Dann wird er still und zahm werden. Vielleicht kennst du die Geschichte vom Teufel und der Stange. Ein Mann mußte sich mit einem Teufel abgeben und war gezwungen, diesen ständig zu beschäftigen, damit ihm keine Zeit bliebe, Böses anzurichten. Als der Mann keine Arbeit mehr für den Teufel fand, steckte er eine lange Bambusstange in die Erde und befahl ihm, pausenlos daran hinauf- und herabzuklettrn. Das wurde dem Teufel bald zuviel, und er suchte das Weite. So mußt du den Geist an der Stange von Ramnam klettern lassen, dann wird er bald ruhig sein.

F. Was soll ich tun, wenn mir mein Geist nicht gehorcht?

P. Dein Geist wandert umher, weil er das Glück in äußeren Objekten sucht. Wenn du einen Heiligen fragst, wird er dir sagen, wie du den Widerspenstigen gehorsam machen kannst. Der Heilige zeigt dir den Weg der Hingabe und läßt dir auch die nötige Gnade zukommen, um ihn gehen zu können. Dein Interesse an weltlichen Dingen schwindet, und du wirst mehr und mehr an Gott denken und nach Ihm verlangen. Schließlich findet der Geist zur Ruhe, in deinem Herzen leuchtet das Licht, und du wirst glücklich und selig sein.

Jnana-bhakti

F. Wie kann man sein Selbst erkennen?

P. Wenn du mit der festen Absicht, dein Selbst zu erkennen, einen Heiligen aufsuchst, wirst du Erfolg haben. Aber wer will das schon? Die Leute, die sich ja selber nicht kennen, wollen alles mögliche, nur nicht die Erkenntnis des Selbst.

F. Wir sind deine Kinder, du mußt uns helfen! Wir möchten, daß du uns von allen Leiden und Schwierigkeiten befreist.

P. Ramnam wird euch auch davon erlösen, doch vor allem wird es euch zur endgültigen Befreiung verhelfen. In der Gita werden vier Arten von *bhaktas* erwähnt. Da ist einmal der *bhakta,* der sich an Gott wendet, um von körperlichen Leiden geheilt zu werden. Dann gibt es den Armen, der aus materieller Not gerettet werden will und der um Reichtum bittet. Ein dritter fleht zu Gott: «Ich will nichts von alledem. Gewähre mir nur eins: Befreiung!» Schließlich haben wir den *jnani-bhakta;* er hat Gott verwirklicht und ist gleichwohl *bhakta* geblieben. Sri Krishna sagt vom *jnani-bhakta,* dieser unterscheide sich nicht von Ihm. *Jnana-bhakti* ist der höchste Zustand und umschließt Weisheit, Liebe und göttliche Kraft. Wer Gott nur um materielle Dinge bittet, ist zwar auch ein *bhakta,* doch wird er nicht zur Befreiung gelangen.

Ananya-bhakti

P. *Bhakti* in seiner reinsten Form wird *ananya-bhakti* genannt. Alle Liebe, alle Verehrung, alle Hingabe gilt Gott allein; alle Gedanken sind auf Ihn gerichtet. Für einen *bhakta* dieser Art treffen die Worte Krishnas zu: «Denen, deren Gemüter in ständiger Meditation auf Mich gerichtet sind, gewähre ich Frieden und Sicherheit.» Prahlada, Dhruva, Narada, Ambarisha und viele andere Heilige waren *bhaktas* dieser höchsten Klasse. Ein solcher *bhakta* denkt jeden Tag vierundzwanzig Stunden an Gott. Ganz gleich, unter welchen Umständen und Bedingungen er lebt: immer wird sein Herz im Einklang mit Ihm sein.

Es ist noch kein *bhakti,* wenn man zwei oder drei Stunden am Tag an Gott denkt. *Bhakti* heißt, sich Seiner ständig zu erinnern. Aus eigener Kraft ist das nicht möglich. Es bedarf dazu der Gnade; um sie müssen wir bitten. Vor seinem spirituellen Aufbruch hat es Ramdas nicht gestört, wenn er Gott aus dem Sinn verlor. Doch nachdem Seine Gnade ihn berührt hatte, fühlte er sich unsäglich elend, wenn er Ihn auch nur für einen Augenblick vergessen hatte.

Manche sind der Auffassung, die Gnade Gottes durch *sadhana* verdienen zu können. Doch Gnade kann man nicht verdienen. Bete zu Ihm, bitte Ihn, rufe nach Ihm – dann wird Er kommen! Er wird nicht sagen: «Du hast kein *sadhana* getan, du bist noch nicht rein genug.»

Eine Geschichte mag das verdeutlichen. Ein einfacher Diener wohnte mit seiner Familie in einer armseligen Hütte. Eines Tages begab er sich zum König und bat diesen, ihn zu besuchen. Der König willigte ein. Die kleine Hütte war jedoch in keiner Weise für den Besuch des hohen Gastes geeignet. Da erteilte der König den Befehl, sie zu reinigen, zu schmücken und mit der nötigen Einrichtung zu versehen. Dann erst stattete er seinen Besuch ab.

So mußt du Gott einladen, in dein Herz zu kommen! An Ihm ist es dann, es empfangsbereit zu machen. Du mußt nach Ihm rufen, wie das Kind nach der Mutter ruft! Viele große Seelen sind auf diese Weise zu Seiner Anschauung gekommen.

F. Bitte sage uns Näheres über die Liebe der Gopis und anderer großer Gottesverehrer!

P. Der bloße Gedanke an Krishna ließ die Gopis alles andere vergessen. Wenn sie zum Beispiel den blauen Himmel erblickten, erinnerte sie das an die bläuliche Gestalt ihres Geliebten, und Glückseligkeit erfüllte ihre Herzen.

Groß war der Schmerz der Gopis, als Krishna sie verließ, um nach Mathura zu gehen. Uddhava suchte sie zu trösten: «Ihr solltet Krishna nicht nur als Körper betrachten; Er ist die ewige Wahrheit. Daher braucht euch die Trennung von Ihm nicht zu schmerzen. Er durchdringt alles und ist immer bei euch. Ihr könnt die Seligkeit, die von Ihm ausgeht, überall und zu jeder Zeit erfahren.» Radha antwortete ihm: «Unsere Herzen sind übervoll mit unserer Liebe zu Krishna; deine Ideen finden keinen Platz darin. Wir lieben Krishnas Gestalt so sehr, daß uns dein *jnana* nichts bedeutet. Das kannst du für dich behalten. Wir wollen nur Krishna!» Wo eine solche Liebe waltet, sind *jnana, siddhis* und ähnliches überflüssig. «Tausende von Kabirs schwimmen im Meer der Liebe einer einzigen Gopi», sagte Kabir. Heilige und Weise haben zu allen Zeiten die einzigartige Liebe der Gopis aufs höchste gepriesen.

Im *Ramayana* wird die Geschichte von Sabari erzählt. Sie hatte sich in den Wald zurückgezogen. Die Bewohner der benachbarten Dörfer brachten dafür kein Verständnis auf und ließen sie ihr Mißfallen spüren. Eines Tages hörte Sabari, daß Sri Rama durch diesen Wald kommen sollte. Sie wartete und wartete. Jeden Tag bereitete sie sich auf Seinen Besuch vor; sie säuberte und schmückte ihre Einsiedelei und richtete Blumen und Früchte her, die sie Ihm anbieten wollte. Ihr liebeserfülltes Herz sehnte sich Tag und Nacht nach Ihm. Schließlich kam Sri Rama, um ihr Sein *darshan* zu gewähren, und ihre Freude kannte keine Grenzen. Was können wir daraus lernen? Wer Gott so innig liebt, zu dem wird Er kommen! Das ist ein unumstößliches Gesetz, das überall und zu allen Zeiten Gültigkeit besitzt.

F. Wie sollen wir uns Gott vorstellen?

P. Als das Höchste Wesen. Du kannst Ihn als verkörpertes oder als gestaltloses Wesen verehren; ersteres wird dir am Anfang leichter fallen.

F. Wenn wir uns zu sehr an die Form halten, wird es uns schwerfallen, Gott als gestaltloses Wesen zu erkennen.

P. Das eine führt zum anderen. Die höchste Vollendung enthält beide Aspekte. Wenn du Ihm alles überläßt, wird alles gutgehen. Willst du dagegen etwas durch eigene Bemühung erreichen, ist dir der Mißerfolg sicher.

Gott ähnelt einem Diamanten mit vielen Facetten. Darum spricht man von der alles umfassenden, alles durchdringenden, alles transzendierenden Gottheit. Er ist alles und ist auch jenseits von allem. Wenn wir uns in Seine Hände geben, werden wir Ihn sehen und erfahren. Gib dich Ihm hin und warte auf die Wunder, die Er wirken wird! Doch mußt du wissen: ohne Seine Gnade ist vollkommene Hingabe nicht möglich.

F. Sage uns bitte, wie wir von Stufe zu Stufe über das falsche Ego-Gefühl hinausgelangen können?

P. Es gibt keine Stufen. Wenn du im Dunkeln eine Kerze entzündest, wird es ohne Übergang hell. Wo sind da Stufen?

F. Können wir den plötzlichen Wechsel von der Dunkelheit zum Licht aushalten?

P. Das könnt ihr durchaus; doch entzündet ihr die Kerze nicht.

F. Woran liegt es, daß ich weiter durchs Dunkle tappe, obwohl ich die Streichholzschachtel in der Hand halte?

P. Du willst kein Licht.

F. Doch, ich will es.

P. Warum du es dann nicht scheinen läßt, weißt nur du allein. In einem Lied heißt es: «Wir sind in die Welt gekommen, die Dunkelheit zu lieben, und wir bleiben in der Dunkelheit.» Du hast dich in die selbstgeschaffene Dunkelheit verliebt. Wenn du sie nicht wolltest, stünde dem Licht nichts im Wege.

F. Ich kann mich nicht frei machen, wenn mir nicht geholfen wird.

P. Ramdas hat den Weg gezeigt. Er streifte selbst den Schleier ab, mit dem er sich verhüllt hatte. Die Methode ist dir bekannt, du brauchst sie nur anzuwenden. Ramdas hat seinen Guru nicht gebeten, den Schleier zu entfernen, doch er folgte dessen Rat: «Wiederhole das Mantra immerfort, und du wirst unendliches Glück und unendlichen Frieden erleben!»

F. Was hält uns auf dem Weg?

P. Der Wille, das Ziel zu erreichen.

F. Woher kommt dieser Wille?

P. Er wird durch Gnade hervorgerufen. Um sie mußt du beten! Bei den meisten Menschen läßt die Bemühung früher oder später nach, und wenn sich ihnen Hindernisse entgegenstellen, hören sie ganz auf und schlafen ein. Aufgabe der Heiligen ist es, die schlafenden Seelen zu wecken. Deshalb nennt man sie Erwecker.

Ramnam glättet die Wogen des Geistes

P. Wenn du ständig bei Ramnam bleibst, wird sich der Geist nach innen wenden. Er hört nach und nach auf, sich zu betätigen. Auf den Rat seines Gurudev versuchte Ramdas, den Namen ununterbrochen zu wiederholen. Sein ungefestigter Geist wurde ruhiger und friedvoller und verlor sich schließlich in der inneren Stille. Nur das Bewußtsein des Selbst blieb übrig.

F. Was versteht man unter wahrer Gottesliebe?

P. Eine treue Frau liebt ihren Mann mehr als alles andere und verliert ihn niemals aus dem Sinn. Ihre Liebe bleibt stets ungeteilt. So beharrlich soll unsere Liebe zu Gott sein! Auch vom Geizhals können wir lernen, was Liebe ist. Allein der Gedanke an Geld macht ihn schon froh. Es in den Händen halten, es zählen – o welche Freude! Er möchte nur an sein geliebtes Geld denken, nur von ihm hören, nur von ihm sprechen.

F. Bedeutet Gottesliebe Abkehr von der Welt?

P. Man kann nicht beides haben: Gott und die Welt. Du sollst die Welt nicht verabscheuen oder hassen, doch muß dich ihr Treiben gleichgültig lassen. Erst dann wird sich der Geist Gott zuwenden, um dessen nicht-manifestierten Teil erkennen zu können. Diese Erkenntnis eröffnet eine universelle Schau. Für den Schauenden ist die Welt keine Welt mehr, sondern Gott.

Entsagung und Gelassenheit sind notwendig. Du kannst nicht auf der einen Seite weltlichen Vergnügungen nachgehen und auf der anderen Seite Gott suchen. Wenn du dich Ihm mit ganzer Kraft zuwendest, wird die Welt ihre Anziehungskraft verlieren und, zumindest zeitweise, für dich nicht mehr da sein. Wer Gott verwirklichen will, muß bereit sein, dafür alles zu opfern. Dazu bedarf es deiner ganzen Kraft. So ist es von Gott bestimmt worden.

F. Da gibt es die Geschichte von dem Bauern, der den ganzen Tag über hart arbeitete und den Namen Gottes nur einmal vor und einmal nach seinem Tagewerk aussprach. Er wurde von Vishnu als der größte Gottliebende bezeichnet – größer selbst als Narada. Läßt sich das mit Papas Forderungen nach vollkommener Hingabe in Übereinstimmung bringen?

P. Dem Bauern genügte das einmalige Aussprechen des Namens, um den ganzen Tag mit Gott verbunden zu bleiben. Immerfort lebte er bescheiden und demütig in der Gegenwart des Herrn. Das unablässige Gedenken wurde zu einem Bewußtseinszustand. Narada sang den göttlichen Namen Tag und Nacht. Das machte ihn stolz, und er fühlte sich anderen *bhaktas* überlegen. Daraufhin führte ihn Vishnu zu dem schlichten Landmann. Naradas Stolz zerbrach, als er diesem gegenübertrat.

F. Es kommt also mehr auf Qualität als auf Quantität an.

P. Ja. Das einmalige Aussprechen des Namens gab dem Bauern vollkommenes Glück und vollkommenen Frieden.

F. Wenn wir Ramnam nur einmal mit der gleichen Sammlung und Hingabe sprechen oder singen – wäre das genug?

P. Es genügt, wenn du dadurch zur ständigen Erinnerung Gottes gelangst.

Liebe Gott mehr als alles andere!

F. Bitte sprich zu uns über die höchste Form von *bhakti!*

P. *Bhakti* in seiner höchsten Form heißt, Gott mehr zu lieben als alles andere und ständig an Ihn zu denken.

F. Wie gelangt man zu solchem *bhakti?*

P. Weil deine Liebe zu weltlichen Dingen größer ist als deine Liebe zu Gott, bist du nicht imstande, Ramnam ununterbrochen zu wiederholen. Dein Geist beschäftigt sich mit diesen Dingen, und deshalb entstehen Unterbrechungen. Deine Sehnsucht nach Ihm muß größer werden. Dann wird dir Ramnam leichtfallen, und deine Hingabe wird wachsen.

In Naradas *Bhakti Sutras* wird diese höchste Gottesliebe genau beschrieben. Dieses wunderbare Buch enthält Episoden aus dem Leben berühmter *bhaktas,* die uns Vorbilder sein sollten. Narada war ein großer Verehrer Vishnus. Er wiederholte den Namen Gottes Tag und Nacht. Dieser Heilige strebte nicht nach Geld, nach Macht oder nach Luxus – er wollte Gott allein. Das ist höchstes *bhakti.*

P. Auf dem Weg wirst du immer wieder Versuchungen ausgesetzt sein. Du mußt ihnen widerstehen, indem du betest: «O Gott, ich will nur Dich allein! Bewahre mich vor allen Versuchungen! Laß mich nicht nach Macht und Reichtum trachten!» *Bhaktas* ziehen es vor, arm zu bleiben, weil sie durch Geld und Macht Gott vergessen könnten. Gott ist ihr einziger Besitz.

Der *bhakta* fühlt sich niemandem verwandt – nur Gott. Auch in den schlimmsten Lagen klagt er nicht; er gedenkt Gottes, und seine Seele bleibt friedvoll. Man mag ihn bemitleiden, weil es ihm äußerlich schlecht geht – innerlich ist er vollkommen glücklich.

Ramdas hat das erfahren. Er mußte sein Brot erbetteln; er hatte nur ein einziges Kleidungsstück; er besaß keinen Pfennig; er wußte nicht, wo er am Abend sein Haupt hinlegen sollte. Und doch blieb er stets glücklich. Was war sein Geheimnis? Er hatte sein Leben Gott gewidmet, und er wiederholte unentwegt dessen Namen.

Wenn du von dem Nektar der Freude gekostet hast, der der Verbindung mit Gott entspringt, bist du zum glücklichsten Wesen geworden. Buddha fühlte sich unglücklich, obwohl ihm das Leben alle Freuden gewährte. Er verließ den Palast und lebte wie ein Bettler. Schließlich fand er den Frieden – in Seinem Herzen.

Wir bilden uns ein, das Glück sei von bestimmten Lebensbedingungen abhängig, und versuchen, sie uns zu schaffen. Doch auch dann bleiben wir unglücklich. Wir finden das Glück nicht im Außen; wir tragen es immer mit uns, wobei es nicht darauf ankommt, ob wir in einer Hütte oder in einem Palast wohnen. Es ist eine Seligkeit, die aus sich selbst existiert.

Wir müssen im Leben viel Leid ertragen und bringen dazu beträchtliche Geduld auf. Doch auf dem Weg zu Gott stöhnen wir bereits über die kleinste Unbill. Das beweist, daß unsere Liebe zu Gott nicht groß genug ist.

Naradas *Bhakti Sutras*

P. Im ersten Kapitel seiner *Bhakti Sutras* zeigt uns Narada, daß *bhakti* allem anderen überlegen ist: «Der *bhakta* verlangt nichts, er klagt nicht über Verluste; weltlichen Dingen bringt er weder Zuneigung noch Abneigung entgegen; er ist frei von Besitzgier. Selbst nach Erlösung trachtet er nicht. Er ist durchdrungen von göttlicher Leidenschaft und benimmt sich närrisch wie ein Verliebter. Dabei bleibt er immerfort versunken in die Betrachtung des geliebten Herrn.»

Ramdas führt ein solches Leben. Vor vierzig Jahren hat er sich zum erstenmal an dieser Liebe berauscht, und seit dieser Zeit fließt der Born der Freude ohne Unterlaß. Er betrachtet die ganze Welt als Gegenstand seiner Liebe. Diese Seligkeit kann dir kein anderer Yoga geben. Deshalb lehrt Ramdas *bhakti*. Seine Lehre ist einfach: Wiederhole den Namen Gottes!

Liebe ist die größte Macht. Sie wirkt sowohl auf der individuellen als auch auf der kosmischen Ebene. Sie ist unbegrenzt. Im Verströmen dieser Liebe liegt höchste Freude. Wenn du Geld verschenkst, wird es immer weniger; nicht so, wenn du Liebe verschenkst: je mehr du gibst, desto mehr wirst du haben. Der Schatz der Liebe ist unerschöpflich. *Jnana*-Yoga, *karma*-Yoga, *hatha*-Yoga und *patanjali*-Yoga mögen dir zu hohen Erfahrungen verhelfen, doch den Zustand vollkommenen göttlichen Seins kannst du nur durch *bhakti*-Yoga erlangen.

Für den, der in dieser höchsten Liebe aufgegangen ist, gibt es keine äußeren Beschränkungen. Ramdas trug während seiner Pilgerreisen das ockerfarbene Gewand eines *sannyasin*. Das ermöglichte es ihm, unter *sannyasins* zu leben. Danach brauchte er es nicht mehr anzuziehen. Was macht es aus, welche Farbe deine Kleidung hat, wenn du dich im Zustand der höchsten Liebe befindest? Wenn er nur ein *sannyasin* wäre – würde er dann hier sitzen und zu euch reden? Würde er es Frauen gestatten, im Ashram zu wohnen? Wäre dann Mataji hier, die sich um euch alle kümmert?

P. Das zweite Kapitel der *Bhakti Sutras* handelt vom Wesen der göttlichen Liebe. Dort heißt es: «Liebe verzichtet auf alles Weltliche. Der Gottliebende hat nur einen Wunsch: Gott. Seine Gefühle sind allein auf Ihn gerichtet; alles andere ist ihm gleichgültig. Da das Bild der Welt in seinem Geist getilgt ist, kann er nur noch Handlungen im Dienste des Herrn vollbringen. Der Gottliebende lebt für den Herrn allein. All sein Tun dient ausschließlich der Entfaltung der göttlichen Liebe.»

Alles weltliche und religiöse Wirken muß im Einklang mit dem Willen Gottes stehen. Selbstsüchtiges Handeln ist dann nicht mehr möglich. Wenn du Gott in allem siehst, werden deine Handlungen rein und geheiligt. Niemals darfst du um des Gewinnes willen tätig werden! Wenn du auf diese Art lebst, wird das Gefühl des Getrenntseins von Gott allmählich verschwinden, und Liebe wird dein Herz erfüllen.

Ramdas führt drei Beispiele an, die von jener Liebe handeln, die frei ist von allen Wünschen.

Eine Parsi-Dame kam mit ihrer Tochter zu Ramdas. Sie sagte: «Diese Frau, meine Tochter, ist verrückt, verrückt nach ihrem Mann. Der hat sie verlassen und lebt mit einer anderen Frau zusammen. Doch sie schreibt ihm Liebesbriefe; sie wünscht, als Dienstmädchen in seinen Haushalt aufgenommen zu werden, um ihm nahe zu sein und ihm dienen zu können. So verrückt ist diese Frau.» Die Tochter verteidigte sich: «Was immer er auch tut: ich liebe meinen Gatten. Die Liebe drängt mich, ihm nahe zu sein, wenn auch nur als seine Dienerin. Niemals werde ich ihn aufgeben. Ich finde keinen Fehler an ihm. Gerne möchte ich für die beiden den Fußboden scheuern und ihre Kleider waschen. Demütig und gehorsam will ich ihnen dienen. Auch wenn er mich noch so schlecht behandelt, möchte ich doch in dem Haus bleiben, in dem er wohnt.» Obwohl der Mann auf ihre Briefe nicht einging und ihr lediglich Vorwürfe machte, liebte sie ihn weiterhin auf eine reine und großartige Weise. Ramdas hat es nicht für möglich gehalten, daß es eine solche Liebe hier auf Erden geben könnte.

Ein andermal war ein Ehepaar aus Mysore gekommen. Der Mann hatte als bekannter Strafverteidiger viel Geld verdient, war aber irgendwann dem Trunk verfallen. Seine beruflichen Fähigkeiten ließen nach, und die Einkünfte wurden immer geringer. Seine Frau hing an ihm wie die Kletterpflanze am Baum. Sie versuchte, ihn von der Trunksucht abzubringen, erntete für ihre Bemühungen jedoch nur Schläge und Tritte. Trotzdem ließ sie ihn nicht im Stich. Sie war mit ihm hierhergekommen, weil sie hoffte, *sat sanga* könnte ihn von seiner Sucht befreien. Doch der Mann hielt nichts von Heiligen. Er sagte: «Ich glaube nicht an Gott und an Heilige. Das ist alles Schwindel.» Die Frau weinte. Nach drei Tagen mußte sie aufgeben und mit ihrem Mann abreisen. Doch verließ sie ihn nicht, ungeachtet der Mißhandlungen, die sie zu erdulden hatte. Sie stand ihm zur Seite, bis er einige Zeit später an den Folgen eines alkoholischen Exzesses starb. Welch große Liebe!

Eine dritte Episode ist der Ramayana entnommen. Nach dem Tod Ravanas war Rama zum König von Ayodhya gekrönt worden. Er hatte neben Sita auf dem Thron Platz genommen; zu ihren Füßen saß Hanuman, Ramas treuester Verehrer. Um Hanuman für seine großen Verdienste zu ehren, nahm Sita ihre Halskette ab und legte sie ihm um. Er steckte jede Perle in den Mund, um sie auf ihren Geschmack zu prüfen. Dann spie er sie alle aus und bemerkte: «Oh, sie haben nicht den Geschmack von Ramnam.» Obwohl ihm die Halskette von Sita selbst geschenkt worden war, maß er ihr keinen Wert bei. Die göttliche Liebe war die Triebfeder seiner Dienste; er blieb dabei frei von Wünschen. Wie hätte er dafür eine Gegengabe annehmen können?

P. Das dritte Kapitel enthält die Definitionen von *bhakti,* wie sie die verschiedenen Schulen gegeben haben. Vedavyasa bezeichnet *bhakti* als das Verlangen, Gott zu verehren und anzubeten. Garga sagt, *bhakti* sei der innige Wunsch, Geschichten von den Handlungen und Spielen des Herrn zu hören. Nach Sandilaya haben wir darunter die selbstlose Liebe zu Gott zu sehen. Narada versteht unter *bhakti* die Aufopferung aller Handlungen für Gott. Außerdem sei dafür kennzeichnend, daß man sich sofort unruhig und elend fühle, wenn man sich nicht mehr an Gott erinnert. Narada führt als Beispiel die Gopis von Vraja an. In ihrem Zustand der Gottversunkenheit gibt es keine Unterbrechung.

Die Gopis wissen, daß Krishna Gott selbst ist und betrachten Ihn als ihren Herzensgeliebten.

Nach Narada hat *bhakti* vier Kennzeichen:

1. Aufopfern aller Handlungen für Gott;
2. sich elend fühlen, wenn Gott auch nur für kurze Zeit in Vergessenheit gerät;
3. wissen um Gottes Macht und Größe;
4. Erfüllung finden in der Glückseligkeit des geliebten Herrn.

Die Gopis verehrten Gott in der Person Krishnas. Gott ist universell, erscheint aber in menschlicher Gestalt, um uns zu lehren und uns zum Formlosen zu geleiten. Der Weg führt vom Persönlichen zum Unpersönlichen, vom Individuellen zum Universellen.

Ramakrishna verehrte das Bild der Mutter Kali. In seiner Liebe zu Ihr vergaß er alles andere. Schließlich verschwand Ihre Gestalt, und er sah das ganze Universum als Kali. Wenn wir an Gott denken wollen, müssen wir uns Ihn vorstellen können und Ihm einen Namen geben. Wir müssen also zuerst eine symbolhafte Form verehren, bevor sich uns die universelle Wahrheit erschließt. Nach der Transzendierung der Form erkennen wir uns als universelles Bewußtsein. Unsere Individualität, unser Ego, hat sich in inbrünstiger Verehrung aufgelöst.

12. Kapitel

Erkenntnis

Suche den Ursprung!

P. Wenn wir in die Tiefen des Schweigens eintauchen, gelangen wir zum Ursprung unseres Lebens. Wir erkennen, daß dieses mit all seinen vielfältigen Formen von dort seinen Ausgang genommen hat. Wir haben die Quelle ewiger Freude und ewigen Friedens gefunden. Bevor einem Menschen die Schau des fundamentalen Seins zuteil wird, muß er an der Oberfläche bleiben und im dunkeln tappen. Er jagt nichtigen, vergänglichen Dingen nach, von denen er annimmt, daß sie ihm bringen, wonach seine Seele hungert: wahren Frieden und wahre Glückseligkeit.

Um auf dem Weg zur Wahrheit vorwärtszukommen, genügt es nicht, einer Religionsgemeinschaft beizutreten oder bestimmte rituelle Handlungen zu vollziehen. Auch wenn man Schüler einer selbstverwirklichten Person wird, reicht das allein nicht aus, geistige Vollkommenheit zu erlangen. Nur die ständige Verbindung mit der inneren Wirklichkeit ermöglicht es dem Strebenden, den Pfad zu bahnen, auf dem er ohne Unterbrechung zur Wahrheit kommen kann. Es ist vorrangig, den Geist vom Äußeren nach innen zu wenden, das heißt, die ruhelose Natur des Geistes durch richtiges Kontemplieren und Meditieren zu befrieden. Seine unkontrollierten Kräfte müssen in die richtigen Bahnen gelenkt werden. Ausdauer, Wachsamkeit und niemals nachlassender Eifer sind die wichtigsten Eigenschaften des Suchers der Wahrheit. Dagegen sind Trägheit, Müßiggang und Unachtsamkeit Feinde des geistigen Fortschritts.

Bevor es zur Erleuchtung kommen kann, muß das Ego zum Verschwinden gebracht werden. Das ist nicht leicht. Mit Gefühlsausbrüchen und halbherzigen Versuchen löscht man es nicht aus – bedingungslose Hingabe ist erforderlich. Der Gedanke, ein eigenständiges Lebewesen zu sein, ist ein großes Hindernis auf dem Weg. Darüber hinausgelangen heißt, sich über das Körperbewußtsein erheben und in einem alles durchdringenden universellen Bewußtsein aufgehen. Das ist so, als ob man sich aus dem Bereich der Dunkelheit in das Königreich des Lichts begäbe. Dort gibt es keine Todesfurcht mehr, weil man erkannt hat, daß man unsterblich ist. Man nennt das auch die Vereinigung der Seele mit der Überseele oder die Identität des Funkens mit dem ewigen Feuer oder die unendliche Ausdehnung eines begrenzt-endlichen Lebens oder das Einsinken in das unermeßliche Sein.

Der Sinn des Lebens erschließt sich uns erst, wenn wir seine Quelle kennen. Ohne dieses Wissen bleibt die Menschheit verstrickt in Unzufriedenheit, Haß und Elend. Die Verwirklichung wahren Friedens und wahrer Freiheit ist sowohl ein individueller als auch ein universeller Vorgang, weil die Befreiung des Individuums zur Befreiung der ganzen Welt beiträgt. Es kommt nicht auf die Einhaltung von Vorschriften und Regeln an, auch nicht auf äußere Bedingungen und Umstände, sondern allein auf die Erkenntnis der großen Macht, der alles seine Entstehung verdankt. Im wahren spirituellen Leben wird uns nicht vorgeschrieben, was wir tun und lassen sollen; wichtig ist, welche richtungweisende Erkenntnis ihm zugrunde liegt. Darum sollte jeder zuallererst den unvergänglichen Ursprung seines Wesens suchen, dann sieht er alles im Lichte dieses Bewußtseins, und sein Leben wird ganz von selbst mit dem Leben der anderen Geschöpfe in Einklang kommen. Selbst bei eventuellen Auseinandersetzungen dauert diese universelle Harmonie in feinster Form an. Suche deshalb die Wahrheit in dir, und ruhe nicht, bis du sie gefunden, erkannt und zur Grundlage deines Handelns gemacht hast! Erkenne den Ursprung und sei frei!

Jnana, bhakti und *karma*

F. *Jnanis* glauben an *prarabdha karma*.

P. Ein *jnani* fügt sich in sein Schicksal. Er weiß, daß auch Mißgeschick, Krankheiten und Beleidigungen Ergebnisse seines *karma* sind, seiner Handlungen in diesem (bevor er zum *jnani* wurde) und in früheren Leben. Er kann niemand dafür die Schuld geben; er ist selbst verantwortlich. Aber auch, wer den Weg der Hingabe geht, bleibt in jeder Lage vollkommen gelassen. «Gott hat mir das geschickt, damit ich Ihn noch stärker lieben lerne.» Damit ist seine Haltung umrissen. Leiden schrecken ihn nicht; sie dienen ihm dazu, sich mehr und mehr Gott zuzuwenden.

In der Bhagavad Gita spricht Krishna über *parabhakti,* die höchste Form der Hingabe. Er sagt im 18. Kapitel zu Seinem Schüler Arjuna: «Laß alle Pflichten fahren, und gib dich allein Mir hin!» Die höchste Gottheit ist zugleich *purusha* und *prakriti* sowie alles jenseits davon. Sie kann nur durch vollkommene Hingabe verwirklicht werden. Die Gita legt besonderen Wert auf Handeln, wobei nicht das des Gottsuchers gemeint ist, sondern das desjenigen, der die Wahrheit verwirklicht hat. Er wird «göttlicher Arbeiter» genannt. Nachdem er zum *jnani* geworden ist, bekämpft er das Übel in der Welt, um so den suchenden Menschen zu helfen. Rama befreite die nach Gott Strebenden aus den Händen der *asuras.* Wenn du eins bist mit allen, empfindest du jedes Leiden wie dein eigenes. Dann ist es deine Pflicht, ihm ein Ende zu setzen oder es wenigstens zu lindern.

Einige Leute lesen aus der Gita nur das heraus, was sie hören wollen. Aber die Gita enthält sehr viel mehr. Man kann sie mit einem Diamanten vergleichen, der mehrere Facetten hat. *Jnana*-Yoga, *bhakti*-Yoga und *karma*-Yoga werden dort gelehrt. Sri Aurobindo nennt es «Vereinigtes Yoga». *Karma* betrifft den Körper, *bhakti* das Herz und *jnana* den Intellekt. Wir brauchen alles: Kopf, Herz und Willen. Daher müssen wir zur gleichen Zeit *jnanis, bhaktas* und *karma*-Yogis sein. «Wille» bedeutet hier die Kraft, die sich des Körpers bedient, um selbstlose Handlungen zu vollbringen. Dieses Wirken ist spontan. Warum? Weil das Ego-Gefühl nicht mehr vorhanden ist. Dein Handeln dient nunmehr dem Wohle der Menschheit.

F. Sri Aurobindo sagt in seinem Buch *Integraler Yoga*, sich in der Welt zu betätigen sei der erste Schritt auf dem Weg zur Selbst-Verwirklichung.

P. Das hat er niemals gesagt. Du gibst seine Worte nicht richtig wieder. Selbst-Verwirklichung ist die Verwirklichung des *purusha;* sie kann nur durch *jnana* bewirkt werden. Danach wirst du die Welt als Manifestation der göttlichen *sakti* erleben. Beiden Aspekten, dem dynamischen und dem statischen, liegt dieselbe Wahrheit zugrunde; beide zusammen machen die Gottheit aus. Im 15. Kapitel der Gita werden wir über die Einheit von *prakriti, purusha* und dem, was jenseits davon liegt, belehrt. Von dem

Menschen, der sein Ego aufgegeben hat und der in der höchsten Gottheit aufgegangen ist, kann man sagen, daß er zur gleichen Zeit sowohl handelt als auch nicht handelt. Als *purusha* ist er Nichthandelnder, als *prakriti* ist er Handelnder. Das ist die Lehre Sri Aurobindos; sie stützt sich auf die Botschaft der Gita.

Deshalb setzt selbstloses Handeln *jnana* voraus. Dann wirst du zum Werkzeug in den Händen des Göttlichen; die universelle *sakti* wirkt durch dich. Zu welchem Zweck? Zum Wohle aller.

F. Dann ist der Zustand erreicht, in dem man erkennt: «*Aham Brahmasmi*» (Ich bin *Brahman*).

P. Dieser Zustand ist eine Vorstufe der endgültigen Verwirklichung. In der universellen Manifestation drückt sich die Macht Gottes aus. Auch dein Körper ist eine Manifestation dieser Macht. Solange das Ego-Gefühl besteht, wirst du dich für den Körper halten. Erst *jnana* löst das Ego auf. Dann wird dir bewußt, daß die universelle Macht in dir und durch dich wirkt.

F. Papa spricht in dem Buch *Welt ist Gott* sowohl über die höchste Gottheit als auch über seine Erfahrungen mit den statischen und dynamischen Aspekten Gottes. Er erwähnt auch seine persönliche Beziehung zu Gott außerhalb dieser Erfahrungen.

P. Das kann man nicht erklären. Ramdas liebt in jedem Menschen den persönlichen Aspekt Gottes. Das sogenannte Individuum gibt es nicht. Wenn du durch *jnana* erfahren hast, daß du eins bist mit allen anderen, kannst du im äußeren Leben jede Rolle spielen. Sri Krishna stand bei den königlichen Opferfesten als Gott im Mittelpunkt der Verehrung. Derselbe Krishna war der Wagenlenker Arjunas. Als ihn der weise Sudama aufsuchte, überließ Er ihm Seinen Thron und wusch dessen Füße. Hier spielte Er die Rolle des Verehrenden. Hast du durch *jnana* erfahren, daß du *atman* bist, kommt dir jede Rolle gelegen. Wenn du den anderen liebst, ist es gleich, ob du ihm als Kind, als Diener, als Schüler oder als sonst etwas gegenübertrittst.

Vijnana

P. *Ajnana* wird durch *jnana* beseitigt. Letztlich mußt du auch dieses hinter dir lassen. Es ist wie mit dem Dorn im Fuß, den du mit Hilfe eines anderen Dorns entfernst. Danach hast du auch für den zweiten Dorn keinen Bedarf mehr; du wirfst beide weg. Wenn sowohl *jnana* als auch *ajnana* verschwunden sind, erlebst du die Verwirklichung des Selbst *(vijnana)*. *Vijnana* kann, im Gegensatz zu *jnana* und *ajnana*, nicht erklärt werden. Selbst bei *jnana* finden wir noch eine Spur von Ego: «Ich bin ein *jnani*.» Dagegen ist der *vijnana*-Zustand vollkommen «ich»-frei. Wenn man dich dann fragt, wer du bist, bleibst du stumm, weil niemand da ist, der antworten kann. *Mouna* ist die einzige Antwort. Darum wird gesagt: «Schweigen ist *Brahman*.» Das, was man als Wahrheit, Verwirklichung oder Erfahrung bezeichnet, kann letztlich nicht in Gedanken oder Worte gefaßt werden.

F. Was geschieht, wenn zwei Menschen einander begegnen, die sich beide in diesem Zustand befinden?

P. Sie werden sich unmittelbar verstehen.

13. Kapitel

Bhagavad Gita

Das Geheimnis der Gita

P. Die Gita wurde Arjuna zu einem höchst kritischen Zeitpunkt seines Lebens verkündigt. Er steckte voller Befürchtungen, und sein Herz war bedrückt von Sorgen und bösen Ahnungen. Dieser Umstand soll uns zeigen, daß man den wahren Wert der Bhagavad Gita erst dann richtig einzuschätzen vermag, wenn man sich in einer ähnlichen Lage befindet wie Arjuna.

Im Leben eines jeden Menschen kommt eine Zeit, wo er eindringlich nach Sinn und Bedeutung von Leben, Tod, Gott und Religion zu fragen beginnt. Er kann diese Probleme nicht beiseite schieben, sie klopfen unüberhörbar an die Tür seines Gemüts. Alles, an was er sein Herz gehängt hat, was er für sein eigen hält und deshalb als Realität betrachtet, entgleitet seinen Händen. Es wird ihm klar, daß er in einer Welt von Schatten lebt, zu der er sich in unverständlicher Torheit hingezogen fühlt. Sein Denken versucht, über sich hinauszuwachsen, und sein Herz verlangt nach dem, was sich hinter dieser Schattenwelt befindet. Aber da ist ein Hindernis, das ihm die Sicht auf die Wirklichkeit versperrt. Daher seine Bedrückung und tiefe Besorgnis.

Sri Krishna eilt einer solchen in schmerzhaftem Ringen befindlichen Seele zu Hilfe. Er nennt dem Ringenden die Methoden, mit denen das Hindernis überwunden und die höchste Wirklichkeit erreicht werden kann: *bhakti, jnana* und *karma.*

Bhakti, die Liebe zu Gott, drückt sich als ein starkes Sehnen aus, das es dem Strebenden ermöglicht, sich Seiner ständig zu erinnern. *Bhakti* heißt, Gott, der in allen Herzen wohnt und der das Universum erfüllt, zu verehren und Ihm alle Handlungen darzubringen. Der Strebende verspürt ein Verlangen nach Entsagung, das aus dem Widerwillen gegen die Unwirklichkeit des Lebens erwächst, die ihn so lange verzaubert hat. Sein erwachter Intellekt beginnt, das Wirkliche vom Unwirklichen zu unterscheiden, das Ewige vom Unvergänglichen.

Durch *bhakti,* Entsagung und Unterscheidungsvermögen

wird der Geist nach innen gerichtet, so daß er in ununterbrochenem Strom der höchsten Wahrheit zufließt, mit dem unsterblichen, unveränderlichen und alles durchdringenden Wesen seines Seins verschmilzt und sich schließlich als dieses erkennt. Das nennt man göttliche Erleuchtung oder *jnana*. Sie gewährt universelle Schau, in der Gott als das allem Innewohnende, alles Durchdringende und alles Erfüllende erkannt wird.

Karma gründet auf der gleichen Schau; es setzt ein Herz voller Liebe und einen Geist voller Weisheit voraus. *Karma* wird zum spontanen Verströmen göttlicher Energie und fördert so die geistige Entwicklung der Menschheit. Der Ausübende hat die höchste Gottheit verwirklicht, bleibt jedoch ein Werkzeug in Seinen Händen und verrichtet in völliger Selbstlosigkeit Gottes Werk. Die göttliche *sakti* wirkt durch ihn für die Erfüllung Ihrer Vorhaben. Er hängt nicht mehr an den vergänglichen Dingen der Welt und hat sich über die Gegensätze und *gunas* der niederen und unwissenden menschlichen Natur erhoben. In allem sieht er Gott, mit dem er sich eins weiß. Er erkennt das ganze Universum als Ausdruck einer unwandelbaren, unsichtbaren, allgegenwärtigen Kraft. Gott ist für ihn zugleich innen und außen, immanent und transzendent. In Ihm hat er zu vollkommener Freiheit, zu vollkommenem Frieden und zu vollkommener Glückseligkeit gefunden.

Das ist das Ziel des Lebens, wie es uns die Bhagavad Gita vor Augen führt.

Wir lesen die Gita

F. Es fällt uns schwer, die Gita zu verstehen.

P. Das bildest du dir nur ein. Liest du die Gita langsam, auf meditative Weise, wird dir das großen Gewinn bringen. Allerdings muß dein Geist geläutert und vorbereitet sein, sonst kann er die Wahrheit nicht erfassen, die in diesem Werk enthalten ist. Neben die Wiederholung des Namens Gottes und Übungen zur Sammlung des Geistes sollte das regelmäßige Lesen der Gita treten.

Wenige Tage, bevor er zu seiner ersten Wanderung aufbrach, stieß Ramdas auf das 14. Kapitel der Gita. Es beeindruckte ihn so stark, daß er es zu seiner täglichen Lektüre machte. Die religiösen Bücher, die er bisher gelesen hatte, erweckten in ihm den

Wunsch, Gott in einer bestimmten Gestalt zu schauen. Aber die Worte Krishnas in diesem Kapitel überzeugten ihn davon, daß er nur nach der ewigen Wahrheit, der unendlichen Wirklichkeit suchen müsse. Als er später Gott in mancherlei Körpern begegnete, war er nicht mehr beeindruckt. Er trachtete fortan ausschließlich nach universeller Schau und suchte in allem das Göttliche zu erkennen. Er wollte das verwirklichen, was jenseits von Geist, Sinnen, Intellekt und Körper ist.

F. Dann begann Papa darüber zu meditieren. Wann erkannte er, daß er Gott verwirklicht hatte?

P. Als der Geist still geworden war und er das Göttliche überall erschaute. In Tiruvannamalai hatte er die göttliche Vision zum erstenmal, aber sein Geist war noch nicht völlig im Göttlichen aufgegangen. Er fuhr deshalb fort, Ramnam zu wiederholen. Später, in der Panch-Pandav-Höhle, wurde ihm die Gottesschau erneut zuteil. Doch hielt sie nicht an. Warum das so war, ist schwer zu erklären. Ramdas suchte zu erfahren, daß auch sein Körper eine Manifestation des Göttlichen ist. Außerdem strebte er die Überwindung der Gegensätze an, die Bestandteile des tätigen Lebens sind. Wenn er heute lehrt, muß er von Gut und Böse sprechen, obwohl er weiß, daß es das in Wirklichkeit nicht gibt. Die Leute bitten: «Wir sind unwissend. Zeige uns den Weg!» Doch wer ist letztlich der Lehrende, und wer ist der Schüler?

F. Wer ist es dann, der unsere Fragen beantwortet? *Prakriti?*

P. Die Antworten können nur aus *prakriti* kommen. *Atman* spricht nicht, Er hat keine Probleme. Doch auch in *prakriti* solltest du diese Gegensätze nicht sehen. Gut und schlecht, das gibt es überhaupt nicht.

F. Wie heißt das englische Wort für *prakriti?*

P. Man kann «Natur» sagen. Eine genaue Übersetzung ist so wenig möglich wie bei *atman*. Tulsidas sagte: «O Ram, mit wem soll ich Dich vergleichen? Du bist immer Du selbst!» So ist es.

P. Die Bhagavad Gita wird auf vielerlei Weise gedeutet. Nach Tilak steht *karma*-Yoga, nach Sankara *jnana*-Yoga und nach Sridhara *bhakti*-Yoga im Mittelpunkt. Sri Aurobindo meinte, die Gita führe in alle drei Yogaarten ein, und Gandhi sah in ihr eine Verkündigung von *ahimsa*.

F. Wie denkt Papa über die Gita?

P. Ramdas hat die Kommentare dieser großen Seelen gelesen. Sie kommen ihm vor wie verschiedene Facetten desselben Diamanten. Aus seiner Sicht kann er nichts dagegen sagen. Sie sind alle richtig.

In der Zeitschrift «Das göttliche Leben» hat Ramdas über die verschiedenen Deutungen geschrieben. Sie scheinen nicht übereinzustimmen, doch von einem höheren Standpunkt aus betrachtet passen sie sehr gut zusammen.

F. Hat Papa Vinobajas *Gespräche über die Gita* gelesen?

P. Ramdas mag nicht mehr lesen. Damals war er noch neugierig, heute ist dieser Drang erloschen.

Gita Sandesh

P. Ramdas hat euch das erste Kapitel der *Gita Sandesh*, der Botschaft der Gita, vorgelesen. Ihr habt gehört, wie es sich auswirkt, wenn man den vergänglichen Dingen verhaftet ist: der Intellekt wird verdorben, der Wille lahmgelegt, und die Gefühle werden vergiftet. Wenn ihr von diesem Verhaftetsein frei seid, sagt ihr nicht mehr «ich» und «mein», sondern «Du» und «Dein». Wer ist «Du»? Gott. «Nicht mein Wille, sondern Dein Wille geschehe!»

Ramdas wird jetzt noch das letzte Kapitel vorlesen. Es enthält die Essenz der Bhagavad Gita ... Die *Gita Sandesh* wurde 1933 oder 1934 in achtzehn oder zwanzig Tagen geschrieben. Jeden Tag diktierte Ramdas einem Freund ein Kapitel. Das Buch wurde gedruckt, ohne daß er nennenswerte Korrekturen vorgenommen hätte.

F. Man spürt an der Frische und Lebendigkeit des Werkes, daß es in einem Zug geschrieben worden ist. Wir möchten gerne wissen, ob Papa die *Gita Sandesh* heute anders schreiben würde.

P. Mit zunehmender Erfahrung findet man das, was man früher geschrieben hat, immer weniger gut. Er würde heute vieles anders fassen, doch spürt er nicht den Drang, die Schrift zu überarbeiten.

F. Gewiß wird Papa noch einmal ein Buch schreiben.

P. Nein, das wird Ramdas nicht tun. Nur eines hat er sich vorgenommen: Matajis Autobiographie ins Englische zu übersetzen. Er hätte es schon getan, wenn er nicht durch Krankheit daran gehindert worden wäre. Das wird die letzte Arbeit dieser Art sein, bevor es mit seinem Körper zu Ende geht.

14. Kapitel

Nicht-Anhangen

Identifizierung mit dem Körper

F. Würdest du uns bitte etwas über die Bindung an den Körper sagen?

P. Dem Körper verhaftet sein heißt, sich mit ihm identifizieren. Für den, der diesem Irrtum unterliegt, ist der Tod etwas Schreckliches. Er denkt, daß er mit dem Körper zusammen stirbt. Von diesem Irrtum muß man freiwerden. Doch verschwindet die Todesfurcht erst dann völlig, wenn man Gott verwirklicht hat.

Natürlich heißt das nicht, daß du deinen Körper vernachlässigen sollst. Um Gott zu verwirklichen und um der Menschheit zu dienen, brauchst du einen gesunden Leib. Du pflegst ja auch dein Pferd; denn nur, wenn es gesund ist, kann es dir dienen.

Man sagt, unzählige Leben in niederen Existenzformen seien nötig, bis man in einem menschlichen Körper geboren wird. Dann bedarf es einiger Leben, bis es zum inneren Erwachen kommt. Wie viele Menschen gibt es, die nicht gewillt sind, den Pfad der Wahrheit zu beschreiten! Sie verbringen ihr Leben mit dem Erwerb von Dingen, die sie am Ende doch nicht behalten können. Dann, wenn es zu spät ist, wacht der eine oder andere auf und zieht die traurige Bilanz: «Oh, ich habe mein Leben vergeudet, indem ich vergänglichen Dingen nachgejagt bin.»

Wünsche

P. Der Mensch strebt nach Reichtum und begeht dabei mancherlei Sünden. Doch auch der größte Reichtum macht nicht zufrieden. Immer bleibt der Wunsch, noch mehr zu besitzen.

Erst wenn du Gott in dir gefunden hast, wird dir jener Friede zuteil, der durch nichts erschüttert werden kann. Alle Wünsche sind dann verschwunden. Du erlebst einen Zustand immerwährender Glückseligkeit, der von nichts Äußerem abhängig ist.

F. Wie soll man sich seinen Wünschen gegenüber verhalten?

P. Wünschen heißt, nach Sinnesfreuden trachten. Wir wollen

schöne Dinge sehen und keine häßlichen; wir wollen angenehme Geräusche hören und keine störenden; wir wollen wohltuende Gerüche wahrnehmen und keine üblen; wir wollen gutschmekkende Speisen genießen und keine geschmacklosen; wir wollen weiche Dinge fühlen und keine harten. Diese sinnlichen Wünsche verwirren unseren Geist. An ihre Stelle muß ein einziger Wunsch treten: der Wunsch, Gott zu verwirklichen.

Wenn die Sinne unter Kontrolle gebracht worden sind, gibt es keine Niedergeschlagenheit mehr und keinen Übermut, auch keine Zuneigungen oder Abneigungen. Solange der Geist auf Gott gerichtet ist, stellen die Sinne keine Ansprüche.

Wünsche sind eine gewaltige Kraft. Wenn wir sie in die richtigen Kanäle lenken, werden sie uns zu Friede und Freude verhelfen. Wir sollen unsere Wünsche nicht unterdrücken! Stärken wir das Verlangen nach Gott und wiederholen wir Seinen Namen, dann fällt es uns leicht, den Geist nach innen zu wenden. Dort kann er ungestört verweilen, und tiefer Friede wird uns beglükken.

F. Auch Wünsche subtiler Art sind in uns lebendig.

P. Die größte Schwierigkeit bereitet der Geschmackssinn. Beherrschst du ihn, dann beherrschst du auch die anderen Sinne. Und wenn du erst auf den Geschmack von Ramnam gekommen bist, wird es dir gleichgültig sein, wie andere Dinge schmecken. Du verlangst dann nicht mehr nach bestimmten Speisen, denn der göttliche Name ist süßer als Nektar. Wenn du jedoch meinst, die Wünsche müßten zuerst verschwinden, bevor du ernsthaft meditieren kannst, spannst du sozusagen den Wagen vor die Pferde. Es verhält sich wie in der Geschichte von dem verrückten Mann. Nach Aussage des Arztes kann dessen Krankheit nur geheilt werden, wenn er heiratet; doch kann die Hochzeit wiederum erst stattfinden, wenn die Verrücktheit verschwunden ist. Was ist in einem solchen Fall zu tun? Bitte Gott um Seine Gnade! Er wird in Dir die Sehnsucht nach Ihm erwecken. Alle Wünsche werden dann in dem einen aufgehen, Gott zu verwirklichen. Das ist der einzige Weg.

F. Es geht also nicht ohne Gebet.

P. Das Gebet muß aus dem Herzen kommen. Dazu bedarf es der göttlichen Gnade. Heilige können dir dabei helfen. Ist dir die Gnade zuteil geworden, mußt du den Weg der Gott-Verwirklichung verfolgen, ohne nach links oder rechts zu schauen. Das Bewußtsein, daß Seine Kraft in dir wirkt, muß vorhanden sein. Dann erst bist du ein wahrhafter Gottsucher; dann wirst du erkennen, daß der Weg bereits das Ziel ist.

F. Welche Stufen gibt es auf diesem Pfad.

P. Keine Stufen. Singe unablässig den Namen Gottes, und du wirst erkennen, daß du *atman* bist, das Selbst!

F. Papa hat kürzlich gesagt, es bedürfe der Gnade Gottes, um sich Seiner erinnern zu können.

P. Die Gnade ist immer vorhanden; sie fließt dir Tag und Nacht zu. Wenn du ihrer gewahr wirst, glaubst du jedoch, sie sei neu zu dir gekommen. Später nimmt sie an Intensität zu; dann hört dein Geist auf zu schwanken.

Als Ramdas 1922 mit Ramnam begann, fühlte er, daß ihn eine geheimnisvolle Kraft dazu bewegt hatte. Er wurde sich dieser Kraft im Laufe der Zeit mehr und mehr bewußt. Im gleichen Maße schwand sein Ego; schließlich nahm Gott völlig von ihm Besitz.

F. Hat Papa damals das Mantra laut gesungen oder schweigend wiederholt?

P. Ramdas sang das Mantra mit leiser Stimme und lauschte dem Klang. Er wußte, daß dieser ihn zu Gott führen würde. Sein Geist war angefüllt mit dem Klang des Namens und der Sehnsucht nach Gott. Alles übrige ließ ihn gleichgültig. Tag und Nacht wiederholte er den Namen. Er tauchte in ihn ein und verlor jegliches Körper-Bewußtsein. Das war Meditation, das war *samadhi*.

Leidenschaftslosigkeit

F. Wie wird man frei von Leidenschaften?

P. Wenn du dich ernsthaft nach Gott sehnst, wirst du nicht ruhen, bis du einen Weg gefunden hast, der zur Gott-Verwirklichung führt. Im Verlauf deiner Bemühungen läßt die Anziehungskraft der Dinge dieser Welt mehr und mehr nach. Dem brennenden Wunsch nach Gott folgt *vairagya* auf dem Fuß. Das ist das Geschenk Gottes.

Da gibt es die Geschichte von dem Dieb, der gegen Mitternacht in das Haus eines reichen Mannes eingedrungen ist. Noch sitzen die Bewohner in dem Raum, wo sich der mit Geld und

Schmuck gefüllte Safe befindet. Der Dieb muß warten, bis er an den ersehnten Schatz herankommen kann. Glaubst du, daß er dabei einschläft? Das wird er bestimmt nicht, sowenig wie der nach Gott Hungernde. In diesem Zustand kann weder der eine noch der andere an etwas anderes denken als an das heiß Ersehnte. Alle Wünsche und Sinnesfreuden sind vergessen.

F. Warum verhilfst du uns nicht zu einer solchen Hingabe?

P. Ramdas setzt seine gesamte Kraft für den geistigen Fortschritt anderer ein. Sein Blick allein hilft schon denen, die dafür zugänglich sind. Sitze schweigend und öffne dich der Kraft, die ihm entströmt! Dann wird der Schleier der Unwissenheit bald zerreißen, und Gott wird sich dir offenbaren. Ramdas sieht Gott in allen. So ist es ihm möglich, die Menschen zum Bewußtsein Gottes zu erheben.

Es gibt Leute, die Ramdas' äußeres Leben nachahmen wollen. Nachdem sie ein oder zwei Tage als Pilger unterwegs waren, kehren sie jedoch wieder um. Das Leben daheim mit seinen Gewohnheiten und Bequemlichkeiten zieht sie erneut in seinen Bann. Ramdas sind viele solcher Fälle bekannt. Es ist sinnlos, andere nachzuahmen; der Antrieb muß von Gott selbst kommen.

F. Hat Ramdas, als er noch auf dem Wege war, jemals daran gedacht, was er nach der Gott-Verwirklichung tun würde?

P. Ramdas machte sich keine Vorstellung von der Zukunft. Er hat sich niemals darum gekümmert, was ihm der nächste Augenblick bringen könnte. Immerfort war er in der Freude versunken, die ihm aus der Wiederholung des Namens erwuchs.

Befreiung vom Verhaftetsein

P. Die Gita lehrt uns, wie wir freiwerden können von unseren Bindungen. Das Hängen am Weltlichen ließ Arjuna in seelische Not geraten. Hat man sich aus dem Verhaftetsein gelöst, fällt es nicht mehr schwer, das Selbst zu verwirklichen. Doch schon das geringste Hängen an irdischen Dingen hindert uns, den Blick nach innen zu richten.

Bevor Ramdas sein neues Leben begann, hing er sehr an Rambai, seiner Tochter. Durch die ständige Wiederholung des Namens wurde diese Bindung immer schwächer, bis sie sich schließlich vollständig gelöst hatte. Auf seinen Pilgerreisen hat sich Ramdas nicht ein einziges Mal an das Mädchen erinnert. Es gibt keine Kompromisse: solange man noch die geringste Anhänglichkeit für irgend etwas oder für irgend jemand hegt, kann man Gott nicht verwirklichen.

F. Wie kann man sich aus dem Verhaftetsein befreien?

P. Je mehr wir uns an Gott erinnern, um so geringer werden unsere Bindungen an die Dinge der Welt. Denken wir ausschließlich an Gott, sind wir von allem Anhangen frei.

Das Haupthindernis ist unser Verhaftetsein mit dem Körper. Wenn du davon befreit bist, lösen sich die anderen Bindungen von selbst. Der Körper stellt nur ein Gehäuse dar, in dem das Leben nach dem Willen der *sakti* aktiv ist. Alles andere, was wir mit ihm in Verbindung bringen, wie Verwandtschaft und Besitz, gehört ins Reich der Illusion. Wir haben nichts in diese Welt mitgebracht, und wir werden am Ende nichts mitnehmen. Wenn wir im Gewahrsein des Selbst verbleiben, können wir in jeder Umgebung frei und glückselig leben. Es kommt nicht auf die äußere Loslösung an, sondern auf die innere. Wahre Helden sind jene, die inmitten der Familie ein reines, gotterfülltes Leben führen.

Übung und Entsagung

P. Wünsche sind ein großes Hindernis. Du erfüllst dir den Wunsch, das Taj Mahal zu besuchen. So gibst du auch anderen Wünschen nach. Dabei wird dein Verlangen nach Gott immer schwächer. Während seiner Pilgerreise wurde Ramdas von vielen gefragt: «Warum gehst du nicht nach Agra und besuchst das Taj Mahal?» Ramdas erwiderte: «Ich wünsche keine Baukunstwerke zu sehen, ich wünsche nur Gott zu schauen.» Man brachte ihm schöne Dinge aller Art, man bot ihm weiche Betten an – Ramdas lehnte ab. Wäre es ihm möglich gewesen, sich auf Gott zu sammeln, wenn er solche Wünsche gehegt hätte? Echte religiöse Bemühung kann ohne Abkehr von der Welt nicht zustande kommen.

F. Es ist ein Teufelskreis: um verzichten zu können, müssen wir uns geistig bemühen, um uns geistig bemühen zu können, müssen wir verzichten.

P. Nein, die Abkehr von der Welt ist die Folge deines Hungers nach Gott. Wenn dieser Hunger zunimmt, verschwinden alle anderen Wünsche.

15. Kapitel

Entsagung

Wahre Entsagung

F. Was versteht man unter wahrer Entsagung?

P. Wahre Entsagung, also völliger Verzicht auf Wünsche, ist ein innerer Vorgang. Aus eigener Kraft bist du dazu nicht fähig. Wenn unser Herz unablässig bei Gott ist, trachten wir nicht mehr nach den Dingen der Welt. Dann verschwinden Ehrgeiz und Streben nach Besitz genauso, wie die Dunkelheit verschwindet, wenn der Tag anbricht.

F. Kann man daraus entnehmen, daß Gott-Verwirklichung in allen Lebenslagen möglich ist?

P. Der Mensch kann überall und jederzeit die Sehnsucht nach Gott erwecken, sich vom Vergänglichen abwenden und Ihn verwirklichen. Es bedarf dazu keiner besonderen Umstände.

Auch Buddhas Weltentsagung war ein innerer Vorgang. Er lebte in einem Palast und genoß alle nur denkbaren Annehmlichkeiten. Irgendwann wurde ihm deutlich, daß in all dem keine wahre Freude lag. Er fand heraus, daß der Zustand der Unzufriedenheit und des Sichelendfühlens nur überwunden werden kann, wenn man von den Wünschen loskommt. Daraufhin beschritt er entschlossen den Weg der Entsagung und erreichte die Befreiung – Befreiung von der Tyrannei der Wünsche. Er nannte diese Befreiung *nirvana*. Es ist derselbe Zustand, den die Hindus als *moksha* und die Jains als *kaivalya* bezeichnen. So, wie die Abwesenheit von Dunkelheit Helle bedeutet, so bedeutet die Abwesenheit von Wünschen Glückseligkeit. Bei Buddha haben wir es mit einer negativen Methode der Annäherung an Glückseligkeit zu tun. Hindus bevorzugen den positiven Weg, indem sie über die höchste Wahrheit meditieren und damit über die Wünsche hinausgelangen, die sie an irdische Dinge fesseln.

Ramdas wurde gefragt: «Ich möchte allem entsagen. Was meinst du dazu?» Ramdas antwortete:

«Du solltest nicht entsagen.» «Warum nicht?» wollte der Fragesteller wissen.

Ramdas begründete: «Wenn du reif zur Entsagung wärst, hättest du nicht gefragt.»

Die Hinwendung zu Gott sollte allmählich erfolgen. Hat sich das Verlangen nach Ihm dann zu lodernder Sehnsucht gesteigert, verbrennen alle weltlichen Wünsche. Bis es soweit ist, mußt du versuchen, dich durch ein gutes, harmonisches Leben zu läutern. Dazu gehört, daß du Herr deiner Gedanken, Worte und Taten wirst. Keine impulsiven Handlungen! Gebrauche dein Unterscheidungsvermögen, deine Vernunft! Buddha nennt zehn Übel, von denen wir uns befreien müssen:

– drei des Gemütes: wünschen, hassen, neidisch sein;
– vier der Zunge: lügen, beleidigen, verleumden, klatschen;
– drei des Körpers: ehebrechen, stehlen, töten.

Ramdas sieht die zehn Übel durch die zehn Köpfe des Dämonenkönigs Ravana versinnbildlicht. Wenn du den zehnköpfigen Ravana mit Hilfe von Ramnam bezwingst, wirst du zu vollkommener Reinheit in Gedanken, Worten und Taten finden.

16. Kapitel

Yoga

Definition

P. Yoga nennt man den Weg, auf dem die Seele zur Verwirklichung ihres wahren Wesens gelangt, das identisch ist mit Unsterblichkeit, Allgegenwart, Frieden und Glückseligkeit. Wir müssen uns vom Ego befreit haben, bevor wir dieses höchste Ziel erreichen können. Dazu bedarf es der Selbstkontrolle und der Selbstdisziplin.

Yoga bedeutet auch das Aufgehen in der göttlichen Wirklichkeit und die Einheit mit Ihr. Nur beständige, ausdauernde, einzielige Bemühung kann dem Strebenden zur Verwirklichung des Göttlichen verhelfen. Solange der Mensch sich noch nach Sinnesfreuden sehnt, ist sein Fortschritt langsam und ungleichmäßig. Er darf daher nichts unversucht lassen, um die unreinen Leidenschaften zum Erlöschen zu bringen. Nur mit einem geläuterten, erleuchteten Geist ist es dem Strebenden möglich, ins Königreich des ewigen Lebens einzugehen.

Yoga darf nicht nur ein reizvolles Thema für Gespräche und Diskussionen sein, nicht nur eine Sache, von der man hört und liest – Yoga sollte im Alltagsleben praktiziert werden. Ein Yoga, der nicht das Herz erfüllt mit Gefühlen der Liebe, des Mitleids und des Friedens, verdient seinen Namen nicht. Ernsthafte Sammlung und Meditation bewirken eine völlige Änderung des Strebenden. Er wird zum leuchtenden Vorbild für andere. Durch seine Gedanken, Worte und Handlungen fließt allen Liebe und Seligkeit zu. Was hat es für einen Wert, wenn man sich für Yoga interessiert, jedoch nicht bereit ist, ein solches Leben zu führen?

Im allgemeinen werden unter Yoga bestimmte geheimnisvolle Praktiken verstanden, die zu übernatürlichen Kräften verhelfen sollen. Tatsächlich verfügt der wirkliche Yogi über solche Kräfte, er verwendet sie jedoch, wenn überhaupt, ausschließlich zur Förderung der spirituellen Entwicklung der Menschheit. Sie fließen ihm zu, ohne daß er sie anstrebt. Wenn er nach ihnen trachtete, könnte er an der unendlichen Freude und Liebe des unsterblichen Selbst nicht teilhaben. Wer sich ernsthaft dem Yoga zuwendet, darf daher nur ein einziges Ziel anstreben: die Einheit mit Gott.

Yoga birgt in Wahrheit keine Geheimnisse. Er ist nichts anderes als Einheit mit dem Göttlichen. Um diese zu erreichen, bedarf es systematischer Übungen, die dem individuellen Temperament entsprechen und die zur Beherrschung des Geistes und der Sinne führen. Dieser Weg mündet in ein immerwährendes, von göttlichem Licht durchflutetes Leben der Freiheit, der Freude, der Liebe und des Friedens.

Purna-Yoga (höchster Yoga)

P. Die Bhagavad Gita lehrt uns den Yoga der Liebe und Hingabe (*bhakti*-Yoga), den Yoga der Erkenntnis (*jnana*-Yoga) und den Yoga des Handelns (*karma*-Yoga). Hauptwert wird auf *karma*-Yoga gelegt. Solange das Ego vorhanden ist, hält sich der Mensch für den Täter; er verstrickt sich in seinen Handlungen und erntet Knechtschaft und Elend. Erst wenn er erkannt hat, daß er *purusha* ist, löst sich sein Ego auf, und seine Handlungen verlieren ihren bindenden Charakter. Dann wirkt er ohne das Bewußtsein, der Wirkende zu sein. Tatsächlich bleibt, wer die höchste Form des Yoga erreicht hat, zur gleichen Zeit Handelnder als *prakriti* und Nichthandelnder als *purusha*.

Wir wollen jetzt sehen, wie diese drei Yogaarten in einem Menschen wirken, der Gott als statischen *purusha* und als dynamische *prakriti* verwirklicht hat. Ein menschliches Wesen hat drei Hauptzentren: Kopf, Herz und Körper. Wer den höchsten Yoga erreicht hat, dessen Intellekt ist erleuchtet durch ewige Weisheit, dessen Herz fließt über vor Liebe und Erbarmen mit allen Wesen, und dessen Körper handelt jederzeit nach dem göttlichen Willen. Ein solcher Mensch ist zur Verkörperung Gottes geworden. Er lebt und wirkt für das Wohlergehen der Menschen und aller anderen Geschöpfe der Erde. Damit erfüllt er den göttlichen Plan, Harmonie, Frieden und Freude in diese Welt zu bringen.

Mäßigkeit ist nötig

F. Was bedeutet dieser Vers aus der Bhagavad Gita: «Der Herr wohnt in den Herzen aller Wesen, o Arjuna, und bewegt sie durch Seine *maya,* als wären sie Teile einer Maschinerie?»

P. «Gott wohnt in den Herzen aller Wesen» bedeutet: Er durchdringt alles. Er ist unendlich und ewig und bewegt durch Seine Kraft alles in der Welt, so wie ein Töpfer seine Töpferscheibe bewegt.

F. Wo kommt *maya* her?

P. Wenn du weißt, daß alles durch Ihn bewirkt wird, gibt es für dich keine *maya* mehr. Denkst du jedoch: «Ich bin es, der dies oder das tut», so gerätst du unter ihren Einfluß.

F. Ist *mouna* (Schweigen) für uns hilfreich?

P. *Mouna* hilft denen, die seine wirkliche Bedeutung erkennen. Beim Sprechen wird viel Energie verschwendet. Diese bleibt erhalten, wenn man *mouna* ausübt; das hilft, sich zu konzentrieren. Weiterhin wird der Geist durch Reden abgelenkt. Wenn du einmal mehr als gewöhnlich gesprochen hast und dich dann zum Meditieren hinsetzt, merkst du: der Geist ist unruhig. Wenn du aber schweigst, innerlich Ramnam wiederholst oder deinen Geist mit anderen Mitteln auf Gott gerichtet hältst, wird es dir leichter fallen, zur Ruhe zu finden.

Um zur vollen Sammlung zu gelangen, mußt du mit deinen Kräften haushalten. Du mußt deine Arbeit auf das Notwendigste beschränken und darfst dich nicht mit Unwichtigem abgeben. Nutze deine Zeit zum Gedenken Gottes!

Alles Zuviel schadet. Darum sollte man vermeiden, zuviel zu sehen, zu hören, zu essen, zu sprechen, zu schlafen und zu arbeiten. Durch Maßhalten in allem wird Energie bewahrt, und das hilft dir bei der Meditation. Alle Yogaarten gründen auf Mäßigkeit. Der nach Gott Strebende sollte daher gut aufpassen, nicht auf andere, sondern auf sich selbst. Er muß die Hindernisse auf seinem Weg erkennen und dann nach und nach beseitigen. Er muß wissen: Jede Unmäßigkeit behindert die Sammlung des Geistes.

Zu Yoga gehört Gesammeltsein

F. Ich bin Bildhauer. Manchmal bringe ich vorzügliche, lebendig wirkende Arbeiten zustande, zuweilen sind sie jedoch nichtssagend und leblos. Woran liegt das?

P. Das hängt von deiner seelischen Verfassung ab. Deine Arbeit wird gut gelingen, wenn du sie mit Hingabe verrichtest und wenn du völlig mit ihr in Einklang bist. Du solltest dich so an sie verlieren, daß du deinen Körper nicht mehr spürst.

Wenn sich dein Geist in einem Zustand der Sammlung befindet, kann man auch sagen: er ist in einem Zustand des Yoga. Dann wirst du Meisterwerke hervorbringen. Bildhauer, Maler, Sänger, Dichter – bei allen ist es das gleiche. In diesem Yoga-Zustand bist du so sehr in dein Werk vertieft, daß du nach seiner Fertigstellung Zweifel hegst, ob du es warst, der es geschaffen hat. Ein wahres Kunstwerk kann niemand zustande bringen, dessen Geist ruhelos ist.

Heilige befinden sich immer in diesem Zustand des Versunkenseins. Darum sind selbst ihre einfachsten Verrichtungen völlig fehlerfrei und makellos.

Es ist gut, wenn du meditierst, bevor du ans Werk gehst. Danach solltest du so sehr in deine Arbeit vertieft sein, daß du es nicht spürst, wenn dir jemand auf die Schulter klopft und daß du es nicht hörst, wenn man nach dir ruft. Selbst Hunger und Durst berühren dich nicht, wenn dein Geist sich im Zustand des Versunkenseins, im Yoga-Zustand, befindet.

17. Kapitel

Hingabe

Vom Wesen der Hingabe

P. Nach der Verwirklichung des *atman* wird die Seele sich ihres alles durchdringenden, ewigen, unveränderlichen Wesens bewußt. Sie hat einen Zustand vollkommenen Einsseins mit dem Göttlichen erreicht und ist zum Ausdruck universellen Dienens und universeller Liebe geworden. Diese Liebe gehört nicht der niederen Natur, dem Ego, an, sie ist Teil des unpersönlichen göttlichen Seins, dem sie spontan entströmt.

Sich hingeben bedeutet Auflösung des Egos und völliges Aufgehen in Gott. Bewußtsein und Nichtbewußtsein, Handeln und Nichthandeln, Individualität und Universalität verschmelzen miteinander; die Begriffe «Handelnder» und «Nichthandelnder» existieren nicht mehr. Alles Tun vollzieht sich ohne die geringste Spur eines Wunsches, ohne Zuneigung oder Abneigung.

Wir sprechen von vollkommener Hingabe, wenn der göttliche Wille anstatt des individuellen Willens wirksam geworden ist. Solange der individuelle Wille vorherrscht, bleibt der Mensch unwissend. Im selben Augenblick, in dem er sich dem Willen Gottes überläßt, wird er zu Seinem Werkzeug. Alles, was er tut, trägt von nun an den Stempel des kosmischen Willens.

Die befreite Seele wird vom Licht der Liebe durchdrungen. Sie findet in sich das gesamte Universum. Tat, Erkenntnis und Liebe verschmelzen miteinander in absoluter Vollkommenheit.

Wahre Hingabe führt zu einer Höhe, die sich jeder Beschreibung entzieht. Aus dem unwissenden Sterblichen wird ein unsterbliches, ewig freies und für immer glückseliges göttliches Wesen.

F. Wie können wir jenen Willen erlangen, den wir brauchen, um uns geistig weiterzuentwickeln?

P. Durch Wiederholung von Ramnam. Wenn du deinen Geist auf den Namen lenkst, wird dein Wille stärker.

F. Ohne die durch Ramnam gewonnene Sammlung können wir keine Willensstärke erlangen?

P. Sammlung ist der einzige Weg.

F. Was ist der Unterschied zwischen unserem Willen und dem Willen Gottes?

P. Solange du glaubst, einen Willen zu haben, mußt du ihn – durch Sammlung auf Gott – stark machen, damit du mit seiner Hilfe die niederen Impulse überwinden kannst. Schließlich wird er im göttlichen Willen aufgehen. Dann erkennst du: dein Wille war eine Illusion – alles geschah durch den Willen Gottes.

F. Wie sollen wir mit den verschiedenen Wünschen fertig werden?

P. Man sollte nicht jeden Wunsch einzeln bekämpfen. Besser ist, die Unwissenheit zu beseitigen, aus der alle Wünsche hervorgehen.

F. Und wenn der Geist sich nicht in Zucht nehmen läßt?

P. Lege ihn Ram zu Füßen! Erlaube ihm nicht, in Unruhe zu geraten! Bitte Gott: «Du hast den Geist in Bewegung gesetzt. Du kannst ihn auch zügeln und ruhigstellen.»

F. Wie soll ich den Geist Ram zu Füßen legen?

P. Ram ist in dir. Sprich zu Ihm: «Ich überlasse es Dir. Ich habe mein Bestes versucht, doch ist es mir nicht gelungen, mein Gemüt zu beherrschen. Nun mußt Du es für mich tun.» Dann wird dein Geist bald klar, ruhig und friedvoll sein. Es ist an Gott, dich von der Täuschung zu befreien, der du durch Seine *maya* verfallen bist. Dein Fehler: du gibst dich Ihm nicht völlig hin. Die Hingabe muß total sein und alles umfassen: Geist, Sinne, Körper.

Hingabe ist ein Bewußtseinszustand. Durch Ramnam kannst du ihn erlangen. Danach wird alles durch Seinen Willen und durch Seine Kraft geschehen. Wiederhole den Namen mit Liebe und Vertrauen – dann wird dir alles andere zufallen!

Gib dich Gott anheim!

F. Gestern hörten wir von Papa, daß wir nicht im voraus planen sollen. Wir haben aber gelernt, für Notzeiten Vorsorge zu treffen.

P. Der wahre Gottsucher verläßt sich ganz auf Ihn. Daher ist er frei wie ein Kind. Wenn du Besitz erwirbst, mußt du dich darum kümmern. Man hat sich daran gewöhnt, für die Zukunft vorzusorgen, und es ist schwer, von dieser Gewohnheit zu lassen. Dir fehlt der feste Glaube an Gott, der alle Zweifel fernhält. Zweifel schaffen Unheil. Du mußt unablässig an Gott denken und zu Ihm beten! Nur so kannst du die Zweifel überwinden.

Auch früher schon begehrte Ramdas nicht nach Geld und Besitz. Als er dann sein neues Leben begann, wurde er völlig frei von Bindungen, Ängsten und Sorgen. So konnte er furchtlos durch Urwälder wandern, in denen gefährliche Tiere lebten. Das alles hatte er der Gnade Gottes zu verdanken.

Bei einer Fahrt von Bombay nach Mangalore befand sich Ramdas unter den etwa vierhundert Passsagieren, die sich auf dem Deck des Schiffes drängten. Gegen Mitternacht ergab es sich, daß bei einer schwangeren Frau plötzlich die Geburtswehen einsetzten. Man stelle sich vor: eine Geburt unter diesen Umständen! Doch alles verlief bestens. Unter den Passagieren befanden sich ein Arzt, eine Hebamme, eine Krankenschwester, und sie hatten dabei, was gebraucht wurde. Ein gesundes Kind kam zur Welt. Wie wunderbar hatte Gott alles eingerichtet! Das ganze Leben von Ramdas ist ein Beweis für Gottes Gnade und Fürsorge.

18. Kapitel

Verwirklichung

Göttliches Bewußtsein

P. Göttliches Bewußtsein ist das Bewußtsein der ewigen kosmischen Wirklichkeit. Über seine Schwelle kann nur treten, wer das individuelle Bewußtsein hinter sich gelassen hat. Das göttliche Bewußtsein ist aus der Verschmelzung der individuellen Seele mit dem Selbst hervorgegangen. Die beschränkte Sicht des Egos hat sich zu einer gewaltigen, unbegrenzten Schau ausgeweitet, die alle sichtbaren und unsichtbaren Welten einbezieht. Ein Mensch, der diese geistige Höhe erklommen hat, ist frei von aller Individualität, wenn es auch von außen gesehen anders erscheinen mag. Er lebt und handelt auf der Ebene der universellen und über-universellen Wirklichkeit. Er hat erfahren, daß es nur ein Sein gibt; es umfaßt sowohl das Manifestierte als auch das Unmanifestierte. Jederzeit fühlt er sich eins mit den Geschöpfen und Dingen der Welt. Er weiß, daß alle Bewegungen, Veränderungen und Handlungen, die sich in ihm oder sonstwo vollziehen, von einer einzigen kosmischen Macht verursacht werden.

Was kennzeichnet die Handlungen eines Menschen, der sich in diesem höchsten Zustand befindet? Die Kraft, die alles Wirken im Universum auslöst, ist auch für sein Handeln verantwortlich. Während er jedoch weiß, daß alles Geschaffene Ausdruck der göttlichen *sakti* ist, bleibt dem Unwissenden diese Wahrheit verschlossen. Der Gottbewußte ist nicht nur ein Werkzeug der göttlichen Macht, sondern auch Ihre Verkörperung. Jede seiner Handlungen ist daher göttlichen Ursprungs. Selbst in einem höchst aktiven Leben erfreut sich die gottverwirklichte Seele ständig der ewigen Glückseligkeit, denn die dynamische Natur, die im Wirken zum Ausdruck kommt, stellt ein Element des allem zugrundeliegenden kosmischen Geistes dar.

Und doch gibt sich die gottverwirklichte Seele den Anschein, als wäre sie von der großen Wahrheit getrennt. Obwohl sie sich ihrer Einheit mit dem Höchsten bewußt ist, nennt sie sich Sohn, Kind, Diener oder Verehrer Gottes. Warum tut sie das? Sie zieht es vor, in der Sphäre der Aktivität den Liebenden oder Dienenden zu spielen, um sich der unendlichen Seligkeit der Liebe erfreuen zu können, denn diese gibt es nur auf der Ebene der Dualität. Selbst die geringfügigste Handlung der gottverwirklichten Seele geschieht aus Liebe heraus, denn Liebe ist ihr Wesen, und in ihr findet sie ihre Erfüllung. Jeder Blick, jede Berührung hilft, den gefallenen Menschen aufzurichten und Licht ins Dunkel zu bringen sowie Glückseligkeit dorthin, wo Elend herrscht. Eine solche große Seele wird zur Erlöserin der Menschen.

Göttliche Intuition

F. Existieren Geist und *gunas* auch nach der Verwirklichung der Wahrheit?

P. Heilige handeln spontan, ohne Vorbedacht. Sri Aurobindo sagte, ihre *gunas* hätten sich in *sat-chit-ananda* verwandelt.

F. Wenn ich mein alltägliches Handeln betrachte, kommt es mir vor, als wäre der Geist der Beobachter.

P. Der Geist kann zwar die Aktivität des Körpers beobachten, aber nicht sein eigenes Wirken. Wer vermag überhaupt festzustellen, ob der Geist richtig oder falsch denkt? Es ist *buddhi,* die Vernunft. Doch auch *buddhi* ist nicht unfehlbar. Nach der Selbst-Verwirklichung, wenn Geist und *buddhi* sich aufgelöst haben, übernimmt die göttliche Kraft die Führung. Wenn du einen Heiligen fragst: «Warum tust du das?» antwortet er: «Gott hat mich dazu veranlaßt.» Man nennt das «Intuition» oder «innere Stimme» oder «Stimme Gottes». Heilige sind eins mit Gott; sie führen stets Seinen Willen aus.

Wahre Erkenntnis

P. Gott hat uns Intelligenz gegeben, damit wir erkennen, daß wir nichts wissen. Was wissen wir denn schon? Da uns die wirklichen Geheimnisse der Welt verborgen bleiben, ist es besser, uns unser Unvermögen einzugestehen. Dann erst läßt uns Gott das Ewige schauen.

Sri Ramakrishna war ein großartiger Mensch, auch wenn er im weltlichen Sinne völlig ungebildet war. Es überraschte die Leute, wenn Gott aus ihm sprach. Sie sagten: «So ein unwissender

Mensch! Und wie weise er doch reden kann!» Die Quelle der Weisheit liegt in uns; daher muß echtes Wissen von dort kommen und kann nicht durch übliches Lernen erworben werden. Ihr redet von dem, was ihr in Büchern gelesen habt, und die Leute loben euch wegen eurer Kenntnisse. Swami Vivekananda sagte dazu: «Ihr eßt das, was andere erbrochen haben.» Nur das zählt, was aus eigener Erfahrung stammt!

In der Tat müssen wir einsehen, daß unser Wissen bedeutungslos ist; wir müssen vergessen, was wir gelernt haben, bevor wir zur wahren Erkenntnis gelangen können. Wir sollen wieder wie Kinder werden, so wie es Adam und Eva waren. Sie verloren ihre Kindhaftigkeit, nachdem sie von der verbotenen Frucht gegessen hatten. Jetzt erst wurden sie sich ihres Körpers bewußt, das Gefühl des Andersseins erwachte und mit ihm Furcht, Scham, Zuneigungen und Abneigungen. Erst wenn wir von diesem Körperbewußtsein befreit sind, behandeln wir einen Menschen wie den anderen, ganz gleich, ob man uns freundlich oder feindlich gegenübertritt. Wir ähneln dann dem Sandelbaum, der auch dem seinen Duft zukommen läßt, der ihn verletzt.

Universelle Schau

P. Die größten geistigen Meister gehörten keiner Religionsgemeinschaft an, keiner Gesellschaft oder Organisation. Sie betrachteten die Menschheit als eine Familie Gottes und liebten alle im gleichen Maße. «Das Universum ist meine Heimat; alle Wesen sind meine Brüder und Schwestern; unser Vater und unsere Mutter ist Gott.» Alle großen Meister sprechen von universeller Bruderschaft und fordern uns auf, die Hindernisse auf dem Weg zu ihr zu beseitigen.

Christus gebot, alle Menschen zu lieben. Er sagte: «Das Himmelreich ist in euch.» Gott nannte Er Vater im Himmel und erklärte: «Ich und Mein Vater sind eins.» Kann es in dieser Einheit Namen und Formen geben? Nein. Dort gibt es nur noch reinen Geist. Die befreite Seele weiß, daß sie nicht der Körper ist, sondern dieser alles durchdringende Geist.

Sri Krishnas Botschaft lautet: «Ich wohne in den Herzen aller Lebewesen.» Daher sollte man Ihn in sich selbst sehen und dann auch in allem anderen. Wenn du Gott in dir wahrnimmst, wirst du deine Einheit mit allen Menschen erkennen und alle lieben.

Buddhas Gebot lautet: «Laß deine Gedanken, Worte und Taten rein sein, damit du Nirwana erreichst!» Wenn wir alle Wünsche aufgeben, verflüchtigt sich das Ego. Dann haben wir Nirwana erreicht, den Zustand der Befreiung. Buddha erläuterte ihn nicht näher, da er unserem Denken unzugänglich bleibt. Man hat Buddha für einen Atheisten gehalten, weil Er Gott nicht in Bild und Form verehrte. Natürlich ist das falsch. Er verwirklichte die letzte Wahrheit und führte auch andere dorthin. Ihm kam es auf die Praxis an und nicht auf theoretische Erörterungen. Er äußerte dazu: «Versenke dich nicht mit deinen Gedanken ins Unauslotbare! Wer fragt, irrt; wer antwortet, irrt.»

P. In den Upanishaden finden wir eine negative Gottesbeschreibung: Nicht dies, nicht das. Was du auch siehst, hörst, berührst, riechst – es ist nicht Er. Doch kannst du Gott durch Erfahrung finden, durch intuitive Wahrnehmung. Gott ist Schweigen *(mouna)*, sagen die Upanishaden.

Der chinesische Philosoph Lao-tse setzt Gott gleich mit Leere, die er Tao nennt. Diese Leerheit ist allmächtig und liegt allem zugrunde. Wenn der Geist ruhig wird, kannst du sie in dir erfahren. Mache dich leer, und verwirkliche die Wahrheit!

Auch in den heiligen Schriften der Hindus ist von Leerheit oder vom Nichts die Rede. Leere wird hier *sunya* genannt und stellt die einzige Wirklichkeit dar, denn was wir mit unseren Sinnen erkennen, ist unwirklich. Man kann auch sagen: die Vielfalt ist unwirklich, die Einheit ist wirklich. Wenn unsere Sinne still werden, erweisen sich jene Dinge, die wir vorher für wirklich gehalten haben, als unwirklich. Dann wirst du nicht mehr von ihnen angezogen, und deine Wünsche verschwinden von selbst.

Alle großen Meister haben dieselbe Wahrheit verwirklicht. Es gibt daher keinen Unterschied zwischen dem *moksha* der Hindus, dem Nirwana der Buddhisten, dem «Vater im Himmel» der Christen und dem Tao des Lao-tse. Auch die Lehren der Großen sind gleich. Es waren ihre Anhänger, die um diese Lehren herum Religionsgebäude aufrichteten: Hinduismus, Christentum, Buddhismus, Islam und andere. Damit wurden künstliche Unterschiede geschaffen, die zu Streitigkeiten, ja oftmals zu Kriegen führten.

Welch ein Wahnsinn: Kriege im Namen Gottes! Der göttliche Name sollte uns zusammenbringen, die Unterschiede zwischen uns beseitigen und uns zu einer harmonischen Weltgemeinschaft vereinen. Laßt uns dazu beitragen, indem wir Liebe in die Welt hineintragen, damit Dunkelheit, Haß, Bosheit, Streit und Krieg verschwinden!

Nur Gott kann Gott schauen

P. Man sagt, Gott schlafe im Stein, bewege sich im Tier, denke im Menschen und verkörpere sich im Heiligen. Wenn du Gott in manifestierter Form sehen willst, mußt du einen Heiligen aufsuchen.

F. Wir sind nicht fähig, Ihn im Heiligen wahrzunehmen.

P. Ihr müßt richtig sehen lernen! Dazu ist es nötig, eine persönliche Verbindung zum Heiligen herzustellen und sich seinem Einfluß zu öffnen. Dann werdet ihr erkennen, daß ihr euch in der Gegenwart einer Person befindet, in der Gott sich offenbart.

Ramdas führt dazu zwei Beispiele an. Als er bei seiner Weltreise Seattle in den USA besuchte, wurde er von einer Verehrerin Paramahansa Yoganandas eingeladen. Sie stellte ihn ihrem Freundeskreis vor: «Ich habe euch Gott selbst mitgebracht.» Erfreut wandte sich Ramdas den Anwesenden zu: «Gott ist gekommen, um Gott zu sehen.» In Los Angeles hatte man ihn zu einer Veranstaltung im Ost-West-Kulturzentrum gebeten. Die amerikanische Dame, die die Versammlung leitete, führte ihn mit den Worten ein: «Nun sitzt Gott selbst vor euch. Ihr könnt eure Sorgen vor Ihm ausbreiten.»

Ihr alle seid Abbilder Gottes. Für Ramdas ist es dabei unwichtig, ob ihr unwissende oder gottverwirklichte Seelen seid. Wer Gott überall sieht, wird selbst zu Gott. Ramdas erinnert sich an ein bekanntes Wort von Swami Rama Tirtha. Als dieser gefragt wurde: «Wer bist du?» antwortete er: «Ich bin Gott, genauso wie du.»

Wer Gott im Mitmenschen erkennt, ist selbst Gott, denn nur Gott kann Gott erkennen. Weil es für ihn keine «anderen» gibt, sieht er sich in allen. Das bedeutet, daß eine verwirklichte Person sich in allem sieht und alles in sich. Da bleibt kein Raum für Vielfalt oder Dualität – es gibt nur Einheit.

Im Heiligen hat sich Gott selbst verkörpert. Bei deinem Zusammensein mit dem Heiligen sucht Gott sich in dir zu offenbaren; eine Verschmelzung zwischen dir und Ihm findet statt. Dabei erlebst du eine unbeschreibliche Freude.

Heilige sind nicht nur geistige Lehrer und Führer, sie sind auch Erwecker. Sie erwecken in dir das Bewußtsein deines unsterblichen Selbst. Deshalb bist du in der Gegenwart von Heiligen glücklich. Das Glück kommt aus deinem Inneren. In der Sonne öffnen sich die Knospen der Lotosblume, und Duft und Schönheit, bisher verborgen, werden offenbar. So offenbart sich *atman* in dir, wenn du bei einem Heiligen weilst. Dein ganzer Körper ist dann mit Freude erfüllt, und du vergißt, wo du gerade sitzt und wie die Zeit vergeht, denn du bist über Zeit und Raum hinausgelangt.

Deshalb sollte *sat sanga* der erste Schritt auf dem Weg zur Gott-Verwirklichung sein. In einem der Gesänge des großen Maharashtra Heiligen Tukaram heißt es: «Ohne Guru gibt es kein Vorwärtskommen. Halte daher unter allen Umständen an ihm fest! Dann wird er dich zu sich emporheben. Er wird dich erwecken, so daß du zu deinem Selbst findest.»

F. Ist es nötig, Gott um Sein *darshan* zu bitten? Gewährt Er es nicht von selbst, da Er allwissend und überaus gnädig ist?

P. Gott gewährt nur das, um was du Ihn bittest. Dabei kommt es darauf an, wie du Ihn um Hilfe angehst. Deine Bitte muß aus dem Herzen kommen, sonst fehlen ihr Gewicht und Eindringlichkeit. Wenn du Gott inbrünstig zu sehen wünschst, wird auch dein Bitten inbrünstig sein, und Er wird ihm gewiß entsprechen.

Verlangst du mit ganzem Herzen nach Gott, kannst du keine anderen Wünsche mehr haben. Die Tatsache, daß du Ihn noch nicht erreicht hast, beweist, daß diese Bedingung nicht erfüllt ist. Du hast noch Wünsche. Forsche in deinem Herzen nach ihnen! Wenn auch nur eine Faser absteht, wirst du den Faden nicht durchs Nadelöhr führen können. Genauso versperrt dir schon der kleinste Wunsch den Pfad zu Gott. Man sagt, das Verlangen nach Ihm müsse so groß sein wie das des an Land geratenen Fisches nach Wasser. Der Suchende muß spüren: ohne Gott kann ich nicht leben. Unser Wunsch nach weltlichen Dingen ist aber größer als unser Wunsch nach Gott. Darum können wir uns nicht ständig an Ihn erinnern, darum bleibt unsere Hingabe halbherzig.

Wer Gott haben will, muß den vollen Preis zahlen: er muß Ihm sein ganzes Leben weihen. Teilweise Hingabe genügt nicht.

F. Was sollte jemand, der gar nichts weiß, als erstes lernen?

P. Sokrates sagte: «Zu wissen, daß man nichts weiß – das ist wahres Wissen.» Damit haben wir einen vortrefflichen Ausgangspunkt. Gott weiß alles – wir wissen nichts. Er wird sich in unseren Herzen offenbaren, wenn wir diese Wahrheit erkennen.

Erinnern wir uns unablässig an Gott, erlischt allmählich das Gefühl, über eigenes Wissen zu verfügen, und unser Geist wird frei von allen Vorstellungen. Wir ersetzen zunächst unsere weltlichen Gedanken durch den Gedanken an Gott.

Schließlich vergeht auch diese Vorstellung: der Geist ist gedankenfrei geworden, er hat aufgehört zu bestehen. Das Licht Gottes leuchtet in uns auf, und wir erfahren, daß wir die höchste Wahrheit sind.

Ein Mensch, der die Wahrheit verwirklicht hat, weist sechs Merkmale auf:

1. Er bleibt sich stets bewußt, daß er unsterblich ist, daß er also von Geburt, Wachstum, Verfall und Tod nicht betroffen wird.
2. Er ist furchtlos, da er sich nicht mit dem Körper identifiziert.
3. Für ihn gibt es keine Dualität. Er ist daher frei von Ideen wie Sünde, Tugend, Gut oder Böse.
4. Er hat erkannt, daß er im göttlichen Geist neu geboren ist.
5. Er ist ununterbrochen in Glückseligkeit versunken.
6. Die Menschen fühlen sich zu ihm hingezogen, weil er stets freundlich, liebevoll und heiter bleibt.

Nur das letzte dieser Kennzeichen ist äußerlich und kann von allen wahrgenommen werden. Die anderen fünf sind nur ihm selbst bekannt.

Göttliches Handeln

F. Was versteht man unter selbstlosem Handeln?

P. Solange das Ego vorhanden ist, erwartest du, daß deine Handlungen Ergebnisse bringen, von denen das Glücklichsein abhängig zu sein scheint. Beim selbstlosen Tun jedoch denkt man nicht an das Ergebnis, die Handlung an sich gibt Freude. Viele Leute meinen, ohne Ego könne man nicht tätig sein. Im Gegenteil: erst egofreies Handeln ist wahres Handeln.

Alles Wirken der Heiligen und Weisen dient der geistigen Erhebung der Menschen. Diese Großen sind in ihr Tun völlig versunken und erfreuen sich dabei reiner Glückseligkeit. Sie fragen nicht danach, ob die Menschen sie loben oder tadeln. Erfolg oder Mißerfolg, Leid oder Freude, Ehre oder Schmach – das alles ist ihnen gleichgültig. Ihr Wirken geschieht aus einem spielerischen Drang heraus, und doch ist es göttlichen Ursprungs und dient dem Wohlergehen der ganzen Menschheit. Sie handeln spontan, und in dieser Spontaneität liegt Freude. Wo besteht dann noch das Bedürfnis nach Ergebnissen? Ein solcher Mensch arbeitet den ganzen Tag und wird nicht müde. Er sagt: «Ich habe nichts getan.»

F. Ich verstehe Papa so, daß wir uns bei allen Handlungen bewußt bleiben sollen, nicht die Handelnden zu sein. Wäre das nicht ein Schritt in die Richtung, die wir einzuschlagen haben?

P. Erinnere dich unablässig an Gott, alles andere wird folgen! Du brauchst nicht an das Ego zu denken und nicht jede Handlung Gott darzubringen. Wenn du sagst: «Ich widme Dir diese Handlung, o Gott», dann hilft das nicht viel. Wenn du aber ständig an Ihn denkst, wird der Unruhestifter, das Ego, daran gehindert, sein Spiel zu spielen. Bitte Gott, dich zu befähigen, immerfort Seiner zu gedenken! Dann geschieht alles andere von selbst. Schließlich werden alle Unreinheiten in deinem Wesen getilgt sein, und alle deine Handlungen werden zu göttlichen Handlungen.

Du bist der Auffassung, man könne nur zu Gott kommen, wenn man sich vorher von Fehlern und Schwächen frei gemacht hat. Doch ist es gerade umgekehrt: wenn du dich Gott zuwendest, werden Körper, Geist und Intellekt von allen Übeln befreit. Zu Beginn dieses Prozesses muß man durch eigene Anstrengung zum Gelingen beitragen, doch später, wenn Gott sich in dir manifestiert hat, bedarf es keiner Bemühung mehr. Ramdas spürte, daß auch die Wiederholung des göttlichen Namens durch Seine Gnade erfolgte. Wie hätte er sonst vierundzwanzig Stunden am Tag bei Ramnam bleiben können? Ein Heiliger hat das so formuliert: «Gib dich, bevor du den Namen Gottes wiederholst, ganz in Seine Hände! Bitte: ‹O Gott, ich bin nichts. Laß Du mich Deinen Namen wiederholen!›» Sei dir darüber klar, daß Seine Gnade alles bewirkt: Wiederholung des Namens, Meditation, Begegnung mit einem Heiligen. Unterwirf dich dem Willen Gottes, und nimm alles, was geschieht, freudig an! Wenn dich jemand lobt, sprich: «Lobe nicht mich, sondern Gott, der durch mich wirkt!» Auf diese Weise wird das Ego entthront, und du bleibst rein und demütig.

F. Du sagtest, wir sollten zuerst zu Gott beten, damit Er uns fähig macht, Ramnam zu wiederholen, anstatt zuerst unsere Fehler auszumerzen, um in Einklang mit Ihm zu kommen. Ist diese Methode in jedem Fall anwendbar?

P. Du willst den Wagen vor die Pferde spannen. Kannst du denn Fehler ohne Seine Gnade beseitigen? Versuche es! Viele schon sind dabei gescheitert. Erst durch Seine Gnade wurden sie erfolgreich. Die Wiederholung des göttlichen Namens und die Verbindung zu Heiligen – das genügt, um jeden völlig umzuwandeln.

Ekstase

P. Moral ist die Grundlage der Spiritualität. Deshalb betrachtet man Reinheit des Herzens als unabdingbare Voraussetzung für die Gott-Verwirklichung. «Selig, die reinen Herzens sind, denn sie werden Gott schauen.» Deine Gedanken, Worte und Werke sollen rein sein. Nur dann wird sich dir das Tor zur ewigen Wahrheit öffnen.

Wer noch Wünsche hat, strebt nach ihrer Erfüllung. Wenn er sich auch von früh bis spät abrackern sollte – er bleibt doch unzufrieden, denn wahre Erfüllung liegt allein im Erlöschen der Wünsche. Wenn der unerschöpfliche Brunnen der Seligkeit in dir zu fließen beginnt, ist diese Bedingung erfüllt. Die Wünsche haben sich aufgelöst; du bist in einen Zustand der Glückseligkeit eingetreten. Da Gott, von dem diese Glückseligkeit kommt, unsterblich ist, ist auch sie unsterblich.

P. Wünsche sind die Ursache aller Sorgen, Nöte und Leiden. Irgendwann ersetzen wir sie durch den einen Wunsch nach dem Ewigen. Wenn wir Gott verwirklicht haben, erlischt auch dieser Wunsch: wir haben den Zustand der Wunschlosigkeit erreicht. Das ist Befreiung.

Ist es nicht wunderbar, daß Gott in Menschengestalt zu uns kommt und uns lehrt, Ihn zu verwirklichen! Krishna sagte zu Arjuna: «Wer Mich überall sieht und alles in Mir sieht, dem gehe

Ich sowenig verloren, wie er Mir verlorengeht.» Arjuna erwiderte: «Für diesen Yoga, o Madhusudana, von dem Du erklärt hast, daß er in Gleichmut bestehe, sehe ich wegen der Wankelmütigkeit des Geistes keinen festen Grund.» Krishna ermutigte ihn: «Ohne Zweifel ist der Geist ruhelos und schwer zu zügeln, o Starkarmiger, doch kann er, o Sohn der Kunti, durch beständige Übung und Nicht-Anhaften bezähmt werden.»

Das ist ein wichtiger Hinweis für den Strebenden. Ohne Bemühung kann nichts erreicht werden. Doch wird sie erst dann zum Erfolg führen, wenn die Welt ihren Reiz verloren hat. Man muß unterscheiden können zwischen dem Wirklichen und dem Unwirklichen, dem Ewigen und dem Zeitlichen, dem Wahren und dem Falschen. Bitte Gott: «Führe mich vom Unwirklichen zum Wirklichen, von der Dunkelheit zum Licht, von der Sterblichkeit zur Unsterblichkeit.»

P. Wenn du dir ständig vor Augen hältst, daß du auf Erden bist, um Gott zu verwirklichen, werden die Wünsche nach vergänglichen Dingen allmählich nachlassen, und die Sehnsucht nach dem Ewigen wird zunehmen. Von diesem Gedanken war Ramdas beseelt, als er seinen Weg antrat. Er verlor das hohe Ziel nie mehr aus den Augen. Ihm allein galt sein Streben, alles andere war bedeutungslos geworden.

Ein Musterbeispiel für Beharrlichkeit und Zielstrebigkeit ist Nachiketas. Sein Vater, der König, war ein Geizhals. Als er eines Tages den Brahmanenpriestern tausend Rinder zu geben hatte, suchte er dafür die ältesten und magersten aus. Nachiketas war sehr betrübt, als er das sah und fragte: «Vater, wem wirst du *mich* schenken?» «Ich überlasse dich dem Tod», erwiderte der König zornig. Er konnte dieses Wort nicht mehr zurücknehmen, und der Prinz machte sich frohgemut auf den Weg zur Residenz Yamas, des Todesgottes. Als er dort ankam, war Yama nicht zu Hause; Nachiketas mußte drei Tage warten, ohne daß er etwas zu essen bekam. Nach seiner Rückkehr fragte Yama: «Junge, wie lange bist du schon hier?» Der Prinz antwortete: «Drei Tage und drei Nächte.» Yama: «Da du drei Nächte in meinem Haus verbracht hast, ohne zu essen, gebe ich dir drei Wünsche frei. Du kannst verlangen, was du willst.» «Ich wünsche mir Gott-Verwirklichung», entgegnete Nachiketas. Yama versuchte ihn umzustimmen: «Du bist jung. Die Welt bietet viele Freuden und

Vergnügungen. Suche dir etwas aus, ich werde es dir geben!» Doch der Prinz blieb bei seinem Wunsch. Der Gott des Todes war gezwungen, sein Wort einzulösen und ihm die Verwirklichung *Brahmans* zu gewähren. Der Junge wußte: das ist das Höchste.

Gott möchte uns das Größte schenken, doch wir bitten um Dinge, die vergänglich sind und die uns höchstens kurzlebige kleine Freuden geben können. Wenn wir Ihn um Unvergängliches bitten, wird Er es uns gewähren. Wir benehmen uns jedoch wie der Narr, der vom König ein Glas Buttermilch erbittet, obwohl ihm kostbare Schätze angeboten werden. Wir wollen etwas von Gott, aber nicht Ihn selbst. «O Gott, ich will Dich, nur Dich allein!» So sollte unser Gebet lauten.

P. Ramdas weiß aus Erfahrung, daß Gott Seine Verehrer niemals im Stich läßt. Es kommt nur darauf an, wahrhafter Verehrer zu sein. Richte die gleiche Bitte an Ihn wie Tulsidas: «O Gott, sprich nur einmal: ‹Tulsidas ist Mein eigen›.» Es genügt nicht zu sagen, daß Er uns gehört, Er muß sagen, daß wir Ihm gehören. Gott muß uns halten, nicht wir Ihn, dann sind wir sicher.

Die Leute fragen: «Wie können wir uns Gott nähern, solange wir voller Unreinigkeiten stecken?» Gerade das sollte der Grund sein, uns Ihm zuzuwenden. Er sieht keinen Makel in uns und nimmt uns an, wie wir sind. In der Gita spricht Krishna: «Selbst der ärgste Sünder wird zum Heiligen, wenn er Mich in aufrichtiger Hingabe verehrt.» Gott weist niemand ab, der sich Ihm demütigen Herzens nähert. So, wie die Mutter ihr Kind aufnimmt, mag es noch so schmutzig sein, so nimmt Er uns auf, reinigt uns und gewährt uns das Höchste: Er hebt uns zu sich empor.

Schenke dein Herz Gott!

P. Du brauchst dich nicht um Läuterung zu bemühen! Schenke dein Herz Gott, und es wird, wenn du Ihn mehr liebst als alles andere, auf der Stelle rein sein!

Der bloße Gedanke an Krishna ließ die Gopis ihre Körper vergessen und ließ sie in Ekstase geraten. Einmal bat eine Gopi ihre Schwiegertochter, ins Nachbarhaus zu gehen und an der dort brennenden Lampe einen Docht zu entzünden. Während die junge Frau den Docht in die Flamme hielt, sagte jemand, daß Krishna gekommen sei. Sie wandte sich um und sah Krishna an der Tür stehen. Die Erscheinung währte nur einen Augenblick, doch ihr Bewußtsein verlor sich in Ihm. Ihre Hand wurde von der Flamme erfaßt, aber sie verspürte keinen Schmerz, denn sie hatte Körper und Welt vergessen. Die Schwiegermutter wartete vergebens auf die Rückkehr der jungen Frau. Schließlich ging sie hinüber, sah, was geschehen war, nahm die Hand ihrer Schwiegertochter aus der Flamme und führte sie heim. So groß war die Liebe der Gopis!

«Ich durchdringe alles als unpersönliche Wahrheit, doch zugleich habe ich in den Herzen der Geschöpfe Wohnung genommen», sagt Krishna. Und an anderer Stelle: «Ich bin für alle da, doch Meine Verehrer sind Mir besonders lieb.» In welchem Sinne? «Sie verlassen sich auf Mich allein. Daher bin ich durch Bande der Zuneigung und Liebe mit ihnen verknüpft.» Zu den Gopis sagte Er: «Um Meinetwillen habt ihr Heim, Kinder, Pflichten und alles andere aufgegeben. Ihr habt euch in einem solchen Ausmaß an Mich verschenkt, daß Ich tief in eurer Schuld stehe. Die Frage ist, wie Ich diese Schuld tilgen kann. Es wird Mir wohl nie gelingen, selbst wenn Ich millionenmal geboren würde und jedesmal mein Äußerstes täte. Doch wenn ihr erklärtet, daß die Schuld gelöscht sei, fühlte Ich Mich davon befreit. Darum sagt bitte, daß Ich euch nichts mehr schulde!»

Selbst die Liebe Radhas verblaßt neben der Liebe der Gopis. Gopis bringen es zuwege, Radha und Krishna zu vereinen, als diese getrennt sind. Der Anblick des göttlichen Paares läßt sie in Ekstase versinken. Auch die höchste Liebe, die wir uns vorstellen können, vermag nicht vor dieser einzigartigen Liebe zu bestehen. Radha und Krishna – *purusha* und *prakriti* – verschmelzen miteinander und werden eins im göttlichen Spiel. Die Liebe der Gopis vertieft sich noch, indem sie sich einmal mit Krishna, ein andermal mit Radha und zuletzt mit beiden zusammen identifizieren. Ihre Freude ist unbeschreiblich, man sollte dafür «höchste Ekstase» sagen. Es handelt sich um den Zustand, den wir auch *samadhi* nennen.

Göttliche Liebe

P. Man sollte einen Menschen nicht nach dem beurteilen, was er redet oder schreibt, sondern danach, wie er handelt. Noch besser lernt man ihn kennen, wenn man darauf achtet, wie er sich zu anderen verhält. Es mag jemand noch so überzeugend über *jnana* oder irgendwelche philosophischen Probleme sprechen oder predigen – wenn er nicht lebt, was er verkündigt, sind das nichts als tönende Worte.

Du kannst das wahre Leben nicht auf Planung und Berechnung aufbauen. Es muß spontan gelebt werden, was nur möglich ist, wenn Gott sich in deinem Herzen offenbart. Dann wird dein ganzes Leben umgewandelt. Nicht mehr du lebst dein Leben, sondern Gott in dir lebt es. Die Regie deiner Gedanken, Worte und Taten liegt jetzt in den Händen des Göttlichen. Du kannst nichts mehr falsch machen, und du brauchst nicht mehr nachzudenken und zu urteilen. Das Göttliche wirkt in dir und durch dich. Gott läßt dich das Richtige denken, das Richtige sprechen und das Richtige tun. Er ist für alles verantwortlich, was geschieht. Gott und du sind nicht verschieden voneinander. Er ist der Dirigent, und Er ist das Instrument. Was für ein wundervolles Leben!

P. Gottes Liebe pocht in deinem Herzen; Gottes Licht leuchtet in deinen Augen; Gottes Kraft fließt durch deine Hände und Füße. Wenn du dir dessen bewußt bleibst, werden alle Handlungen Ihm dargebracht, der dir das alles gab. In einem Gedicht wird von einem Bananenbaum erzählt, an dem so viele Früchte wachsen, daß er sich in Dankbarkeit zur Erde beugt, die ihn mit der nötigen Nahrung bedacht hat. Du siehst die Bäume ringsum. Sie neigen sich unter dem Gewicht zahlloser Mangos der Erde zu, ihrer Wohltäterin. So mußt auch du dich vor deinem göttlichen Wohltäter verneigen, der dir dieses Leben geschenkt hat. Du solltest niederknien und dich Ihm überantworten. In dieser Hingabe werden Geist, Intellekt und Körper geläutert. Dann wird Gott sagen: «Du bist Mein.» Deine Freude kennt keine Grenzen, denn du weißt: Er hat dich als Sein Kind angenommen.

Was immer du auch in der Vergangenheit Unrechtes getan haben magst – wende dich Gott zu, und alles ist ausgelöscht! «Ich werde dich von allen Sünden befreien», sagt Krishna in der Bhagavad Gita. Das ist eine trostbringende Versicherung. Wo gäbe es sonst Hoffnung für die Menschen in der Welt, die doch so oft vom rechten Weg abkommen?

Denke an die Geschichte vom verlorenen Sohn. Von zu Hause zog es ihn fort in ein fremdes Land, wo er sein Vermögen verpraßte und in große Not geriet. Er verdingte sich bei einem Bauern, der ihn schlecht behandelte. Oft hätte er vor Hunger am liebsten das Futter der Schweine gegessen, die er hüten mußte, aber niemand gab es ihm. Schließlich kehrte er reumütig zu seinem Vater zurück. Dieser sah ihn schon von weitem, eilte ihm entgegen, fiel ihm um den Hals und küßte ihn. Er stieß seinen Sohn nicht zurück und machte ihm keine Vorwürfe. Alle, die in der Welt den rechten Weg verloren haben, sind verlorene Söhne Gottes. Wenn sie zu Ihm zurückkehren, wird Er, der Barmherzige, sie aufnehmen, ihnen ihre Sünden verzeihen und sie ganz und gar umwandeln. Reue über die Vergangenheit, Ängste in der Gegenwart und Sorgen für die Zukunft sind dann für immer vorüber.

P. Nandanar, ein großer Heiliger, der Tag und Nacht den Namen Gottes wiederholte, lebte in einem Vorort der Pilgerstadt Chidambaram. Täglich besuchten Tausende den dortigen Siva-Tempel, doch er durfte ihn nicht betreten, sosehr ihn danach verlangte, denn er gehörte der niedersten Kaste an. Eines Nachts hatte der Oberpriester des Tempels einen Traum, in dem ihm der Herr gebot, Nandanar den Zutritt zu gestatten. Es wird erzählt, daß der Heilige, als er ins Allerheiligste eintrat, in einer sich blitzartig einstellenden Lichtflut verschwand. Nandanar hatte eine solche geistige Höhe erreicht, daß zwischen ihm und Gott kein Unterschied mehr bestand. Er ging in Ihm auf.

Der Heilige Appayya, ein Vorfahre Matajis, lebte in Bhatkal. Als sich sein Leben dem Ende näherte, betrat er eines Tages allein einen Raum, der nur eine Tür hatte. Da er auch nach langem Warten nicht herauskam, brach man die Tür auf. Appayya war nicht mehr im Zimmer und blieb verschwunden. So endete das Leben dieses Heiligen.

In Nordindien lebte der berühmte Heilige Kabir. Er wurde als Mohammedaner geboren, hatte jedoch einen Hindu-Guru, und Ramnam war sein Mantra. Nach seinem Tod erhob sich die Frage, ob sein Leichnam gemäß der Hindusitte eingeäschert oder nach mohammedanischem Brauch begraben werden sollte. Beide Parteien wollten sich des Körpers bemächtigen. Doch als man die Blumen, die über dem toten Kabir angehäuft waren, weggeräumt hatte, fand man keinen Körper mehr; er blieb für immer verschwunden.

F. Papa, gibt es eine Erklärung dafür, wie der Körper verschwinden konnte?

P. Das war das Werk Gottes. Mehr können wir nicht sagen. Sein geheimnisvolles Wirken entzieht sich unserem Verständnis.

Göttliches Bewußtsein

F. Ich hatte diesmal Gelegenheit, hier einigen Diskussionen beizuwohnen. Sie haben dazu beigetragen, meine Zweifel zu beseitigen.

P. Durch Diskussionen können keine Zweifel beseitigt werden. Betrachte sie lediglich als intellektuelle Gymnastik oder als den Versuch, aus Wasser Butter zu machen! Nur wenn wahrhafter Glaube das Herz erfüllt, verschwinden die Zweifel. Der Glaube hält das Schiff des Lebens auf dem rechten Kurs.

F. Ich möchte auch verstandesmäßig überzeugt werden. Auf der Universität habe ich Logik studiert. Ich kann nicht blind glauben.

P. Ramdas hat diese Frage vor langer Zeit der Göttlichen Mutter gestellt: «Mutter, Du sagst, Du habest alles geschaffen, und alles diene einem bestimmten Zweck. Wozu dient nun der menschliche Intellekt?» Die Mutter erwiderte: «Die Aufgabe des Intellekts ist es, herauszufinden, daß du nichts weißt.»

Gibt es irgend jemand, der mit dem Intellekt Gott verwirklicht hat? Nein. Alle mußten über ihn hinausgelangen, bevor sie die Geheimnisse Gottes ergründen durften. Verstand und Geist müssen ihre Tätigkeit einstellen, erst dann kannst du das Ewige erfahren. Darum ist es besser, sich von Anfang an einzugestehen, daß man nichts weiß. Nur dann wird sich dir das göttliche Bewußtsein erschließen.

Erst nach dieser Erfahrung vermag der nunmehr erleuchtete Intellekt nützliche Arbeit zu leisten. Du bist dir jetzt bewußt, daß die Teile deines Körpers nicht durch *deine* Kraft zusammenwirken, sondern durch die Kraft Gottes. Er läßt dich nach Seinem Willen und durch Seine Macht denken und handeln. Das Ego, das dich so lange gefangengehalten hat, ist verschwunden. Alle Sorgen, Ängste, Befürchtungen und Leiden waren unbegründet.

Solange du glaubst, daß du selbst etwas weißt oder tust, wird das Ego in dir noch stärker. Daher solltest du nicht sagen: «Ich tue das», sondern «Gott läßt mich das tun». Zu Anfang ist es nützlich, sich als Seinen Diener zu betrachten. Gott gebraucht den Diener nach Seinem Willen. Nun bist du imstande, den Pfad der Wahrheit und Gerechtigkeit zu gehen. Du wirst gegen niemand mehr böse Gefühle hegen und wirst niemand mehr verletzen. Schließlich geht der Diener im Meister auf, ja, der Diener wird zum Meister. Was bleibt dann noch? Allein göttliches Bewußtsein, das alles durchdringt. Und du bist Seine Verkörperung.

Gottessehnsucht und Abkehr von der Welt

P. Viele werden des weltlichen Lebens müde; sie verlassen ihr Heim und beginnen von Ort zu Ort zu wandern. Vom Vergänglichen haben sie sich abgewandt, doch wenn sie sich nicht ständig an Gott erinnern, werden sie früher oder später rückfällig. Du solltest nicht sein wie ein Klumpen Erde, der sich im Regen schnell mit Wasser vollsaugt, sondern wie ein Granitstein, der, auch wenn er hundert Jahre im Wasser liegt, keine Verbindung mit ihm eingeht. Ohne innere Zucht läßt sich dieser Zustand der Abkehr von der Welt nicht aufrechterhalten; deshalb mußt du zur gleichen Zeit ernsthaft die Vereinigung mit Gott anstreben. Dann ergänzt sich beides: das Denken an Gott hilft dem Weltlichen, und das wiederum fördert die Hinwendung zu Gott. Erst nach der Verwirklichung des Selbst bist du in Sicherheit. Wenn du Gott verwirklicht hast, wirst du niemals mehr nach weltlichen Dingen verlangen, denn alle deine Wünsche sind erstorben. Wo du dich auch aufhältst und in wessen Gesellschaft du dich befindest – du wirst von allem unberührt bleiben.

F. Wird dieser Zustand des Losgelöstseins von den Dingen der Diesseitigkeit durch göttliche Gnade bewirkt?

P. Er ist die Frucht intensiver Gottessehnsucht. Wenn du dich mit allen Fasern deines Wesens nach Gott sehnst, bleibt für etwas anderes kein Platz mehr. Die daraus erwachsende Entsagung gründet in einem tiefen Verständnis und beruht nicht auf Abscheu oder Haß. Es ist ein Zustand des Gleichmuts gegenüber weltlichen Dingen.

Dabei wird allmählich die Fähigkeit der Unterscheidung stärker. Du hast erfahren, daß der Kontakt mit den vergänglichen

Objekten der Sinne zu Elend und Unfreiheit führt und daß das Eingestimmtsein auf das Ewige dir wirkliche Freude und wahrhaften Frieden bringt. Deshalb magst du nicht erneut den weltlichen Dingen nachrennen, die dich früher so angezogen haben.

Wenn du mit allen Kräften nach Gott strebst, bedeutet das schon Abkehr vom Vergänglichen. Als Ramdas seinen Weg begann, konnten die Leute ihn nicht verstehen. «Was du tust, ist nicht gut», pflegten sie zu sagen, «du solltest dich lieber um deine Familie kümmern!» Ramdas lächelte bloß und blieb still. Was hätte es für einen Wert gehabt zu argumentieren? Natürlich hieß es dann: «Mit dem ist etwas nicht in Ordnung, sonst würde er doch antworten.» Doch Ramdas wußte, daß er dem richtigen Pfad folgte. Das Ergebnis gab ihm recht: er verwirklichte Gott.

Gott-Verwirklichung

F. Wir können uns glücklich preisen, dies alles aus dem Mund eines Gott-Verwirklichten hören zu dürfen.

P. Das ist Selbstgefälligkeit. Beherzige, was Ramdas sagt! Setze seine Worte in die Praxis um!

Die Leute sprechen von Gott-Verwirklichung, doch nur sehr wenige wissen, was das bedeutet. Gott verwirklichen heißt:

- Zeit, Raum und Ursächlichkeit transzendieren;
- über die drei *gunas (sattva, rajas, tamas)* hinausgelangen;
- das Dualitätsdenken überwinden;
- über Namen, Formen, Bewegungen, Veränderungen hinauswachsen;
- wissen, daß man nicht der Körper ist;
- wissen, daß man nicht Geist und Intellekt ist;
- zur Wahrheit kommen, die sich jenseits von alldem befindet;
- in allem das Selbst sehen;
- erkennen, daß man Gott ist.

Wenn du Gott verwirklichen willst, mußt du unablässig an Ihn denken! Alle geistigen Praktiken sollen helfen, dich hierzu zu befähigen. Besondere Bedeutung kommt dem Guru-Mantra zu. In ihm steckt die Kraft, die dich zum Bewußtsein deines wahren Wesens, zu *Brahman,* erheben kann. Anfangs betrachtet man es als Mittel zur Läuterung. Später erkennt man es als eine Form des Göttlichen, über die man das Formlose erreicht. Man wiederholt das Mantra so lange, bis man schließlich erlebt, daß Gott und der, der Ihn verehrt, ein und derselbe ist. Dann bleibt niemand mehr übrig, der es wiederholen könnte. Deine Individualität hat sich in der kosmischen, allgegenwärtigen Realität aufgelöst. Du erkennst: ich bin diese Wirklichkeit.

Achte das Mantra nicht gering, weil es nur eine Zusammensetzung von vierzehn Buchstaben zu sein scheint! Es ist sehr mächtig und kann dich von allen Irrtümern und Illusionen befreien. Wenn das Mantra dich ganz durchdrungen hat, wird der große Unruhestifter, das Ego, verschwinden und mit ihm alle Ruhelosigkeit, alle Sorgen und alle Ängste.

In der Dunkelheit glaubt jemand, in einem Baumstumpf ein Gespenst zu erkennen und ängstigt sich. Im Licht sieht er dann, daß er nur den Strunk eines Baumes vor sich hat. Ähnlich ist es mit dem Ego. Das Ego ist das Gespenst. Es verschwindet, wenn das Mantra eine Zeitlang innerlich wiederholt wird. Tatsächlich hat das Ego zu keiner Zeit existiert. Wenn sich Gott in deinem Herzen offenbart, wirst du erkennen, daß es eine Illusion war.

Lebe im Ewigen!

F. Was hältst du von Astrologie?

P. Bei Astrologie ist Vorsicht geboten. Wir sollten nicht in der Hoffnung auf die Zukunft leben. Sie bleibt für uns ein Buch mit sieben Siegeln. Alle Vorhersagen gaukeln den Menschen lediglich illusionäre Bilder vor. Es gibt weder Vergangenheit noch Zukunft, noch Gegenwart. Wir müssen über die Zeit hinausgelangen, dann werden wir zur Wahrheit finden. Wie sollten wir auch etwas verwirklichen, was ewig und unendlich ist, solange wir der Zeit und ihren Auswirkungen unterworfen bleiben? Alle Vorstellungen von Vergangenheit, Gegenwart und Zukunft müssen aus unserem Geist verschwinden; dann wird er still, und wir erkennen die Wahrheit.

An Gott denken heißt, an etwas denken, was sich jenseits von Raum und Zeit befindet. Wenn wir Seinen Namen wiederholen und dabei von Vergangenem und Zukünftigem träumen, kann Er uns nicht zur Erkenntnis der Wahrheit führen. Dann wird die Wiederholung des Namens zu einem mechanischen Vorgang. Du mußt dich auf das Göttliche einstimmen und Zeit und Raum vergessen! Danach umfängt dich – jenseits der drei *gunas* – das Bewußtsein Gottes. Dann verwirklichst du das Selbst.

Schau auf die, die Gott verwirklicht haben! Sie fragen nicht nach Zeit und Raum. Du willst wissen, was in der Vergangenheit geschah und was die Zukunft bringt. Das heißt, du willst dich mit Illusionen beschäftigen. Du mußt darüber hinausgelangen. Beschäftige dich mit dem Ewigen, dem Unendlichen, mit Gott!

Ein neues Leben beginnt, wenn du innerlich erwacht bist. Das hängt nicht von deiner Vergangenheit ab, sondern beruht allein auf der Gnade Gottes. Deshalb brauchst du nicht an deine Vergangenheit zu denken. Wenn Gottes Gnade dich berührt, wird die Vergangenheit ausgelöscht, die Gegenwart verschwindet, und die Zukunft hat ihre Bedeutung verloren.

Solange wir in der Illusion leben, die Welt wäre eine Realität, ist Gott noch weit weg von uns. Wir werden erst frei, wenn wir erkennen: die Welt ist Gott – Er allein existiert.

Ihr erwartet, daß Ramdas zu euch auf möglichst heitere Weise über angenehme Dinge spricht. Doch man muß ernst mit euch reden, damit ihr aufgerüttelt werdet. Ihr seid hier, um Gott zu erfahren. Alles andere ist bedeutungslos.

Als Ramdas noch auf dem Weg war, hat er es vermieden, weltliche Gespräche anzuhören. Damals hat er einige Gedichte verfaßt. Dies ist eins davon:

Eines tut not

O Zunge, du sollst vor allen Dingen
Rams göttlichen Namen singen!

O Ohren, ihr sollt nichts andres begehren,
als Rams liebliche Stimme zu hören!

O Augen, wohin wollt ihr sonst blicken?
Laßt euch von Rams Gestalt entzücken!

O Geist, du sollst nicht grübeln und denken,
sondern dich ganz in Ram versenken!

O Körper, du hast nur ein Ziel im Leben:
dich Ram voll und ganz hinzugeben!

Furchtlosigkeit ist ein Bewußtseinszustand

P. Absolute Furchtlosigkeit kann nur aus der Erfahrung der Unsterblichkeit erwachsen, aus dem Bewußtwerden des Selbst. Viele Menschen fürchten sich vor der Einsamkeit. Schon am Tag können sie sich nur schwer aus der Geselligkeit lösen, und nachts scheint es ganz unmöglich zu sein, solange sie sich ihres Körpers bewußt sind und ihre Gedanken umherwandern.

Auch Ramdas hatte vor vielem Angst, als er jung war. Wenn man ihm zum Beispiel abends Gespenstergeschichten erzählte, fürchtete er sich, allein auszugehen. Er zitterte so, daß jemand ihn begleiten mußte. Während seiner Berufsarbeit war er dann fast frei von Angst, und als er sich in seinem *sadhana* gefestigt hatte, schwand auch die letzte Spur davon.

Furchtlosigkeit ist ein Bewußtseinszustand. Mit Vernunft kann man die Angst nicht vertreiben. Wenn du überlegst: «Es gibt nichts zu fürchten, ich kann deshalb in die Einsamkeit gehen», wirst du doch auf halbem Weg wieder umkehren. Furcht hängt mit dem Nervensystem zusammen. Selbst wenn man vernünftig überlegt, wird man nervös, wenn man die Einsamkeit aufsucht. Furchtlosigkeit kann nicht erlernt werden. Du mußt dich in den Bewußtseinszustand erheben, in dem es keine Angst gibt.

Man kann Soldaten die Furcht vor dem Feind nehmen, indem man ihnen alkoholische Getränke verabreicht. Läßt die Wirkung des Alkohols nach, kehrt die Furcht zurück.

Der Geist gerät mehr und mehr unter den Einfluß von Ramnam, wenn wir es ständig wiederholen. Schließlich wirst du durch die Kraft des Namens von der physischen und der mentalen Ebene in das göttliche Bewußtsein erhoben, wo es keine Angst mehr gibt. Solange noch die geringste Spur von Dualität übrigbleibt, ist die Furcht noch nicht ganz gewichen. Gott-Verwirklichung beseitigt das Gefühl des Getrenntseins und damit jegliche Furcht und Angst.

Da ist die Wahrheit!

P. Es genügt nicht, wenn du kundtust: «Die Wahrheit hat sich mir erschlossen.» Du mußt sagen können: «Ich bin die Wahrheit!»

Das ist nur möglich, wenn du die Einheit mit Gott erlangt hast. Dann spricht Er aus dir und nicht mehr das Ego. Eine gewaltige Umwandlung, ein Wunder, hat sich vollzogen, wenn ein menschliches Wesen ganz von Gott durchdrungen ist.

F. Worin unterscheidet sich der Heilige vom Avatar?

P. Gott erscheint in Gestalt des Avatars, um der Menschheit die Botschaft der Liebe, der Weisheit, der Freude zu bringen und sie aus ihrer Not zu befreien. Er kommt auf die Bitten der Menschen hin, die sich im Elend verstrickt haben. Als Heiligen bezeichnet man jenen, der sich über viele Leben hindurch ernsthaft bemüht hat, bis er reif geworden ist für die höchste Erfahrung. Ein Heiliger ist mehr als ein Avatar. Der Avatar vernichtet die Übeltäter, der Heilige wandelt sie um.

F. Wie denkt Papa heute über den Teil seines Lebens, den er in Unwissenheit verbrachte? War es ein Spiel?

P. Es war ein Spiel im Zustand der Unwissenheit, jetzt ist es ein Spiel im Zustand der Erkenntnis.

F. War die Unwissenheit beabsichtigt?

P. So sieht es aus. Für das eine Spiel ist Unwissenheit erforderlich, für das andere Erkenntnis. Doch sollten wir nicht vergessen, daß es vom absoluten Standpunkt aus weder Unwissenheit noch Wissen, weder Gebundensein noch Freiheit gibt. Nur vom relativen Standpunkt aus scheinen diese Gegensätze zu bestehen. Tatsächlich existiert einzig und allein die Wahrheit. So ist letztlich auch unsere Suche nach der Wahrheit irreal. Wer sucht wen? Ja, selbst Sucher, Suche und Gesuchtes sind unwirklich.

F. Kehrt ein Heiliger wieder zurück, nachdem er seinen Körper abgelegt hat?

P. Wenn er es will. Da sein *karma* aufgelöst ist, besteht kein Zwang mehr für ihn. Durch den Heiligen erfüllt sich Gottes Wille, denn er ist eine Verkörperung Gottes.

F. Müssen wir uns anstrengen, um Gott zu verwirklichen?

P. Man strengt sich an, um schließlich zu erfahren, daß die Anstrengung unnötig war. Es kann nichts dazu gewonnen werden, denn man ist immer schon der, den man sucht.

F. Warum dann diese Unvollkommenheiten?

P. Auch sie sind nur Illusion.

F. Brauchen wir uns also nicht zu bemühen?

P. Es ist nötig, um zu erfahren, daß es nicht nötig ist. Nehmen wir an, in deiner Tasche steckt ein Geldbeutel, doch du hast es vergessen. Du suchst ihn an vielen Orten und fragst diesen und jenen – ohne Erfolg. Schließlich steckst du die Hand in die Tasche – da ist er!

F. Buddha wurde durch Mara versucht und Jesus durch den Satan. Warum? Waren Sie nicht vollkommen?

P. Um des göttlichen Spiels willen. Alles ist *lila*.

F. Was läßt sich daraus folgern?

P. Was du suchst, ist bereits in dir. Du suchst es woanders und verlängerst damit die Suche. Die ganze Zeit über spielst du und nennst dieses Spiel Bemühung, Erforschung oder *sadhana*. Irgendwann blickst du dann nach innen und findest dort, was du schon immer gesucht hast.

Angewandte Religion

F. Wie soll man Körper und Sinne beherrschen?

P. Der Geist ist die Kraft, die den Körper zum Handeln bewegt. Seine Beherrschung bedeutet daher auch Beherrschung des Körpers.

F. Eine bestimmte Ernährung kann zur Disziplinierung von Geist und Körper verhelfen.

P. Wenn du den Körper entsprechend ernährst, wird das helfen, den Geist zu überwachen, doch ist es ja gerade er, der dich veranlaßt, diese oder jene Nahrung zu dir zu nehmen.

Wenn das Licht Gottes dich erleuchtet, geht die Beherrschung des Körpers von selbst vor sich. Bis dahin muß der Geist diese Aufgabe wahrnehmen. Wenn du ihn ständig mit der Erinnerung an Gott beschäftigst, wird er die Kraft dazu aufbringen.

F. Manchmal kommt es vor, daß wir etwas tun, was wir gar nicht tun wollen. Wird eine solche Handlung den Geist beeinflussen?

P. Sicherlich, denn der Geist hat ihr ja zugestimmt. Du kannst deinen Willen einsetzen und sagen: «Ich will es nicht tun.» Aber du wirst nicht stark genug sein zu widerstehen, denn dein Geist ist schwach. So geht es den Menschen überall auf der Welt.

F. Solange wir uns nicht von der Welt gelöst haben, bedienen wir uns auch unredlicher Mittel, obwohl wir das eigentlich nicht wollen.

P. Das heißt, du verkaufst deine Gesinnung um materieller Vorteile willen. Wer der Wahrheit lebt, muß aber fähig sein, Mühseligkeiten auf sich zu nehmen; sie sind der Preis für die Wahrheit. Harischandra stand zur Wahrheit, obwohl Frau und Kind dafür leiden mußten. Wäre er schwach geworden, hätte er sein Versprechen gebrochen. Am Ende blieb er Sieger und wurde zum leuchtenden Vorbild. Du mußt den Willen befähigen, jeder Versuchung zu widerstehen! Ramnam wird ihn stark machen, so daß er dir hilft, ein rechtschaffenes Leben zu führen.

Was ist Religion?

P. Sei dir bewußt, daß du die unsterbliche ewige Wirklichkeit bist! Auf dieser Wahrheit soll dein Leben gründen! Das ist gelebte Religion. Nicht das Lesen oder Sprechen darüber zählt, sondern allein das Leben im Licht der göttlichen Erfahrung. Dann kannst du kein Unrecht tun, dann bist du glücklich und wirst auch andere glücklich machen. Das nennt man wahres Leben.

F. Wie sollen wir uns dem gegenüber verhalten, der uns Leid zufügt?

P. Vergib ihm! Wenn du Ungerechtigkeit mit Ungerechtigkeit beantwortest, bist du der Verlierer, nicht der andere. Du darfst nicht mit gleicher Münze heimzahlen! Das würde dir Gewissensbisse, Leid und Elend bringen. Es ist wahrscheinlicher, daß der andere sein Verhalten ändert, wenn du ihm vergibst, als wenn du Vergeltung übst. Wir müssen so leben, daß wir selber glücklich sind und auch andere glücklich machen.

F. Gott-Verwirklichung ist das einzige Ziel des menschlichen Lebens. Was wird mit denen, die sterben, ohne Gott verwirklicht zu haben?

P. Sie werden so oft wiedergeboren, bis sie das Ziel erreicht haben. Jedes Leben bedeutet Fortsetzung der alten Bestrebungen, Sorgen und Ängste. Wenn sie wirklich wollten, könnten sie noch in diesem Leben das Ziel erreichen. Doch glauben sie irrtümlicherweise, die vergänglichen Dinge wären ewig. Trotz aller Täuschungen und Enttäuschungen versucht man immer wieder, die trügerischen Schatten zu erhaschen.

F. Wir könnten doch alle Handlungen Gott widmen.

P. Das sind nur Worte. Solange das Ego lebt, handelst du ichbezogen. Erst wenn dein Geist ganz auf Gott gerichtet ist, wirst du gottgeweihte Handlungen vollbringen und damit allen Mitmenschen Freude bereiten.

F. In einem deiner Bücher habe ich von einem Vorfall gelesen, der mir unverständlich ist: Du konntest unbeweglich bleiben, als eine Schlange sich um dein Bein wand.

P. Auf geistiger Ebene war Ramdas eins mit der Schlange. Du siehst noch Unterschiede, und daraus entsteht alles Unheil. Er war frei von Furcht, weil er frei war vom Gefühl der Dualität. Wenn du dich eins fühlst mit allen Wesen, gibt es keine Furcht mehr, und niemand wird dir etwas zuleide tun.

F. Gewiß war auch Jesus Christus über das Dualitätsdenken hinausgewachsen. Warum wurde er trotzdem gekreuzigt?

P. Viele Menschen können nicht verstehen, warum Gott das geschehen ließ. Aber es war Sein Wille, daß durch Seinen Kreuzestod Tausende erlöst werden sollten. Er verkörpert die Unschuld, die Liebe, die Reinheit. Viele können nur mit Rührung an dieses höchste Opfer denken, wobei alle niederen Neigungen dahinschwinden. Den Tod am Kreuz erlitt Jesus für die Erlösung der Menschheit. Das wissen wir aus Seinem Munde. In Seinem Leben erweckte Jesus die Menschen zum göttlichen Bewußtsein, und mit Seinem Sterben vollendete er diese Aufgabe. Ramdas sind viele wahrhafte Christen begegnet; sie alle empfinden innige Liebe für Christus.

F. Die Erlöser der Menschheit sterben eines unnatürlichen Todes.

P. Vom universellen Standpunkt aus betrachtet gibt es keinen unnatürlichen Tod. Nach Gottes Willen hat alles seinen Sinn. Er meint es gut, nichts ist falsch. Nur wir sehen aus unserer Begrenztheit heraus Makel. Der Tod jedes Märtyrers trägt zur geistigen Entwicklung der Menschheit bei.

19. Kapitel

Die Verantwortung Gottes

Träume

F. Kommt unseren Träumen eine Bedeutung zu?

P. Nicht mehr als dem Wachzustand. Du mußt über Traum, Schlaf und Wachen hinausgelangen. Das alles sind nur Spielereien des Geistes.

F. Wird das Träumen ein Ende finden, wenn wir den göttlichen Namen wiederholen?

P. Der Trauminhalt verändert sich. Du besuchst dann vielleicht Ashrams oder Heilige. Ob träumen oder nicht träumen: du bist der Beobachter der drei Zustände. Miß ihnen keine Bedeutung bei! Dein wahrer Zustand ist der des höchsten Bewußtseins.

F. Hast du auch noch Träume?

P. Warum sollte Ramdas keine haben? Er erfreut sich am Traumzustand genauso, wie er sich am Wachzustand erfreut.

F. Können wir Träume vermeiden, wenn wir Ramnam beständig wiederholen?

P. Du wirst im Traum ebenfalls Ramnam wiederholen, denn alles, was deinen Geist beschäftigt, findet seinen Ausdruck auch in den Träumen. Das Spiel wird dir Freude bereiten, wenn du ihm als bloßer Beobachter gegenüberstehst. Träume sind unvermeidbar, solange der Geist nicht ruhig geworden ist. Die verbale Wiederholung von Ramnam genügt nicht; das ständige Denken an Gott muß hinzukommen. Das ist wichtiger, weil es im Geist vor sich geht, während die Wiederholung mit dem Munde geschieht.

Gott trägt die Verantwortung

F. Bist du noch immer der Meinung, daß es keinen dritten Weltkrieg geben wird?

P. Es geht hier nicht um eine Meinung. Gott hat Ramdas wissen lassen, daß kein dritter Weltkrieg ausbricht. Nun liegt es an Ihm, dafür zu sorgen, daß Ramdas nicht wortbrüchig wird.

F. Als du diese Feststellung trafst, war die Weltlage sehr gespannt.

P. Kürzlich noch zogen dunkle Wolken am Horizont auf. Der Streit um Berlin drohte zum militärischen Konflikt zu führen, und doch blieb der Friede erhalten.

F. Deine Worte haben auf deine Schüler beruhigend gewirkt. Andere Leute dagegen ängstigen sich noch. Bist du sicher, daß deine Behauptung stimmt?

P. Wenn du jemand verantwortlich machen willst, kann das nur Gott sein. Ramdas ist nicht besorgt, ob seine Voraussage zutrifft oder nicht. Es mag Leute geben, die bezweifeln, daß Gott ihn zu seiner Behauptung veranlaßt hat. Auf jeden Fall trägt Er die Verantwortung für das, was Ramdas sagt. Es gibt ein Wort in Marathi: «Wenn ein Verehrer Gottes eine Aussage macht, die sich auf das Wohl der Welt bezieht, ist Gott gehalten, sie Wirklichkeit werden zu lassen.» Gott ist Harmonie und wird daher harmonischen Verhältnissen den Vorzug geben. Der Mensch neigt zum Chaos, kann sich aber gegen Gott nicht durchsetzen. Am Ende wird die Wahrheit siegreich sein. Darum sollten wir auf Gott vertrauen und uns von Ihm stärken und erleuchten lassen.

Übernatürliche Kräfte

F. Es ist schwer, zwischen okkulten und mystischen Kräften zu unterscheiden.

P. Auf dem geistigen Pfad kann man durch Konzentration in den Besitz übernatürlicher Kräfte gelangen. Wer sie um des Ruhmes oder Geldes willen verwendet, unterbindet seinen weiteren geistigen Fortschritt. Diese Kräfte stellen daher eine große Gefahr dar; schon mancher ist den damit verbundenen Versuchungen erlegen. Der Strebende, dem solche Kräfte zufallen, sollte sie nicht beachten; er muß über sie hinausgelangen.

Anders ist es bei Heiligen, denen nach ihrer Gott-Verwirklichung übernatürliche Kräfte zuteil werden. Sie verwenden diese nicht, um sich zur Schau zu stellen, sondern um den Menschen zu helfen. Ein anschauliches Beispiel gibt uns Jesus, der mit Hilfe solcher Kräfte aus Seiner unendlichen Liebe heraus segensreich wirkte.

Hier liegt der Unterschied zwischen Okkultismus und echter Mystik. Der wahre Mystiker handelt immer aus dem höchsten Bewußtsein Gottes heraus.

Weltliche Probleme

F. Sollen wir unsere soziale Stellung aufrechterhalten und unseren Besitz behaupten?

P. Solche Bemühungen gründen auf dem Glauben, daß wir es sind, die den Ablauf der Ereignisse bestimmen. Du solltest deinen Geist immer wieder auf Gott richten! Dann wirst du erkennen: alles geschieht nach Seinem Willen. Nunmehr kannst du deine tägliche Arbeit fortsetzen, ohne in Konflikte zu geraten. Das ist gut möglich. Auch hier im Ashram sind wir mit der Welt verbunden und müssen uns mit vielen Problemen befassen. Wir bleiben jedoch in jeder Lage ruhig und gelassen. Auch andere suchen wir zu lehren, in gleicher Haltung den Schwierigkeiten des Lebens zu begegnen.

F. Wie sollen wir uns denen gegenüber verhalten, die ehrgeizig und neidisch sind?

P. Hier kommen viele Menschen her, die ehrgeizig ihre verschiedenen Lebensziele verfolgen. Wir verachten sie nicht, wir streiten nicht mit ihnen, wir kritisieren sie nicht; wir behandeln sie mit Liebe und Achtung. Da wir wissen, daß sie mit unserem Selbst wesensgleich sind, fällt es uns nicht schwer, mit ihnen im Geist der Harmonie zu verkehren. Es gibt ein Marathi-Lied, in dem es heißt: «Die ganze Welt kommt dem freundlich entgegen, der sich Gott zum Freund gemacht hat.»

F. Wie bezwingt man die Wünsche, die sich im Geist erheben?

P. Du kannst dir die Frage beantworten: «Findet sich in der Welt irgend etwas, was dir bleibenden Frieden und bleibende Glückseligkeit gewähren kann?» Deine Erfahrung wird dich gelehrt haben, daß alles, was du in der Welt erreicht hast, letztlich unbefriedigend war. Du suchst dein Glück außen und wirst immer wieder enttäuscht. Diese Erfahrung machen wir alle. «Das Himmelreich ist in euch!» Gott ist Friede, Liebe, Weisheit und Macht. Richte den Blick nach innen, und verwirkliche Ihn! Dann wirst du das glücklichste Wesen auf Erden sein.

Nur wenige haben sich der Quelle unendlicher Freude in ihrem Inneren soweit genähert, daß sie daraus schöpfen können. Sie suchen das Glück in der falschen Richtung; die Anziehungskraft der äußeren Dinge ist noch zu stark. Du mußt zuerst deinen Geist läutern und seiner Rastlosigkeit ein Ende setzen. Wenn du von allen Wünschen befreit bist, erlebst du ewige Glückseligkeit. Unser Herz ist der Quell unendlicher Freude und unendlichen Friedens.

F. Warum vergessen wir Gott immer wieder, obwohl Er doch in uns wohnt.

P. Du vergißt Ihn, weil du von äußeren Dingen in Anspruch genommen bist. Auch vertraust du nicht den Worten der großen Lehrer. Solange der Geist sich nicht nach innen wendet, kannst du die Gegenwart des Göttlichen nicht wahrnehmen. Beschreite den Weg der Hingabe: «Ich bin nichts, Du bist alles, o Herr!» Wenn du dir ständig bewußt bleibst, daß Gott in dir wohnt, verliert der Geist bald seine Zerstreutheit und wird klar, ruhig und gelassen. Dann spürst du etwas von Seiner Gegenwart. Je schwächer dein Ego wird, um so stärker wird dieses Gefühl. Schließlich verschmilzt du ganz mit Ihm – du wirst eins mit Ihm. Dann erkennst du, daß du die alles durchdringende, unwandelbare, ewige Wahrheit bist.

Gedichte

Gottes Name ist süß

Dein Name – was könnte süßer sein?
Er macht mein Herz still,
füllt Nektar der Liebe hinein.

Dein Name – wer hat größere Macht?
Er lenkt meinen Willen,
hat ihn mit Mut und Stärke bedacht.

Dein Name – was gibt mehr Licht und Schein?
Mein Gemüt Er erhellt,
bringt Erkenntnis und Weisheit hinein.

Dein Name – was kann es Erhabneres geben?
Er schenkt mir Freiheit,
beglückt und beseligt mein Leben.

Süßer Name

O Gott, was willst Du, was soll ich Dir geben,
um zu kosten Deines Namens Süße?
Genügt es, wenn ich mein irdisches Streben
lege vor Deine heiligen Füße?

Was wäre zu wertvoll, was zu gut,
um es Dir ehrfürchtig darzubieten?
Genügt Dir mein ganzes Hab und Gut
samt allem, was mir hier beschieden?

Und dazu noch all mein Fühlen und Denken?
Nein, nein, es genügt nicht, denn ich weiß,
nur, was schon Dir ist, vermag ich zu schenken,
und: Deine Liebe hat keinen Preis!

Nur durch Gnade kann ich Ihn erlangen,
Deinen Namen, der mit Nektar gefüllt;
nur durch Gnade kann ich zu Dir gelangen:
dann herrscht Friede – mein Sehnen ist gestillt!

Die Macht Seines Namens

Sing den Namen mit Liebe und frohem Sinn,
dann wird Seligkeit dich ganz durchdringen.
Gib dich Ihm mit all deinen Nöten hin,
und du wirst viel Kraft und Mut gewinnen!

Vergiß dabei nicht, daß Gott alles ist;
wisse: ohne Ihn gibt's der Wesen keins.
Dann wirst du schon in ganz kurzer Frist
erfahren: Er und du sind wahrlich eins!

Dein Name sei gerühmt

O göttlicher Name, wie bist Du erhaben,
wenige nur kennen Deine Macht;
wenige an Deinem Nektar sich laben,
für die anderen dauert an die Nacht.

Des göttlichen Namens ewiger Glanz,
in Worte ist er nicht zu fassen.
Wer Ihn einmal erfahren hat ganz,
wird nimmer, nimmer von Ihm lassen!

Name, der Du unendliche Freude bist,
die aufwallen läßt in den Adern das Blut,
Freude, die nicht zu steigern ist,
wenn ich Dich empfinde, ist alles gut.

Dem Namen, o Freund, wende dich zu!
Du sollst Ihn fühlen, sprechen, singen.
Er ist Liebe, Er ist himmlische Ruh',
auch dir wird Er Liebe und Frieden bringen.

Name, das heißt kosmisches Schauen,
Er führt dich heraus aus weltlichem Trott,
Er gibt dir viel mehr als bloßes Erbauen –
Name ist Wahrheit, Name ist Gott!

Innere Herrlichkeit

Wem wird Herzensfriede geschenkt?
Dem, der nicht an sich selber denkt.

Solange noch Leidenschaften walten,
kann kein Friede sich entfalten.

Erst wenn das Herz ist völlig rein,
leuchtet Gottes Licht herein.

Sag ihm: «Mein Herz, sei still jetzt ganz,
offenbare Gott im inneren Glanz!»

Wer vermag Ihn zu denken, zu beschreiben?
Er ist Friede und Freude, Er wird es bleiben!

Ruhmvoller Name

Ein tapferes Herz – erstrebst du das nicht?
Möchtest du nicht auch stark sein fortan?
Und wünschst du dir nicht klare Sicht?
Wohlan, ruf Seinen Namen an!

Nimm Zuflucht zu dem Namen des Herrn,
laß Seinen süßen Klang dich durchdringen!
Dann bleiben Mut und Stärke nicht fern,
Er wird alles Dunkle in dir bezwingen!

Der Name wird dir Freiheit geben;
Er macht dich an Licht und Frieden reich.
Es gibt nichts Größeres auf Erden:
Gottes Name – Er ist Gott gleich!

Gewaltig ist Dein Name

Gilt Gottes Frieden dein ganzes Streben?
Sein heil'ger Name kann ihn dir geben!

Willst du das Göttliche in dir schauen?
Du mußt dem Namen dich anvertrauen!

Suchst du Freiheit und wahre Freude?
Gib dich dem Namen hin noch heute!

Um ewige Weisheit willst du ringen?
Du brauchst nur Seinen Namen zu singen!

Zieht es dich zum ewigen Leben hin?
Verlier Gottes Namen nicht aus dem Sinn!

Sein Name bringt die große Wende,
Er führt zum guten, seligen Ende.

Sein Name leitet zum Ziele hin,
Er allein gibt dem Leben Sinn.

Sein Name hilft heraus aus dem alten Trott,
Er zeigt sich als Wahrheit, Er ist wahrlich Gott!

Dein Name

Ich tauchte tief in das Meer des Lebens
nach dem Edelstein mit dem höchsten Gehalt –
und fand Ihn in Deines Namens Gestalt
als Lohn meines ernsthaften Strebens.

Ich schlürfte Nektar aus vielen Quellen.
Was ist er gegen des Namens Wonne?
Dann schaute ich Sterne, Mond und Sonne,
doch nichts kann wie Er die Welt erhellen.

Ich hörte wunderschönen Gesang,
ich lauschte lieblicher Melodie;
doch vernahm ich nirgendwo und nie
etwas wie Deines Namens Klang.

Ich suchte Zuflucht und Schutz schon oft;
ich suchte Vergnügen in vielen Dingen.
Doch all das konnte nicht gelingen –
ich fand nicht das, was ich mir erhofft.

Dann sah ich alles in Deinem Namen:
Glück, Freude, Geborgenheit, Mut.
Und jetzt erst fühle ich mich gut:
Gesegnet bin ich mit Deinem Namen!

Die Botschaft

So lautet die Botschaft des Berges an dich:
«Steh aufrecht wie ich immerzu,
gelassen, in vollendeter Ruh'!»

Jeder Halm, jedes Blatt zu dir spricht:
«Mach es wie wir in Wald und Feld,
hilf vermehren die Schönheit der Welt!»

Das Meer ruft dir unaufhörlich zu:
«Es lehr dich der Rhythmus meiner Wellen:
Auf oder ab – hilf, die Welt zu erhellen!»

Sonne, Mond und Sterne dir sagen:
«Licht und Freude wir allen geben;
tu dasselbe in deinem Leben!»

Raum und Himmel spenden dir Trost:
«So wie wir alles durchdringen,
so wohnt Gott in allen Dingen!»

Freude, Schönheit, Friede

Ich bin die Sonne,
Mein Wesen ist Freude.
Meine Strahlen verbreiten Wonne –
ich leuchte für alle.

Ich bin die Blütenpracht,
mein Wesen ist Schönheit.
Mein Atem, aus Blumenduft gemacht –
ich verström ihn für alle.

Ich bin der Regenbogen,
mein Wesen ist Friede.
Mein Liebreiz hat viele angezogen –
ich beselige sie alle.

Ich bin Sein Werkzeug

Ein williges Werkzeug stets ich bin
in den Händen des Höchsten Herrn.
Überall, wo Er mich stellt hin,
erfülle ich meine Pflichten gern.

Er hat sie mir aufgetragen,
Ihm gehört mein Leib, mein Leben;
ich werde niemals klagen,
nur dankbar mich Ihm stets hingeben.

Er wohnt mir allzeit inne,
Er führt mich auf steilem Pfad,
Er kommt mir nicht aus dem Sinne:
mein Beschützer, Freund, Kamerad.

Ich sehe IHN überall

Ich finde Gott in Gärten, in Wiesen und Feldern,
in den Herden der Schafe, der Ziegen und Rinder.
Ich finde Ihn auf Bergen, in Tälern und Wäldern,
im Gesang der Vögel, in den Augen der Kinder.

Ich finde Gott in Gassen und in Alleen,
in Hütten, in Häusern und großen Palästen.
Ich find Ihn in Tempeln, Kirchen, Moscheen,
im Hospital und bei glanzvollen Festen.

Ich sehe Gott im Eis und im Schnee,
in Strömen, Flüssen, Rinnsalen, Bächen.
Ich sehe Ihn im Teich und im See
und in der Meere weiten Wasserflächen.

Ich seh Gott im Karren und in der Eisenbahn,
im Flugzeug, das hoch durch die Lüfte braust;
ich seh Ihn im Dampfer, Segelschiff, Kahn
und im Auto, das über die Straße saust.

Ich schaue Gott beim Schlafen, Träumen, Reden,
ich schaue Ihn, wenn ich tätig bin.
Ich schau Ihn beim Singen und beim Beten,
Er kommt mir nimmermehr aus dem Sinn.

Ohne Ihn gibt es kein Leben, kein Streben,
Er steht immer jenseits von Raum und Zeit;
ohne Ihn kann es nichts – gar nichts – geben,
Er ist alles – jetzt und in Ewigkeit!

Dein Ziel

Wahre Schönheit blüht aus reinem Leben,
das erhellt wird durch göttlichen Schein.
Nach andrem ist es nicht wert zu streben;
drum lebe für Gott, für Ihn allein!

Widme Ihm dein ganzes Tun,
Ihm, der dich ewiglich liebt,
Ihm, in dem ist süßes Ruhn,
Ihm, der Frieden und Freude gibt!

Gänzlich in Ihm aufzugehen,
uneingeschränkt Sein eigen sein,
dem gilt unser Streben und Flehn,
das sei stets unser Ziel allein!

Der Schrein des Herzens

Mache dein Herz zum Liebes-Schrein!
Entzünd in ihm der Weisheit Licht!
Lasse Ruh' und Frieden hinein!
Spar mit Blumen der Freude nicht!

Dann wird Ekstase dich ergreifen,
die Wandlung wird sich bald vollziehn.
Du wirst das Göttliche begreifen,
ins Göttliche wird es dich ziehn.

Inneres Gleichgewicht

Komme nicht aus dem Gleichgewicht,
auch nicht in Stürmen und Leiden;
folge stets dem göttlichen Licht;
Es wird dich zum Ziel geleiten.
Der Weg, er führt zum Frieden hin,
nach innen, ganz tief nach innen.
Willst du ihn gehen mit Gewinn –
mit Dienen mußt du beginnen!

Mut

Der Sieg ist dein – nur Mut!
Der Herr steht dir stets bei,
Er führet dich stets gut.
Seine Gnade macht frei,
schenk Ihm dein Vertrauen!
Sei nie ein feiger Wicht,
auf Ihn kannst du bauen.
Darum fürchte dich nicht!

Gib dich hin!

Gib dich ganz in Seine Hände,
liefere dich Seiner Gnade aus!
Dann vollzieht sich die große Wende:
Sein Friede zieht ein in dein Haus.
Du wirst Seine Liebe spüren,
Seine Gegenwart hüllt dich ein.
Er wird dich allezeit führen,
du wirst ewiglich selig sein.

Verzeichnis der Sanskrit-Ausdrücke

A

advaita	Nicht-Zweiheit; die *Vedanta*-Philosophie des «Einen ohne ein Zweites»
ahimsa	Gewaltlosigkeit
ananda	Seligkeit
Ashram *(asrama)*	Geistiges Zentrum; Lebensabschnitt
asura	Dämon
atma(n)	Das Selbst
Avatar	Inkarnation Gottes

B

bhajan	Verehrung Gottes durch Musik und Gesang
bhakta	Jemand, der den Weg der liebenden Hingabe geht
bhakti	Liebende Hingabe an Gott
Brahma	Gott in Seinem Aspekt als Schöpfer
brahmacharya	Enthaltsamkeit; erster Lebensabschnitt eines orthodoxen Hindu
Brahman	Das höchste Sein; das Absolute; das Selbst
buddhi	Erleuchteter Intellekt; Vernunft; Erkenntnis.

C

chakras	Zentren subtiler oder feinstofflicher Energie im menschlichen Körper

D

darshan	Das Anschauen eines Heiligen; Begegnung mit einem Heiligen
dharma	Rechtschaffenheit; die ethisch vorgeschriebene Lebenshaltung
das	Diener; Knecht; Sklave
dvaita	Dualismus; Zweiheit

G

Gita	Göttliche Botschaft
Gopal	Beiname des jungen Krishna
Gopis	Hirtenmädchen; Gespielinnen und Verehrerinnen Krishnas
gunas	Alle Manifestationen setzen sich aus drei grundlegenden Eigenschaften *(gunas)* zusammen: *tamas* (Nichtwissen, Dunkelheit, Trägheit); *rajas* (Aktivität, Leidenschaft, Rastlosigkeit); *sattva* (das Reine, Lichte, Harmonische)
Guru-*kripa*	Die Gnade des Guru
Guru-Mantra	Das vom Guru gegebene Mantra
Guru-*seva*	Dienst für den Guru

H

Hari	Beiname Vishnus
hatha-Yoga	Yogapfad, bei dem körperliche Übungen im Mittelpunkt stehen

I

Ishta	Erwähltes Ideal; die besondere Form oder das Bild Gottes oder eines Heiligen, den man verehrt

J

japa	Wiederholung des Namens Gottes oder eines Mantra
jiva	Die verkörperte Seele
jivanmukta	Der zu Lebzeiten Befreite
jnana	Höchste Erkenntnis; göttliche Weisheit
jnani	Jemand, der den Weg des *jnana* geht; Erleuchteter, der seine Einheit mit *Brahman* erkennt

K

Kailas	(Mythischer) Berg im Himalaya; Wohnstätte Sivas
Kali Yuga	Letztes der vier Weltzeitalter; eisernes Zeitalter
karma	Handlung; die Konsequenz einer Handlung; die Kette von Ursache und Wirkung
koshas	«Hüllen», die *atman* umgeben
kundalini	«Schlangenkraft»; die am unteren Ende der Wirbelsäule ruhende kosmische Energie

L

lila	Das göttliche Spiel in der Erscheinungswelt

M

Maharshi	Großer Weiser
Mahatma	Große Seele; Heiliger
Mantra	Heilige Silben; Name Gottes
Mantra-Yoga	Yoga-Weg, der in der Wiederholung eines Mantra besteht
maya	Positiv: Schöpferkraft Gottes. Negativ: Illusion, aufgrund derer das Eine Absolute als Vielfalt (Welt) erscheint
moksha	Befreiung; Erlösung
mouna	Schweigen
Muni	Jemand, der durch spirituelle Übungen und Askese einen höheren Bewußtseinszustand erlangt hat

N

namaska(r)	Man grüßt Gott im anderen
nirvikalpa samadhi	Zustand des Aufgehens im Selbst, aus dem das Ich-Bewußtsein nach einer gewissen Zeit wieder auftaucht
Nirwana	Zustand der Befreiung oder Erleuchtung

P

para(m)atman	Das Höchste Selbst
parabhakti	Höchste Form der Hingabe
Patanjali	Begründer des klassischen Yoga-Systems
prakriti	Urmaterie; Urnatur
pranayama	Atembeherrschung; Atemübungen im Yoga
prarabdha karma	Gegenwärtiges Schicksal als Folge früherer Handlungen
prasad	Speise, die einer Gottheit oder einem Heiligen dargebracht und dann an die Gläubigen verteilt wird; Gnade oder Gunst Gottes
puja	Zeremonielle Verehrung; ritueller Gottesdienst
Puranas	Mythische Erzählungen
purusha	Das Absolute; das Selbst; der in Ruhe befindliche Aspekt Gottes; bildet in Verbindung mit *prakriti* das Universum

R

rajas	Siehe *gunas*
raja-Yoga	«Königlicher Yoga»; der Yoga Patanjalis
Ramnam	Der Name Gottes; hier: Ramdas' Mantra «Sri Ram Jai Ram Jai Jai Ram OM»
Rishi	Weiser; Seher

S

sadhana	Geistige Übung; spirituelle Disziplin
sadhu	Jemand, der der Welt entsagt hat, um den geistigen Weg zu gehen
sahaja samadhi	Natürliches andauerndes Gewahrsein des Selbst (Höchster Zustand)
sahasrara	Scheitelchakra; «Tausendblättriger Lotus»
sakti	Göttliche Kraft; dynamischer Aspekt des Absoluten Seins
samadhi	Gewahrsein oder Bewußtsein des Selbst; Aufgehen im Höchsten Sein

samsara	Zyklus von Tod und Wiedergeburt
samskaras	Eindrücke, Neigungen und Möglichkeiten im Bewußtsein, die durch Handlungen und Gedanken in diesem oder in früheren Leben entstanden sind
Sankhya	Eines der sechs orthodoxen Philosophiesysteme des Hinduismus
sannyasa	Entsagung; Lebensstufe
sannyasin	Jemand, der das Gelübde der Entsagung abgelegt hat
sat–chit–ananda	Sein–Bewußtsein–Seligkeit
sat sanga	Zusammensein mit Heiligen
sattva	Siehe *gunas*
siddha	Vollendeter; Befreiter
siddhis	Übernatürliche Kräfte
Sivaratri	Die «Nacht Sivas»; eine spirituelle Nachtwache zu Ehren Sivas
sunya	Leere
Swami(ji)	Ehrentitel eines Heiligen, eines Mönchs oder eines spirituellen Lehrers

T

tamas	Siehe *gunas*
tattva	Die Wahrheit; das Wesentliche

V

Vaikunta	Himmlische Wohnstätte Vishnus
vairagya	Entsagung; Leidenschaftslosigkeit; Nicht-Verhaftetsein
vasanas	Neigungen; Gewohnheiten; Triebe aus früheren Leben, die, uns unbewußt, als Bereitschaft zu gegenwärtigem und künftigem Handeln keimhaft in uns wirken
Veden	Die heiligen Schriften des Hinduismus

Die Gespräche des großen Weisen unseres Jahrhunderts – erstmals vollständig in deutscher Sprache

Ramana Maharshi
Gespräche des Weisen vom Berge Arunachala

Erstmals vollständig in die deutsche Sprache übertragen.
568 Seiten, Ganzleinen mit Goldprägung und Schutzumschlag
ISBN 3-7157-0058-0

Zu den großen Gestalten des spirituellen Lebens in diesem Jahrhundert gehört Sri Ramana Maharshi (1879–1950) von Tiruvannamalai am heiligen Berg Arunachala in Südindien, ein Heiliger mit außerordentlicher Ausstrahlung. Bereits als Sechzehnjähriger wurde er einer mystischen Todeserfahrung teilhaftig. Dieser in voller Bewußtheit durchlebte mystische Tod wurde für ihn zum Durchgangstor und zur Geburt des wahren Selbst, dessen er fortan gewahr blieb.

Ramana Maharshi lebte ganz schlicht am Fuße des heiligen Berges. Tausende von suchenden Menschen sind zu ihm gepilgert, westliche Besucher wie Inder, berühmte Persönlichkeiten wie einfache Leute; alle fanden bei ihm den Frieden, nach dem sie sich ihr Leben lang gesehnt hatten.

Über dreißig Jahre nach seinem Tod sind die ‹Gespräche› des Meisters erstmals in einer vollständigen deutschen Ausgabe zugänglich. Sie sind praktisch der einzigen großen Suchfrage ‹Wer bin ich?› gewidmet, erhellen aber auch das große Thema der Suche nach dem Selbst, nach Erkenntnis und Selbst-Verwirklichung. Sie lehren das subtile Gewahrwerden des eigenen inneren Meisters, der uns zum ewigen Sein und zur Geburt des neuen Menschen führen kann.

Die Gespräche lehren das endgültige Erwachen zur Wahrheit. Deshalb finden sich in den Lehrmitteilungen dieses Buches immer wieder Hinweise für die Meditation, deren Zweck es ist, die rastlose Gedankenflucht einzudämmen, und einem beständig gedankenfreien Hintergrund Platz zu machen. In diesem stillen Sein – ohne Gedanken – wird der Mensch des inneren Friedens und der Einheit teilhaftig.

Es handelt sich bei diesen Gesprächen nie um allgemein erteilte Lehren. Ramana Maharshi ging stets auf den Fragenden ein, gleichgültig, ob es sich um ein intellektbefangenes Weltkind oder einen schon lange auf dem Weg befindlichen Gottsucher handelte. Der unschätzbare Wert von Ramana Maharshis Gesprächen liegt darin, daß es keine Fragen und keine inneren Probleme von Wahrheitssuchern gab und noch gibt, die nicht von ihm in seiner unendlichen Güte und Weisheit beantwortet und gelöst worden sind.

Ramana Maharshis ‹Gespräche› sind zeitlos gültige Wegmarken auf dem Pfad der Selbstbefreiung.

Eine wertvolle Ergänzung zu den «Gesprächen des Weisen»

Der Heilige vom Berge Arunachala
Ramana Maharshi und die Suche nach dem Selbst

Herausgegeben von Lucy Cornelssen.
248 Seiten, mit einem Verzeichnis der Sanskritausdrücke, broschiert
ISBN 3-7157-0027-0

Dies ist eine vollkommen überarbeitete und neu gestaltete Neuauflage des gleichnamigen Buches, das im Jahre 1979 als Festschrift zum 100. Geburtstag des großen indischen Heiligen Ramana Maharshi (1879–1950) im Ansata-Verlag erschienen ist und kurz danach vergriffen war.

Herausgeberin der verschiedenen Schriften, die in diesem Buch zusammengefaßt sind, ist Lucy Cornelssen (Satyamayi). Sie, die noch die gütige Ausstrahlung des Weisen vom Berge Arunachala selbst erfahren durfte, lebt noch heute in seinem Ashram am Fuße des heiligen Berges. Deshalb ist sie wie kaum jemand anders dazu berufen, von diesem schlichten Weisen und Heiligen zu künden.

Ihr äußerst lebendig geschriebenes Buch ist denn auch eine überaus wertvolle Ergänzung zur Gesamtausgabe der «Gespräche». In ihrem einführenden Essay «Die Jagd nach dem Ich» beschwört sie das reine Wesen, das sich im Menschen Ramana Maharshi verkörperte und dessen Aufgabe es war, einzelnen den Weg zu ihrer höchsten Bestimmung zu weisen. Sie erzählt vom äußeren Lebensweg des Weisen, von seiner mystischen Todeserfahrung als erst Sechzehnjährigem, von seinen Jahren des Schweigens und des Lehrens am Fuße des heiligen Berges, von seiner Anziehungskraft, die von seiner absoluten Wunschlosigkeit und Weltfreiheit her rührte und die Tausende von Pilgern neue Hoffnung und Führung finden ließ.

Durch die klare Gliederung in verschiedene Themen wie Meditation, Hindernisse und Fallen, Maya, Gurus, Erwachen und Rückkehr zur Quelle etc., beleuchtet sie klar die geistige Problematik des heutigen Menschen und zeigt gleichzeitig anhand vieler einprägsamer Beispiele, wie eine spirituelle Praxis im Sinn und Geist des großen Weisen möglich ist.

Der zweite Teil des Buches bringt eine geschickte Auswahl aus den «Gesprächen» des Weisen. Die ebenfalls unter verschiedenen Sachthemen aufgeteilten und sorgfältig editierten und kommentierten Zitate und Gespräche des Weisen führen den Fragenden immer wieder in das eigene Innere zurück, dorthin, wo er allein *seine* Antwort finden kann.

Ein kostbarer Führer auf dem Weg der Selbst-Verwirklichung – von Ramana Maharshi hoch geschätzt

Die geheime Botschaft der Göttin Tripura (Tripura Rahasya)

240 Seiten, Ganzleinen mit Goldprägung und Schutzumschlag
ISBN 3-7157-0090-4

Tripura Rahasya ist ein kostbares Juwel indischer Spiritualität. Ramana Maharshi, der Weise vom Berge Arunachala, schätzte es als größtes und klarstes Lehrbuch der Advaita-Philosophie, des Weges der Befreiung und Selbst-Verwirklichung. Es bringt einen Dialog zwischen dem berühmten mythischen Meister Dattatreya und seinem Kriegerschüler Parasurama. Der Meister läßt in seine Unterweisungen zahlreiche Parabeln, Schlüsselerzählungen und mystische Legenden einfließen, um seine hohe Botschaft noch weiter zu vertiefen.

Ursprung und Ziel des Befreiungsweges ist die Göttin Tripura, die universelle, dreifach göttliche Mutter. Sie ist ewige Weisheit und Licht einer allumfassenden Liebe. Sie ist es, die nie aufhört, die menschliche Seele zu rufen. Sie ist die Wegbegleiterin des *jivanmukti,* des zu Lebzeit Befreiten.

Das Buch bringt keine Spekulationen, sondern zeigt die praktische Suche und Nachfolge des Erlösungsweges auf. Es untersucht keine transzendentalen Ursachen der irdischen Knechtschaft. Das einzige, was zählt, ist, wie man ihr *hier und jetzt* entfliehen kann. Im Kernstück des Werks werden die subtilen Hindernisse intellektueller und existenzieller Art, die sich vor jedem echten spirituellen Übungsweg aufrichten, aufs genaueste betrachtet. Es werden Vorurteile, sprachliche Fallen, Denkgewohnheiten und die unbewußten Wünsche ergründet, die am Werk sind und die eine wirksame Befreiung verhindern.

«Selbst-Verwirklichung zeigt alles im Lichte der Einheit, wo Erkennender, Erkenntnis und Erkanntes eins *sind. Alles Elend und alle Furcht endet, wenn die Einheit erreicht ist. Nach dem Erlöschen der Vorstellung von Zweiheit kann es Furcht so wenig geben wie es Dunkelheit gibt, nachdem die Sonne aufgegangen ist. Alle Zweifel werden beseitigt und alle Neigungen verschwunden sein. Das Gemüt wird kristallklar. Nur ein Ziel lohnt den Einsatz aller Kräfte: die Verwirklichung des Selbst. Nur sie bedeutet Eintreten in den Zustand ewiger Glückseligkeit.»*

Tripura Rahasya wird für den Leser eine Art Meditationsstätte sein, die ihm immer wieder aufs neue die sonst kaum überbrückbare Kluft überwinden helfen kann, die sich unaufhörlich zwischen «metaphysischen» Theorien und dem täglichen Leben auftut.